LES GRANDES AFFAIRES CRIMINELLES

Sous la direction de
Jean-Marc Berlière

LES GRANDES AFFAIRES CRIMINELLES

Du Moyen Âge à nos jours

PERRIN

92, avenue de France
75013 Paris
Tél. : 01 44 16 08 00

ISBN : 978-2-262-08102-7

Dépôt légal : octobre 2020

Mise en pages : Peter Vogelpoel

Sommaire

INTRODUCTION

Crime, histoire, archives, mémoire…

Une fascination permanente

Le crime fascine, le crime passionne et le crime fait vendre. Telle est la découverte que font journaux et éditeurs de la fin du XIXe siècle : *detective novels*, « romans judiciaires », romans policiers, cinéma, magazines et journaux s'emparent tour à tour du sujet et n'hésitent pas à mettre « le sang à la une » pour satisfaire la curiosité de lecteurs de plus en plus nombreux et d'une société comme ensorcelée par certaines affaires. À la Belle Époque, les circonstances, les détails des crimes de Troppmann, Vacher, Soleilland, Pranzini, les enquêtes auxquelles ils donnent lieu tiennent les foules en haleine et pas seulement en France. La presse du monde entier – jusqu'en Chine – relate les divers épisodes de la poursuite, du Canada à Cuba, d'Eyraud et Gabrielle Bompard, les assassins de l'huissier Gouffé. Les agressions et les messages énigmatiques et provocateurs de « Jack the Ripper » font également le tour du monde.

Alors que le XXe siècle – « ce siècle affreux », comme l'écrira Paul Ricœur à l'aube du XXIe siècle – débute par des meurtres de masse – massacre des Héréros et des Namas dans le Sud-Ouest africain, génocide des

Arméniens en Turquie – et que la brutalisation paroxystique de la Première Guerre mondiale a apporté à une échelle industrielle son lot de meurtres et de violences, l'intérêt du public ne se dément pas dans l'entre-deux-guerres pour les crimes « artisanaux » des sœurs Papin, de Landru, ceux de Weidmann, des affaires Seznec à Violette Nozière en France, alors que les États-Unis se passionnent pour l'enlèvement du fils Lindbergh – un des crimes les plus médiatisés – et que l'Allemagne n'est pas en reste avec Fritz Haarmann, « le boucher de Hanovre », et Peter Kürten, « le vampire de Düsseldorf », deux tueurs en série qui font la une de la presse allemande dans les années 1920-1930, avant que les nazis ne démontrent quels sommets peut atteindre le crime d'État…

Le succès d'un magazine comme *Détective* atteste d'un intérêt constant du public pour une actualité criminelle française et étrangère toujours aussi chargée, car, quelle que soit l'époque considérée, le crime ne chôme jamais et les médias savent tirer tous les dividendes du mariage de l'encre et du sang pour en faire leurs choux gras[1].

Sous l'Occupation, lors de la Libération ou de l'après-guerre, les crimes de Petiot, les méfaits d'Émile Buisson, de Pierrot le fou, du gang des tractions avant, l'affaire Dominici nourrissent la presse, mais aussi le cinéma et la télévision. C'est encore plus vrai aujourd'hui : il suffit de constater la prolifération des émissions sur des crimes célèbres ou oubliés, les séries télévisées qui mettent en scène les policiers du troisième type que sont les *Experts*, le succès des ouvrages d'une Patricia Cornwell, l'intérêt pour les *cold cases*…

Des historiens mènent l'enquête

L'historienne, l'historien ont-ils leur place, voire un rôle à jouer dans cette « passion française » qui voit périodiquement l'opinion se déchirer, les passions se donner libre cours, de l'affaire Grégory au crime de Lurs, de Seznec à Landru, Marie Besnard ou Stavisky, et les arguments – souvent à la limite de la mauvaise foi, parfois du délire et du conspirationnisme – s'opposer ?

Depuis l'engagement de Voltaire dans l'affaire Calas et celle des « intellectuels » dans l'affaire Dreyfus, on sait que la réponse est clairement oui. L'enquête, surtout quand elle est difficile, pleine de mystères et de rebondissements, devient un genre en soi – or elle constitue le quotidien du travail de l'historien et le fond de sa recherche. Car, s'il n'est ni un policier ni un juge, ses investigations dans les archives et ses méthodes s'apparentent grandement au travail de ces derniers. La recherche des traces et indices pour l'établissement des faits, de la vérité – quel qu'en soit l'objet – constituent le quotidien de la recherche historique. Collationner et exploiter toutes les sources, retrouver traces et indices, analyser contexte et circonstances, lire et relire, comparer et croiser interrogatoires, confrontations, dépositions et témoignages, procéder à une critique interne et externe de chaque pièce du dossier, en bref chercher la validité de la preuve, sans hésiter à débusquer les « faux innocents » et distinguer les pseudo-erreurs judiciaires de celles qui sont avérées, éclairer les décisions de justice parfois aberrantes, voire criminelles, mais aussi, souvent, parfaitement fondées, au grand dam de « comités de défense » pour lesquels des complots imaginaires l'emporteront toujours sur la réalité des faits[2], tel est l'horizon – parfois inaccessible – du travail de l'historien dans sa quête de la vérité.

Dans ce domaine, s'il doit affronter le handicap du temps écoulé, des métamorphoses de la mémoire, de la disparition des acteurs, de la transformation des lieux, de l'effacement des traces, l'historien jouit en revanche d'un avantage précieux : la distance chronologique, l'apaisement des passions, même si certaines affaires peuvent parfois se révéler encore brûlantes.

Autre avantage : parce qu'il revisite les faits après – et parfois longtemps après –, l'historien a tout loisir de replacer l'affaire dans l'échelle des temps – courts et longs –, d'observer les dérives et déformations de la mémoire de l'événement et son évolution chronologique, géographique, de suivre, d'analyser la naissance et la propagation des mythes et rumeurs, le jeu et les conséquences des passions, en bref tout ce que le fait criminel donne à lire d'une époque, de ses angoisses, de sa sensibilité, de ses phobies. On le sait, aujourd'hui encore, le blasphème peut être mortel dans certains pays, mais on a oublié que le vol de linge était passible de la potence sous l'Ancien Régime : qui ne s'indignerait aujourd'hui de la condamnation à mort d'un voleur de mouchoir ? Le « crime » ne se limite pas au meurtre ou à l'assassinat. Sa qualification, sa condamnation, sa définition, sa réprobation varient en fonction des lieux et des époques ; il entre en résonance avec son temps dont il dit, mieux que tout, la nature profonde.

Des crimes sous le regard de l'histoire

L'idée qui a présidé à la naissance de cet ouvrage est de revenir sur quelques affaires non en juges, mais en historiens. Et ce, avec un choix volontairement divers et sans doute déroutant pour beaucoup de lecteurs. Celui d'une chronologie longue – du Moyen Âge à nos jours –, d'affaires célèbres – Gilles de Rais, Damiens, Calas – ou largement oubliées – comme les assassinats d'Outel Bono et de Jacques Roseau. Qui avait évoqué Montcharmont depuis Victor Hugo ?

Qu'ils concernent le procès, la justice pénale, le droit (Gilles de Rais, Damiens), la médecine légale (Calas), la mémoire sociale (Montcharmont), l'ancrage local (Hautefaye, Le Havre de Jules Durand, Le Mans des sœurs Papin), le contexte politique (l'assassinat de Marx Dormoy, les attentats de la Cagoule, la tuerie d'Auriol, la « liquidation » d'Outel Bono ou de Jacques Roseau...) ou les rivalités policières (Weidmann), les textes qui suivent mettent les archives au premier plan, mais en renouvelant grandement leur lecture et leur analyse. Loin des récits habituels fondés sur le sensationnel et le mystère, qui se contentent de rappeler les faits – de préférence sanglants ou scabreux –, l'enquête puis le procès, à la façon des journalistes spécialisés ou des chroniqueurs judiciaires, on trouvera ici des regards originaux et décalés.

L'affaire Calas, par exemple, prend un tout autre aspect en raison du rôle qu'y joue une médecine légale encore balbutiante, que Michel Porret met en lumière avec le personnage du Dr Louis. De même, si Alain Corbin a analysé le crime de Hautefaye[3] avec son talent habituel et en a tiré une de ces analyses dans lesquelles l'historien des sensibilités excelle, l'enquête sur cet assassinat collectif reprise par Fabien Gaveau, un spécialiste de la ruralité, éclaire ce drame sous un jour totalement nouveau : les enjeux et les haines que peuvent susciter dans le monde rural la gestion et l'utilisation de l'eau – de surcroît lors d'un été de sécheresse exceptionnelle.

Quant au crime des sœurs Papin, revisité par Frédéric Chauvaud, il s'éclaire d'une façon inattendue en matière d'analyse du contexte social d'une ville de province dans l'entre-deux-guerres, mais aussi – surtout – grâce aux lacunes d'une enquête qui « oublie », tait, referme sans même les avoir vraiment ouvertes de nombreuses questions. Des silences qui excitent les imaginations, expliquent la survivance dans l'imaginaire social, la littérature et le cinéma d'un mystère qui ne cessera de fasciner.

On l'aura compris, cet ouvrage aborde des affaires grandes ou petites, célèbres ou inconnues, oubliées ou obsessionnelles, mais aussi des « crimes » très différents par leur nature, leur gravité, notamment à nos yeux contemporains : assassinats en série, assassinats politiques, véritables « crimes judiciaires », affaires de mœurs, tentative de régicide, meurtre collectif… qui mettent en scène des milieux, des contextes, des circonstances, des « enquêteurs », des moyens, des méthodes d'investigations, des procédures judiciaires pour le moins variés et qui montrent, parfois, les errements ou les abus de la justice, de la police…

Le tout narré par des auteurs d'origines non moins diverses, de spécialités et de générations différentes, internationalement reconnus ou débutants, mais tous investis – parfois depuis des décennies – dans l'histoire du crime, de la justice, de la police ou de la gendarmerie, tous familiers d'archives judiciaires et policières pour lesquelles ils partagent la même passion.

Car l'archive, par sa richesse, permet de ressusciter et de « revisiter », sans recours à l'ADN, des affaires vieilles de plusieurs siècles, d'observer les ressorts et les métamorphoses de la mémoire collective, locale ou nationale, de replacer les faits dans des contextes complexes et particuliers qui nous échappent aujourd'hui.

C'est à ce voyage « criminel » à travers sept siècles que vous invite cet ouvrage.

Jean-Marc Berlière

1

Gilles de Rais en procès

par Claude Gauvard

Gilles de Rais fait partie de notre imaginaire. Les crimes commis sur des enfants lui donnent dès le Moyen Âge la figure d'Hérode, tyran sanguinaire commandant le massacre des Innocents, et de nos jours celle d'un *serial killer*. Dès l'annonce de son exécution à Nantes, le 26 octobre 1440, les rumeurs courent. Outre des enfants « sous-âgés », il aurait aussi sacrifié des femmes enceintes, écrit le chroniqueur Enguerrand de Monstrelet, son contemporain. Les deux sont tabous au Moyen Âge. L'enfant est sacré et il suffit en principe à celui ou celle qui est menacé de violences d'en prendre un dans ses bras pour être épargné. Quant à la femme enceinte, y toucher relève de l'interdit et la foule risque de lyncher celui qui la menace. La vision d'un Gilles de Rais violent, avide de sang pour pactiser avec le diable et agir en hérétique s'est donc rapidement imposée : « Après ce qu'il les avoit fait mourir violentement, faisoit prendre aulcune partie de leur sang, duquel on escripvoit livres où il y avoit conjuracions dyaboliques et aultres termes contre nostre foy catholique », poursuit le chroniqueur[1].

L'imagination populaire s'est aussi exprimée d'une autre façon, en confondant Gilles de Rais avec Barbe-Bleue, meurtrier de ses épouses successives. L'amalgame remonte à une tradition orale très ancienne, impossible à dater, sans doute bien antérieure au récit que Charles Perrault a immortalisé dans ses contes en 1697. La légende se poursuit par la suite, en particulier au XIXe siècle en pays de Rais – nous écrivons de nos jours Retz –, c'est-à-dire dans la région de Pornic et de la baie de Bourgneuf, ainsi qu'aux confins de l'Anjou et de la Bretagne, là où Gilles possédait ses châteaux. De récit en récit, la nature des crimes du seigneur de Machecoul, Tiffauges et Champtocé s'est transformée, la clé du cabinet interdit aux épouses de Barbe-Bleue ajoutant au mystère.

La réalité est autre, mais il faut attendre l'étude attentive des procès faits à Gilles de Rais et l'ouvrage de l'abbé Eugène Bossard, qui constitue en 1886 la première monographie sérieuse sur le personnage, pour que le capitaine de Charles VII sorte de l'ombre folklorique. Est-il pour autant bien connu et la justice qui s'en est emparée permet-elle de mieux le connaître ?

Les procès

Gilles de Rais est arrêté le 15 septembre 1440 sur ordre de Jean V, duc de Bretagne de 1399 à 1442. C'est la riposte logique du seigneur à son vassal désobéissant. Le 15 mai 1440, dimanche de Pentecôte, accompagné de 60 hommes d'armes, Gilles a osé pénétrer en armure et à cheval dans l'église de Saint-Étienne-de-Mer-Morte où officiait Jean Le Ferron, le frère de celui qui venait de lui acheter le château du lieu, qu'il prétendait récupérer de force. Il enferme Jean Le Ferron à Tiffauges. Les négociations avec Jean V échouent ; le duc fait alors appel à son frère, le connétable de Richemont, au service du roi Charles VII, et Gilles doit libérer son otage quand il voit les troupes royales sous les murs de son château. Parallèlement, l'évêque de Nantes, Jean de Malestroit, entreprend une enquête secrète sur les mœurs de Gilles de Rais (lettre du 30 juillet 1440). Sept femmes et un homme, originaires de Nantes et de ses environs, se plaignent d'enlèvements d'enfants. De cette enquête préparatoire, qui conclut à l'infamie de Gilles, découle le procès ecclésiastique.

Gilles de Rais est effectivement inculpé dans deux procès qui se déroulent en même temps, à partir du 19 septembre 1440. L'un est un procès ecclésiastique d'Inquisition : Jean de Malestroit y associe l'inquisiteur de Bretagne, le dominicain Jean Blouyn, selon la procédure définie en 1312 au concile de Vienne; l'autre est un procès séculier, diligenté par les juges du duc de Bretagne, en particulier par le président du tribunal, Pierre de L'Hospital, sénéchal de Rennes, qui assiste aussi au procès ecclésiastique. Quant à Jean de Malestroit, il est chancelier du duc de Bretagne, donc parfaitement au courant de la politique de Jean V. Il s'agit là d'une collaboration inédite entre deux tribunaux qui, d'habitude, sont rivaux. Quatre des complices de Gilles sont aussi interrogés. Henriet Griart, Étienne Corrillaut, dit « Poitou », François Prelati et Eustache Blanchet, arrêtés avec lui, tandis que deux autres de ses familiers, Gilles de Sillé et Robert de Briqueville, ont réussi à fuir. Henriet et Poitou, jugés par la cour séculière, finissent sur le bûcher en même temps que Gilles, tandis que Prelati et Blanchet, jugés par le seul tribunal ecclésiastique en tant que clercs, ont la vie sauve, peut-être en échange d'aveux négociés avec les juges. La procédure suivie est dans les deux cas inquisitoire et extraordinaire, selon une pratique mise au point depuis le XIIIe siècle, qui, dans les cas exceptionnels, recourt à l'enquête auprès de témoins, puis à une confrontation secrète des juges avec l'accusé de façon à obtenir des aveux. « Savoir la vérité par sa bouche » implique le plus souvent le recours à la torture. L'ensemble des dépositions est ensuite mis par écrit.

Ce sont donc des enquêtes, des interrogatoires et des dépositions de témoins (41 hommes et 39 femmes), des actes d'accusation et des confessions, celles de Gilles de Rais et de ses complices, qui constituent l'essentiel de la documentation, soit au total plus de 400 folios. S'y ajoute le *Mémoire des héritiers de Gilles de Rais* (70 folios), conservé aux archives de Loire-Atlantique[2]. L'authenticité de ces documents ne peut pas être mise en doute, mais il s'agit de sources judiciaires que l'historien doit absolument décoder. Il est en effet impossible d'y retrouver la voix vive des témoins ou de l'accusé. L'ensemble est formaté par les exigences de la procédure criminelle, y compris pour certains la torture, et par les attentes des juges, qui sont eux aussi fils de leur temps, donc de leur culture, et victimes de leurs fantasmes.

Gilles de Rais, homme de guerre

La date de sa naissance est douteuse, sans doute le 1er septembre 1405 au château de Champtocé, sur les rives de la Loire entre l'Anjou et la Bretagne. Les chroniques médiévales ne font que des allusions rapides à sa personnalité, en général pour louer sa vaillance comme capitaine d'hommes d'armes et comme maréchal de France. Enguerrand de Monstrelet le tient pour « noble homme et très grant terrien et yssu de très grande et très noble géneracion », et il conclut sa relation du supplice de façon laconique : « Et avant que ceste adventure lui advenist, il estoit moult renommé d'estre très vaillant chevalier. » Capitaine de Charles VII, il l'est sans doute depuis 1427, à l'âge de 22 ans, après s'être déjà illustré en Bretagne lors de la lutte qui s'éternise entre les Montfort et les Penthièvre. Lorsqu'en 1420 le duc de Bretagne, Jean V, est enlevé par les Penthièvre, Gilles s'engage pour le libérer. Il appartient alors à la clientèle d'Arthur de Richemont, frère du duc, devenu connétable de France en 1425, et il combat contre les Anglais, mais aussi contre les Français passés aux Anglais, qu'il fait exécuter. Est-il alors plus violent que d'autres hommes d'armes ? De façon générale, la justice militaire est particulièrement expéditive et ses réactions n'ont rien d'étonnant. Passé au service du roi de France de 1428 à 1433, il appartient à la clientèle de Georges de La Trémoïlle dont il est le parent, l'un des personnages les plus puissants de la Cour. À partir de 1429, ses exploits guerriers l'associent à l'épopée de Jeanne d'Arc. Charles, qui est encore dauphin, lui confie l'armée de secours chargée d'accompagner la Pucelle pour délivrer Orléans. C'est un succès : la ville est libérée du siège anglais le 8 mai 1429. Suit la prise des villes de la Loire en compagnie de Jeanne et d'autres capitaines, La Hire, Dunois ou Poton de Xaintrailles. Les villes de Jargeau, Sully, Meung et Beaugency sont reconquises et la victoire de Patay, le 18 juin 1429, signe la déconfiture des Anglais. Lors du sacre de Charles VII à Reims, le 17 juillet 1429, Gilles est à l'honneur. Il escorte la sainte ampoule qui porte le saint chrême dont est oint Charles pour devenir roi et, en récompense de ses services, il est fait maréchal de France. Peu de temps après, le roi l'autorise à insérer les armes de France dans ses propres armoiries. Mais devant Paris, que Jeanne d'Arc a promis de délivrer, c'est l'échec. Jeanne est blessée et le roi ordonne le retrait. C'est un tournant dans sa carrière, comme dans celle de la jeune héroïne. Les troupes royales sont licenciées et l'action militaire se réduit à des coups de main. Gilles, de retour à Sablé, commande à ses propres frais une armée de 100 lances, 300 archers et 200 hommes à pied, tandis que Jeanne se rend à Compiègne où elle est capturée le 23 mai 1430 avant d'être livrée aux Anglais et brûlée comme sorcière et hérétique le 30 mai 1431. Il est possible que Gilles ait tenté de la délivrer du château de Rouen où elle était enfermée : à Louviers, donc à une vingtaine de kilomètres de Rouen, il retrouve Dunois et La Hire, mais l'expédition n'a pas lieu, et il ne s'agit là que d'hypothèses. Mêlé à des coups de main sans réel succès, Gilles piétine au milieu des intrigues qui paralysent la cour de Charles VII.

Est-ce en raison de ses échecs militaires ou bien parce que le maréchal se montre peu favorable à la paix d'Arras qui, le 20 septembre 1435, clôt le cycle de vengeance entre le roi et le duc de Bourgogne Philippe le Bon ? À partir de cette date, il « fu en tres malle grace du Roy et le Roy le cuida priver ou desappointer de son office de mareschal[3] ». S'il reste cependant maréchal, sans peut-être en recevoir les gages, il ne fréquente plus la Cour royale. Ses liens se resserrent alors avec le duc de Bretagne Jean V, dont il est le vassal : il échange avec lui des lettres de fraternité d'armes et porte le titre de « lieutenant général du duc en Bretagne ». Incontestablement, et jusqu'en 1440, le duc le protège. Mais en même temps, les biens de Gilles de Rais s'amenuisent considérablement et il est possible que ce soit aussi un sujet de discorde entre le roi et le maréchal. Par lettres du 2 juillet 1435, Gilles de Rais est mis sous interdit ; le roi casse les contrats, ventes et aliénations qu'il a pu passer. La famille de Gilles s'est plainte de sa prodigalité et le roi semble avoir pris son parti.

De la fortune à la ruine

La fortune de Gilles de Rais a beaucoup intrigué les historiens, certains la revoyant nettement à la baisse. Pourtant, les héritages dont il a bénéficié sont éloquents. L'histoire commence en 1400, quand Jeanne la Sage, la dernière héritière de la famille de Rais, qui n'a pas d'enfants, décide de léguer ses biens à Guy II de Montmorency-Laval, à condition qu'il abandonne pour lui et ses descendants le nom et les armes de Laval, pourtant prestigieux, et adopte ceux de la seigneurie de Rais. En 1404, Guy de Laval épouse Marie de Craon, fille unique de Jean de Craon, seigneur de la Suze, Ingrandes et Champtocé. L'année suivante naît Gilles, et bientôt son frère René. Mais dix ans plus tard, leurs parents meurent brutalement. C'est donc leur grand-père, Jean de Craon, qui prend soin des deux orphelins. Il se charge vite de trouver une épouse à Gilles. En 1420, son choix se fixe finalement sur une riche héritière de 15 ans comme lui, Catherine de Thouars. La famille se montre réticente. Qu'importe ! Gilles l'enlève et l'épouse. De son père, il possède donc le pays de Retz, soit plusieurs châteaux et seigneuries, Machecoul, Saint-Étienne-de-Mer-Morte, Pornic, Prinçay, Vüe, l'île de Bouin, etc., une région riche des revenus du marais et du commerce du sel de la baie de Bourgneuf. De son père encore, il hérite les seigneuries de Montmorency-Laval, à savoir Blaison, Chemellier, La Fontaine-Milon, Grattecuisse en Anjou ; La Motte-Achard et La Maurière en Poitou ; dans le Maine, Ambrières, Saint-Aubin-de-Fosse, Louvain ; en Bretagne, d'autres terres encore et des revenus. Par sa mère, du chef de la maison de Craon, il hérite de l'hôtel de La Suze à Nantes et de la seigneurie de La Suze, des châteaux et châtellenies de Briollay, Champtocé et Ingrandes en Anjou ; de Sénéché, du Loroux-Botereau, de la Bénate, de Bourgneuf dans le pays de Retz. Enfin, par son mariage avec Catherine, il ajoute les châteaux et seigneuries de Tiffauges, Pouzauges, Chabanais, Confolens, Châteaumorant, Savenay, Lombert et Grez-sur-Maine.

La fortune est énorme, mais les dépenses le sont aussi, et Gilles de Rais est effectivement obligé d'aliéner peu à peu la plus grande partie de ses biens. Dès 1435, il est sans doute ruiné. Méfions-nous cependant des plaidoiries entreprises par ses héritiers : ils plaident une prodigalité excessive qui doit l'assimiler à un fou, dans le but de récupérer ses biens qui ont été confisqués en même temps que la sentence de mort a été prononcée contre lui. C'est là un procédé de rhétorique bien huilé quand on veut démontrer la folie. De son vivant, les occasions de dépenses sont nombreuses. Il entretient, on l'a dit, une maison militaire complète avec un héraut d'armes qui porte son nom, « Rais-le-héraut ». Il fonde une chapelle avec sa collégiale à Machecoul et, paradoxe, la voue aux « Saints Innocents » ! Est-ce pour accroître sa propre renommée ou rendre justice à Jeanne d'Arc : il contribue à faire représenter au théâtre *Le Mystère du siège d'Orléans* qui magnifie l'exploit du 8 mai 1429 et le personnage de la Pucelle. Les frais sont phénoménaux, comme en attestent les actes notariés. Il mène grand train et éblouit par le luxe de ses réceptions. Méfions-nous aussi du contenu de l'acte d'accusation du procès ecclésiastique qui insiste sur ses péchés de table en les liant étroitement à la pratique de la sodomie (article XXX) :

> Item, que ledit Gilles de Rais, accusé, mangeait des mets délicats et buvait des vins fins, de l'hypocras et du clairet, et d'autres sortes de boissons pour s'inciter audit péché de

> sodomie et l'exercer contre nature avec lesdits garçons et filles, plus abondamment, plus facilement et plus délectablement, souvent et très souvent, d'une manière excessive et inusitée, et qu'il faisait chaque jour des abus de table, et qu'il en fut ainsi et que cela est vrai.

Qui veut prouver le dérèglement des mœurs évoque volontiers à cette époque les méfaits de la gourmandise et les excès de table. C'est un reproche que les partisans du duc de Bourgogne Jean sans Peur ont fait à son cousin Louis d'Orléans quand il a fallu justifier son assassinat le 23 novembre 1407. C'est aussi un argument qui prouverait un gouvernement tyrannique et violent. Retenons plutôt que Gilles de Rais conserve, en ce milieu du XVe siècle, un profil chevaleresque traditionnel où la largesse joue un grand rôle dans l'entretien de la renommée. Retenons aussi qu'il a besoin d'argent, ce qui le pousse à rechercher des expédients qu'il croit trouver en se livrant aux sciences occultes et à l'alchimie. En 1438, il fait ainsi venir d'Italie François Prelati, qui lui promet de pouvoir fabriquer de l'or. Mais le motif financier est-il la principale raison ?

Sorcellerie, magie et sodomie

Que Gilles de Rais ait cru aux effets bénéfiques de la sorcellerie n'a rien d'étonnant. En cela, il ne se démarque pas de nombreux hommes d'armes contemporains, et non des moindres. La crainte d'une mort soudaine sur le champ de bataille leur fait porter des brevets qui les protègent. Le recours à la sorcellerie peut aussi leur donner l'espoir de devenir riches. La rumeur colporte ce penchant quand, au cours du XVe siècle, elle ajoute la sorcellerie aux meurtres, vols, pillages, viols et sacrilèges reprochés aux hommes d'armes sous forme de véritables stéréotypes. Ils sont aussi réputés pour initier la population aux pratiques de la sorcellerie et par conséquent pour produire des émules. Les quatre sorcières interrogées au Châtelet de Paris en 1390-1391 disent tenir leur savoir aussi bien de vieilles femmes ou de parents que d'hommes d'armes. Au milieu du XVe siècle, Philippe Calvet, qui a combattu pour Charles VII dans le Midi, est accusé au parlement de Paris par deux femmes « d'avoir chevauché le balai le jeudi » et de leur avoir fourni des brevets pour lutter contre la maladie. Surtout, les réactions de Poton de Xaintrailles, capitaine de Charles VII comme l'était Gilles de Rais et son compagnon d'armes, en disent long sur la familiarité que les hommes de guerre entretiennent avec la sorcellerie. En 1455, l'argent destiné au paiement des archers de Poton, alors en charge de la ville de Bordeaux, est volé. Celui qui transporte la cassette a fait halte dans une auberge à Pons, en Charente-Maritime. Les soupçons se portent immédiatement sur le tavernier et sa servante, qui nient les faits. Comment les faire avouer ? Poton de Xaintrailles n'hésite pas : il a recours à un premier sorcier, qui se récuse, puis à un deuxième, qui, faisant usage de pratiques magiques, interroge son livre et accuse le tavernier. Mais celui-ci nie toujours et le capitaine fait appel à un troisième sorcier qui recommande de recourir à une ordalie. L'ordalie est un jugement de Dieu au cours duquel la vérité est censée éclater. Il en existe plusieurs formes : toucher un fer chaud ou mettre la main dans de l'huile bouillante, être jeté à l'eau et pouvoir surnager, ou encore ingurgiter une grande quantité de nourriture, fromage ou pain. Selon l'état de la brûlure et de la résistance physique, celui ou celle qui est soumis au jugement est déclaré coupable ou innocent. Dans le cas présent, il s'agit d'une ordalie à la fouace qui consiste à faire avaler au malheureux tavernier un gâteau énorme et très compact, bien connu dans l'ouest du royaume. Or les ordalies sont officiellement interdites en Occident depuis le concile de Latran IV, en 1215. En recourant à ce jugement de Dieu, le capitaine est donc en infraction, d'autant qu'en ce milieu du XVe siècle, la procédure d'enquête et le procès écrit sont devenus courants dans les tribunaux. D'ailleurs, comme le corps du tavernier résiste, la justice finit par s'emparer de l'affaire. L'attitude de Gilles de Rais est similaire : alors qu'il est accusé par le promoteur de l'évêque de Nantes, sa première réaction est de demander à prouver la vérité par son corps, soit une preuve ordalique, ce qui lui est bien entendu refusé.

L'acte d'accusation du procès ecclésiastique fait état de pratiques qui lient étroitement la sorcellerie à l'infanticide : là encore, le lien est souvent fait dans les procès contre les sorciers et les sorcières. « Meurdrir un enfant » fait partie de leur renommée. Cependant, la comparaison s'arrête là : d'après l'acte d'accusation (article XXVII), Gilles aurait fait mourir 140 enfants, garçons et filles, « ou plus »; 45 crânes auraient ainsi été transportés dans un coffre pour les cacher, tandis que le sang des jeunes victimes lui servait à entrer en contact avec le démon :

> Item, que ledit Gilles, accusé, dans sa chambre du château de Tiffauges, mit dans un verre la main, les yeux et le cœur de l'un desdits enfants, avec le sang de celui-ci pour les offrir en signe d'hommage et de tribut au démon susnommé Barron [...].

Gilles aurait passé de nombreux contrats écrits avec le diable, qui apparaît une cinquantaine de fois dans le procès et porte plusieurs noms : Barron, Orriens,

Belzébuth et Béhial. De ce point de vue, les juges bretons partagent avec nombre de leurs contemporains, juges laïques, mais surtout ecclésiastiques, la crainte d'une épidémie démonologique. Le diable est partout, il menace partout. Au moment du procès de Gilles, entre 1420 et 1440, le sabbat apparaît dans les traités de démonologie et l'imaginaire des juges s'en empare. C'est le résultat d'une longue évolution, comme le montre la mise en série des affaires de sorcellerie qui parcourent le règne de Charles VI (1380-1422). Seuls les juges du parlement de Paris semblent avoir gardé raison, y compris à l'époque moderne, quand la chasse aux sorcières s'accélère.

Tous les effets du pacte avec le diable, oral ou bien écrit et scellé tel qu'il a été vulgarisé au XIIIe siècle par Jacques de Voragine racontant le miracle de Théophile dans *La Légende dorée* ou dans les scènes sculptées au tympan des cathédrales, se retrouvent dans les actes des deux procès : le but est d'acquérir « science, puissance et richesses » (article XVIII de l'acte d'accusation). Le complice de Gilles, Gilles de Sillé, aurait eu pour charge de lui « amener des devins et des devineresses, des évocateurs et des conjurateurs, qui pussent lui faire avoir de l'argent, lui révéler et découvrir des trésors cachés, l'initier à d'autres arts magiques, lui procurer de grands honneurs et lui permettre de prendre et de tenir des châteaux et des villes, et qu'il en fut ainsi et que cela est vrai ».

Mais à l'inverse de Théophile, Gilles ne s'est pas laissé gagner par le remords et il n'a pas réalisé son projet de pèlerinage à Jérusalem pour se faire pardonner ses péchés. Au contraire, il s'est endurci dans le mal en se rendant coupable du péché de sodomie.

L'acte contre nature est évoqué 24 fois dans les 49 articles que compte l'acte d'accusation. C'est dire s'il est important aux yeux des juges, qui l'associent au reniement de Dieu et à l'infanticide. Les scènes évoquées sont crues (article XXVII) : « [...] ledit Gilles de Rais immolait aux malins esprits les membres desdits innocents avec lesquels, avant et après leur mort, et aussi durant la langueur de la mort, il commettait l'abominable péché de sodomie, qui souille le ciel, et il abusait d'eux contrairement à la nature pour satisfaire sa concupiscence charnelle [...]. » Et il ne se serait pas contenté des petits garçons, mais il aurait aussi « exercé la luxure » avec les uns et les autres, « dédaignant avec les filles le vase naturel » (article XV). Ses complices, qui avaient pour charge de repérer les enfants et de les lui amener, étaient ensuite chargés de brûler les corps et de disperser les restes.

La sorcellerie étant depuis le XIIIe siècle associée à l'hérésie et à la lèse-majesté divine, le promoteur peut, le 13 octobre 1440, accuser Gilles de Rais d'être « tombé dans l'hérésie » et d'avoir « offensé la majesté divine ». Déclaré « hérétique et perfide apostat », il encourt la sentence d'excommunication, la cour ecclésiastique ne condamnant pas à mort.

Réactions de Gilles de Rais

Deux jours plus tard, Gilles de Rais commence par nier en bloc les accusations portées contre lui, tout en reconnaissant avoir pratiqué l'alchimie, science qui était tolérée et se démarquait de la magie noire et de la sorcellerie. Mais le tribunal laïque veut des aveux et il suit de près la procédure extraordinaire. Ses complices, jugés par ledit tribunal, ont déjà avoué, certainement sous la torture, de même que deux des femmes rabatteuses d'enfants, Tiphaine Branchu et Perrine Martin dite « la Meffraye », dont la déposition est perdue. À partir de là, la machine procédurale le broie. Excommunié, confronté aux aveux de ses complices, il est menacé d'être « gehinné » à son tour. Il s'effondre et avoue. Suit une longue « confession » – c'est le terme employé pour désigner l'aveu au Moyen Âge – dont il faut là encore faire la part de ce qui relève du fantasme. Tâche difficile, voire impossible, car la description des faits s'ancre insidieusement dans la réalité. Gilles de Rais avoue que le crime contre nature aurait eu lieu la première fois à Champtocé en 1432, « l'année que son aïeul de La Suze décéda », mais aussitôt il l'enrichit de détails qui relèvent d'un imaginaire macabre et qui vont au-delà des articles de l'accusation et des aveux des complices :

> Il dit et confessa qu'il émettait la semence spermatique de la façon la plus coupable sur le ventre desdits enfants, tant avant qu'après leur mort, et aussi durant leur mort [...] lesquels enfants morts, il embrassait, et ceux qui avaient les plus belles têtes et les plus beaux membres, il les donnait à contempler et il faisait cruellement ouvrir leurs corps et se délectait de la vue de leurs organes intérieurs ; et, très souvent, quand lesdits enfants mouraient, il s'asseyait sur leur ventre et il prenait plaisir à les voir ainsi mourir et il en riait avec lesdits Corrillaut et Henriet, après quoi il faisait brûler et convertir leurs cadavres en poussière par lesdits Corrillaut et Henriet.

Cet impérieux besoin d'avouer n'est pas propre à Gilles de Rais. Bien des condamnés à mort, punis pour vol, destinés donc à être pendus, ont avoué au pied du gibet d'autres crimes en chaîne, et surtout des crimes indicibles, bestialité ou sodomie. De pendus, ils ont terminé brûlés, selon la sentence réservée à ce type de crimes. Mais Gilles de Rais est peut-être le plus bel exemple de confession allant chercher dans les tréfonds de l'interdit.

Incontestablement, la procédure inquisitoire a construit le procès. Elle a commencé par transformer les témoignages qui ont été notés au début de l'enquête. Les témoins interrogés en septembre par les commissaires du duc de Bretagne parlent seulement d'enfants disparus, tous des garçons et non des filles. Ce sont des « fils », des « garçons », « des frères » ou simplement des enfants visiblement de sexe masculin. Un mois plus tard, dans sa déposition du 17 octobre 1440, Poitou évoque, comme l'acte d'accusation de la cour ecclésiastique du 15 octobre, la présence de filles. Est-ce une assertion qui lui a été suggérée par les juges ecclésiastiques ? Poitou se plaît aussi à rapporter l'acte sexuel contre nature auquel il a assisté en reprenant des précisions évoquées dans ce même acte d'accusation, mais en les amplifiant, lui aussi mû par un intense besoin d'avouer et d'ajouter à la perversion :

> Item il dit et déposa que ledit Gilles de Rais, pour exercer avec lesdits enfants, garçons et filles, ses débauches contre nature et ses ardeurs libidineuses, prenait premièrement sa verge ou son membre viril entre l'une ou l'autre de ses mains, la frottait ou l'érigeait ou la tendait, puis la posait entre les cuisses et les jambes desdits garçons et filles, omettant le vase naturel desdites filles, frottant sa dite verge ou son membre viril sur le ventre desdits garçons et filles avec une grande délectation, une ardeur et une concupiscence libidineuse, jusqu'à ce que le sperme s'émît sur leurs ventres.

On retrouve la même allusion aux garçons et aux filles lorsque quinze témoins déposent plus tard, le 21 octobre 1440. Cette fois, les enfants n'ont plus seulement été enlevés, ils ont été égorgés et sodomisés avant que Gilles ne s'adonne à l'invocation des démons. Les témoignages s'infléchissent donc après les interrogatoires des rabatteuses : « Ils ont entendu dire que Perrine Martin (la Meffraye) détenue à la prison de Nantes, a confessé qu'elle avait conduit ledit enfant au sire de Rais, dans son château de Machecoul. » Les murs de la prison où sont enfermés les accusés sont poreux et visiblement la rumeur a enrichi le récit. La machine des aveux est en marche et s'amplifie d'elle-même.

Les actes du procès demandent donc à être soigneusement décryptés sous peine de contresens. Prenons comme dernier exemple les mots attribués à Gilles de Rais pour que ses péchés soient pardonnés. L'accusé évoque sa jeunesse qui fut trop oisive : il aurait été laissé à l'abandon et aurait fait tout le mal qu'il pouvait. Nombre d'historiens en ont déduit que son grand-père, Jean de Craon, l'avait mal éduqué. Rien n'est moins sûr, car Gilles de Rais se révèle extrêmement cultivé. L'explication est autre. Pour condamner à mort, il ne suffit pas que les juges soient unanimes, il faut qu'ils trouvent en l'accusé des marques d'exclusion. Il faut montrer qu'il est endurci dans le mal, ce que prouve la récidive, mais il faut aussi insister sur ses « enfances mauvaises ». Autrement dit, affirmer qu'il porte les marques de l'infamie depuis sa jeunesse. Seule une bonne éducation aurait pu le sauver, comme le suggère cette petite histoire rapportée par les prédicateurs et passée dans la littérature sous forme d'*exemplum* : un jeune larron est condamné à être pendu. Son père se lamente et se précipite au gibet pour l'embrasser. Mais le fils lui mord le nez et lui reproche de façon véhémente sa mauvaise éducation. Si le récit de sa confession finale est exact, Gilles de Rais, au moment de mourir, a intériorisé ce message religieux. Avoir fait le mal depuis l'enfance justifie la peine de mort.

Nombre de biographes ont tenté de montrer que Gilles de Rais n'était pas coupable. L'historien, cependant, n'est pas un juge. Il peut seulement relever certaines contradictions dans le procès, des transformations entre les dépositions initiales des témoins et les chefs d'accusation développés par les juges, mais il doit aussi affirmer que les faits sont têtus. Étant donné les premiers récits des témoins qui ont servi de base à l'enquête, les enlèvements d'enfants mâles ne sont pas une simple rumeur. En revanche, leur nombre relève sans doute du fantasme. L'historien n'est pas non plus un psychanalyste, même si les enseignements de la psychanalyse peuvent l'aider à comprendre le contenu des aveux et leur part de délire psychotique. L'historien ne trempe pas non plus dans la thèse complotiste qui voudrait voir dans ces deux procès une machination combinée entre le duc de Bretagne et l'évêque de Nantes pour s'emparer des biens du coupable, car en 1440 la fortune de Gilles de Rais est déjà largement entamée. On peut plutôt penser que les juges, parce qu'ils croient à la sorcellerie, ont réellement eu peur que la société ne soit submergée par cet autre monde que domine le diable. Le sabbat n'est pas loin. La procédure inquisitoire extraordinaire, qui fait procéder à l'aveu à tout prix jusqu'à dire l'indicible, libère le délire d'avouer et elle les a, eux aussi, pris au piège de leurs propres croyances et de leurs propres craintes. Était-ce alors un moyen d'imposer le pouvoir d'un duc qui se dit déjà duc « par la grâce de Dieu » ? En Bretagne, cette puissance reste encore modeste : le duc a besoin de coopérer avec l'Église et, si triomphe de la majesté il y a, il concerne aussi bien l'Église que l'État. Surtout, ce pouvoir étatique reste biface et il ne se manifeste pas seulement par la colère : le pouvoir y associe la grâce, une grâce qui peut paraître dérisoire, mais qui est immense pour le condamné à mort. Au dernier moment, Gilles de Rais bénéficie d'un énorme privilège : son excommunication est levée, il reçoit les sacrements et la grâce d'être pendu avant d'être brûlé sans que son corps soit entièrement consumé afin que ses restes soient enterrés en terre chrétienne. Privilège insigne pour un condamné à mort ! Les hérétiques voient normalement leurs cendres dispersées, ce qui rend le Jugement dernier hypothétique. Le prince et l'Église se révèlent donc à la fois implacables et miséricordieux.

Bibliographie sélective

BOSSARD Eugène (abbé), *Gilles de Rais, maréchal de France dit Barbe-Bleue*, Grenoble, Jérôme Millon, 1886 ; nouv. éd., préface de Jacques Chiffoleau, Paris, Nouveau Monde Éditions, 2018.

BOUDET Jean-Patrice et CHIFFOLEAU Jacques, « Magie et construction de la souveraineté sous le règne de Charles VI », dans BOUDET Jean-Patrice, OSTORERO Martine et PARAVICINI-BAGLIANI Agostino (dir.), *De Frédéric II à Rodolphe II. Astrologie, divination et magie dans les cours (XIIIe-XVIIe siècle)*, Florence, Sismel-Edizioni del Galluzzo, coll. « Micrologus Library » 81, 2017, p. 157-239.

CAZACU Matei, *Gilles de Rais*, Paris, Tallandier, coll. « Texto », 2012 (avec une importante bibliographie).

CHIFFOLEAU Jacques, « Gilles de Rais, ogre ou *serial killer* ? », *L'Histoire*, n° 335, octobre 2008, p. 8-16.

GAUVARD Claude, *« De grace especial. » Crime, État et société en France à la fin du Moyen Âge*, Paris, Publications de la Sorbonne, 1991 ; nouv. éd., coll. « Les classiques de la Sorbonne », 2010.

—, *Condamner à mort au Moyen Âge. Pratiques de la peine capitale en France,* XIIIe-XVe *siècle*, Paris, PUF, 2018.

OSTORERO Martine et ANHEIM Étienne (dir.), *Le Diable en procès. Démonologie et sorcellerie à la fin du Moyen Âge*, *Médiévales*, t. 44, 2003.

TERNON Maud, *Juger les fous au Moyen Âge*, Paris, PUF, coll. « Le Nœud gordien », 2018.

2

Le procès de Damiens (1757) : un procès unique en son genre

par Nicolas VIDONI

Après l'« assassinat » commis sur Louis XV le 5 janvier 1757, au cours duquel Robert-François Damiens blesse d'un coup de couteau le monarque à Versailles, s'ouvre une affaire criminelle exceptionnelle pour le XVIIIe siècle. Le Parlement (la plus haute cour de justice du royaume) est chargé de juger l'accusé de crime de lèse-majesté au premier chef, le plus grave des actes criminels dans la hiérarchie pénale d'Ancien Régime.

Damiens est enfermé quelques jours plus tard à la Conciergerie de Paris pendant l'instruction de la procédure. L'originalité de cette enquête criminelle tient au fait qu'elle se déroule principalement dans cette prison parisienne, dessinant de la sorte un huis clos entre l'accusé et les enquêteurs. Louis-Sébastien Mercier, qui rédige au cours de la décennie 1780 son fameux *Tableau de Paris*, décrit d'ailleurs Damiens sous les traits d'un antimonarque, dont les officiers du Parlement s'ingénient à préserver la vie pour s'assurer d'un jugement. Pour cette raison, il devient un « être précieux » qui concentre toutes les attentions :

> Le lever, le coucher, le mettre sur son séant, étoit une affaire capitale. Ce parricide s'amusoit des soins multipliés dont il étoit devenu l'objet ; il voyoit autour de son lit une foule de personnages distingués, qui le traitoient avec une sorte de circonspection ; & ayant osé porter la main sur un monarque, il étoit traité comme un monarque enchaîné[1].

L'analogie avec l'étiquette royale et l'attention courtisane portée au moindre geste du roi saisit le lecteur. Mercier, par ce dispositif rhétorique, dénonce la disproportion de moyens déployés pour préserver la vie de Damiens en regard du supplice qui lui sera infligé. Il n'en condamne pas pour autant la peine de mort elle-même, y revenant par cinq fois de façon explicite dans le long flot des dix tomes qui composent le *Tableau de Paris*.

Le supplice de Damiens, à la suite notamment de la description exceptionnelle qu'en a faite Michel Foucault en ouverture de *Surveiller et punir*, a retenu l'attention des contemporains et de la postérité. Reçu comme un acte au moins aussi barbare que le geste de l'assassin, il a quelque peu occulté la phase qui l'a précédé, à savoir l'enquête et le procès en soi. Or, ce procès mérite attention, en raison de son caractère exceptionnel. Il est le seul procès pour régicide au XVIIIe siècle, et n'a eu pour précédent immédiat que celui de Ravaillac en 1610. Les juges n'ont donc aucune expérience pratique ni aucune mémoire directe pour mener une procédure qui apparaît ainsi nouvelle. Ce caractère inédit tient également au fait que la procédure est considérée alors comme le procès d'un acte abject égaré au milieu du siècle des Lumières, de la civilisation et du progrès. Rendu en partie incompréhensible par cet idéal commun aux élites, il se voit interprété d'une façon qui le réduit à un procès contre un fou, image que Voltaire reprendra et rendra commune.

Enfin, ce procès obéit aux règles inquisitoires et se situe entre deux processus contradictoires. Relevant du secret, il s'oppose à l'émergence dans les villes européennes de « publics », ou plutôt de sphères de discussion des affaires publiques, qui comprennent mal pourquoi la procédure est tenue secrète. Il suscite pour cette raison un flot d'informations et de propos, excellemment étudié par Pierre Retat, qui tendent à masquer certains enjeux du procès.

L'enquête et le procès sont menés suivant la procédure inquisitoire et secrète. Celle-ci permet de comprendre l'exceptionnalité de ce type de crime, non pas tant par sa rareté que du point de vue des officiers. Ils manifestent une grande difficulté à concevoir la réalité de l'attentat dans un sens social et politique, et ne parviennent pas à l'envisager dans toutes ses dimensions. Cette indécision détermine la direction du procès, spécialement au moment de l'instruction (l'enquête), qui tourne rapidement à une recherche obsessionnelle de complices – contre toute évidence –, tout en essayant de susciter le moins de défiance parmi les enquêteurs et auprès du public. Pour cette raison, l'enquête et le procès apparaissent indécis quant à la publicité qu'il faut leur donner. De strictement secrets et organisés comme un huis clos, ils sont en réalité ramifiés dans la ville de Paris par des intermédiaires, puis diffusés à certains publics. Cette contradiction de forces opposées conduit la monarchie à autoriser la publication – choisie – de pièces du procès, donnant à ce huis clos un caractère finalement public qui double l'exécution de la sentence, mais offre au débat public la conduite de l'enquête et du procès.

L'exceptionnalité du procès. Un crime inconnu du siècle ?

Si le moment Ravaillac a permis, selon Roland Mousnier, de mettre en évidence un problème de « psychologie collective », à savoir le souhait de beaucoup de Français de voir Henri IV mourir – thèse difficilement démontrable –, il n'en va pas de même pour Louis XV.

La tentative d'assassinat sur le souverain conduit le procureur général au Parlement, Joly de Fleury, à mobiliser, dès le lendemain de l'attentat, les forces de la lieutenance de police parisienne pour découvrir les mauvais propos tenus contre le monarque et la monarchie. La police exhume ainsi un flot de mauvaises paroles contre Louis XV : il n'est assurément plus le « Bien-Aimé » de l'année 1744, lorsqu'il était malade à Metz au cours de la guerre de Succession d'Autriche, mais fait désormais l'objet d'une forte réprobation populaire, qui tient à son comportement personnel – sa vie sentimentale largement connue – et aux conséquences politiques qu'il induit. Louis XV ne se confesse pas, il ne touche plus les écrouelles et apparaît sous la coupe politique de Mme de Pompadour. L'ensemble de ces raisons conduit à « désacraliser » la personne du roi. Que le mouvement de désamour ait été amorcé dès les années 1730 ou qu'il soit postérieur, on comprend que le geste de Damiens, qui souhaitait « toucher le roi » et non pas, prétend-il, le tuer, s'inscrit dans un contexte de distanciation croissante entre le monarque et ses sujets.

Pour autant, le « public » n'en appelle pas au régicide ou au tyrannicide, et la détestation de Louis XV ne signifie pas qu'on souhaite sa mort. Barbier, fidèle témoin des événements de son temps, rapporte combien la nouvelle de l'attentat, parvenue à Paris le 6 janvier au matin, crée la surprise. Cette surprise et la difficulté conséquente de comprendre le régicide se lisent chez Voltaire, qui le réduit à la folie d'un homme échauffé par les affaires religieuses et parlementaires. Les officiers du roi, quant à eux, mobilisent des modèles antérieurs qui permettraient de situer politiquement et socialement ce geste et de suivre un exemple de procédure judiciaire inhabituelle en 1757. Le modèle qui s'offre alors aux esprits est celui de Ravaillac, voire de Jacques Clément, assassins respectifs d'Henri IV en 1610 et d'Henri III en 1589. On retrouve dans les archives de Paris des papiers relatifs au procès de Ravaillac : des imprimés, tel *Procès, examen* [...] *de Ravaillac*, publié dès 1611, qui insiste sur les complicités dont il avait nécessairement dû bénéficier, ou encore des papiers dispersés conservant la trace des interrogatoires du régicide et offrant ainsi un modèle judiciaire. Or, loin de n'être réservées qu'à une minorité, ces archives ont été au contraire diffusées au sein de l'administration judiciaire et policière, puisque l'on retrouve par exemple des copies des interrogatoires de Ravaillac dans les archives du commissaire au Châtelet Nicolas Delamare. Celui-ci avait composé au début du XVIIIe siècle un célèbre *Traité de la Police*, et pour cela puisé, puis diffusé à son tour, des papiers provenant des siècles antérieurs. Ces archives dispersées forment et dessinent ainsi un antécédent judiciaire auquel peuvent s'arrimer les officiers du roi en charge de juger Damiens.

Plus largement, la stupeur cède rapidement la place à une inquiétude publique qui ne peut être lue selon les seuls termes d'une émotivité individuelle. Au-delà des sentiments filiaux que la monarchie paternaliste inculque aux sujets, une culture politique commune irrigue les esprits et les oriente vers des modèles de comportement et d'obéissance qui sont en partie contestés depuis que les parlements du royaume – les cours de justice les plus importantes – se sont lancés dans une guérilla procédurale pour contester les réformes portées par la monarchie, ou du moins la coterie au pouvoir, pendant la décennie 1750. Ces oppositions s'appuient sur deux piliers, celui de la fiscalité (les parlementaires privilégiés s'opposant au vingtième, un impôt qui porte sur leurs propriétés) et celui de la religion (une partie des officiers des parlements adhérant au jansénisme). Or, l'erreur de la monarchie est de soutenir la hiérarchie de l'Église catholique, hostile à la partie de son clergé penchant vers le jansénisme – et qui impose par exemple des billets de confession pour les mourants prouvant leur adhésion à la bulle *Unigenitus* que le pape Clément XI a fulminée en 1711. Elle a entraîné l'exclusion de centaines de curés et la déshérence de nombreuses paroisses. Le roi en est rendu responsable, et l'on voit ressurgir, dans les publications d'un parti janséniste très bien organisé, des histoires ou des mémoires qui prennent pour modèle l'affrontement politico-religieux de la fin du XVIe siècle entre la Ligue et Henri III puis Henri IV.

De fait, une double inquiétude surgit au soir du 5 janvier 1757 : une frayeur individuelle et une angoisse liée à la perte éventuelle du souverain et à la désorganisation qu'elle pourrait entraîner, couplées à une peur du complot desquelles pourraient émerger des affrontements politico-religieux. Ces éléments orientent fortement les premiers interrogatoires, l'enquête débutant dès l'appréhension de la personne de Damiens.

Damiens frappe le roi d'un coup de couteau le 5 janvier 1757. Le médecin du roi, Sénac de La Martinière, décrit la scène dans des lettres rédigées dès le 6. Il indique qu'un « malheureux » s'est approché du roi lorsqu'il se dirigeait vers son carrosse, et l'a frappé avec un « canif » entre les quatrième et cinquième côtes inférieures du côté droit, et ce, de bas en haut. La blessure est superficielle et, dès le lendemain matin, le « gonflement » est « totalement dissipé ».

Les faits se déroulent au château de Versailles. Louis XV, qui loge au Trianon, est attaqué par Damiens en sortant des appartements de « Mesdames » (situés dans le château), parmi lesquelles sa fille malade à laquelle il a rendu visite. Damiens est immédiatement saisi après son geste par les hommes formant la garde du roi, et conduit dans la salle des gardes, dénudé et attaché, puis immédiatement questionné. Les soldats présents, sous l'autorité du chancelier Lamoignon et du garde des Sceaux Machault, le torturent alors spontanément pour lui faire avouer ses complicités. La procédure judiciaire et l'enquête ne commencent qu'ensuite, avec l'arrivée de Leclerc du Brillet, lieutenant du prévôt de l'Hôtel, c'est-à-dire le magistrat compétent pour les crimes commis dans les enceintes des juridictions royales – le château de Versailles notamment. Pour cette raison, il fait enfermer Damiens dans la prison de la prévôté à Versailles, au deuxième étage, et le fait ligoter à un « lit ».

Désormais, un officier du roi instruit l'affaire, qui prend un caractère officiel, et met fin à l'enquête « extrajudiciaire ». Leclerc du Brillet procède à six interrogatoires entre le 5 et le 17 janvier. Parallèlement, il « informe » en entendant au cours de cinq séances 30 témoins directs, et en instruisant contre cinq autres suspects rapidement mis hors de cause.

Dans cette première partie prévôtale de l'instruction et de l'enquête, tous les éléments sont posés : Damiens nie avoir été au cœur d'un complot, et nie également avoir une famille. Il est contredit par l'officier prévôtal, qui appuie ses questions sur le travail d'enquête réalisé au même moment par le prince de Croÿ, commandant (militaire) du roi en Artois – province d'où est originaire Damiens –, qui est envoyé à Arras pour enquêter sur sa vie et ses liens sociaux. Un premier rapport est rédigé le 11 janvier, fondé sur les récits des personnes que Damiens a connues et côtoyées l'année précédente lors d'un séjour dans le nord du royaume, puis dans les « terres de la reine de Hongrie ». Deux autres rapports, datés des 19 et 28 janvier, seront utilisés par les juges du Parlement. L'enquête menée par le prince de Croÿ reconstitue la vie de Damiens et se focalise sur la période précédant l'attentat, à savoir l'année 1756. Le prince suit son parcours et se rend pour cela à Arras et Saint-Omer. Dans le même temps, il mobilise le procureur Dufour (envoyé à Monchy-le-Breton et La Thieuloy, à une trentaine de kilomètres au nord-ouest d'Arras) pour connaître et entendre les témoignages des parents de Damiens, et reçoit du marquis du Barail, commandant à Dunkerque, des informations sur ce que son frère savait. Pour cela, les logeurs de Damiens lors de son voyage vers Poperinge (située dans l'Empire) sont interrogés. Tous évoquent confusément un personnage dont les faits et gestes trahissent une fragilité liée à sa situation de fuyard et amplifiée par les questions du temps, en particulier religieuses.

L'action combinée de la police à Paris et du prince de Croÿ en Artois permettent donc de démontrer rapidement que Damiens, contrairement à ses affirmations, n'est pas l'individu isolé qu'il prétend être et qui aurait agi pour des motifs religieux. Sa trajectoire biographique mise au jour, le roi décide – sous l'influence de Lamoignon et Machault – le transfert de l'instruction criminelle au parlement de Paris. Avant d'évoquer cette deuxième grande partie de l'instruction du procès, il convient de relever que bon nombre de Parisiens sont informés de la situation dès les 6 et 7 janvier. Une lettre écrite de Versailles par le médecin du roi, Sénac de La Martinière, indique en effet que « le grand prevost [Leclerc du Brillet] est à questionner le malheureux [Damiens] qui persiste jusqu'à présent à ne dire que des choses vagues ». Le secret est déjà éventé, d'autant que les archives révèlent que des dizaines de personnes – gardes, responsables politiques, curieux – ont pu pénétrer dans la chambre où Damiens est ligoté à Versailles.

Le déroulement de l'instruction, « loin de l'œil & de l'oreille des citoyens » (Mercier)

Le 17 janvier, l'enregistrement par le Parlement des lettres patentes du 15 (qui transfèrent le procès au Parlement, ainsi que toutes les pièces de procédure[2]) indique que le roi a « abandonné » le procès au parlement de Paris. L'argument retenu est celui du respect de la tradition, puisque les crimes de lèse-majesté relèvent de la grand-chambre du Parlement. Il s'agit ici d'un choix politique clair : le roi transfère le procès à une institution avec laquelle il a maille à partir depuis de nombreuses années, et dont il a exilé une partie des membres – quand une autre a démissionné. Il lui a infligé la séance humiliante d'un lit de justice le 13 décembre 1756 pour lui imposer l'enregistrement d'édits fiscaux et d'un édit de « discipline » qui supprime des dizaines d'officiers des Chambres des requêtes et des enquêtes. Coup politique pour calmer les ardeurs oppositionnelles ? Tentative de revivifier les liens entre le roi et « ses » officiers ? Le procès respecte les règles de la procédure inquisitoire. Il est conduit par les présidents Maupeou et Molé ainsi que par les conseillers Severt et Pasquier, soutiens indéfectibles de la politique royale et adversaires notoires des jansénistes.

Damiens est transféré dans la nuit du 17 au 18 janvier à la Conciergerie, qui se trouve dans l'île du Palais. Les geôles sont situées à l'intérieur des murs qui bordent le quai de l'Horloge et sont contiguës à la chambre de la Tournelle, où se dérouleront les interrogatoires. Le Palais n'est en rien isolé de la vie parisienne, et tous les guides du temps décrivent la très grande activité commerciale qui règne sur les quais et aux abords du Palais, ainsi que la porosité entre l'espace des prisons parisiennes et la vie quotidienne. Physiquement, le procès se déroule dans un lieu coupé de Paris, mais relié par de multiples canaux à la capitale du royaume. C'est la raison pour laquelle ce huis clos a suscité des rumeurs et des commentaires qui ont été diffusés dans l'Europe entière.

Au cours de cette procédure, Damiens n'est assisté d'aucun avocat et n'a pas accès aux pièces du dossier. Il doit simplement répondre aux questions des officiers. Après avoir dénié tout lien social et familial auprès du prévôt, il refuse rapidement de répondre à de nombreuses questions, ce qui conduit Leclerc du Brillet puis les officiers de la grand-chambre à lui rappeler qu'il sera jugé « comme un muet volontaire ». Les officiers utilisent alors une série d'arguments pour le convaincre de répondre, tantôt en lui laissant espérer la mansuétude du roi, tantôt en l'exhortant à avouer ses fautes afin de bénéficier d'une bonne mort chrétienne. Derrière cette demande, on peut d'ailleurs remarquer que dans une procédure, une « confession » en matière criminelle ne conduit pas à une condamnation automatique de l'accusé. Pour autant, une « confession » pour un crime de lèse-majesté peut seule entraîner une condamnation. C'est la raison pour laquelle Damiens sera fréquemment exhorté à se confesser complètement en dénonçant ses complices. Le rythme de l'enquête est d'ailleurs soutenu.

Damiens est interrogé entre le 18 janvier et le 18 février à cinq reprises, au cours de séances qui durent entre cinq et six heures, hormis celle du 8 février où il se mure dans le silence. En moyenne, 120 questions lui sont posées à chaque séance. Elles portent sur sa vie et ses rencontres dans les mois qui ont précédé l'attentat. Souvent, les magistrats essaient de le déstabiliser en lui affirmant des choses fausses, ou en prétendant qu'il a déclaré quelque chose pour qu'il précise, confirme ou infirme. Sautant d'un sujet à l'autre, ils ont pour objectif de mettre en lumière les contradictions de Damiens. Le résultat se dessine pourtant rapidement : hormis quelques détails secondaires, celui-ci semble avoir agi à l'issue d'une longue pérégrination entre Paris, où il a commis un vol en juillet 1756, le nord du royaume, où il rencontre les membres de sa famille pour solder un problème d'héritage, et les terres d'Empire, où il a fui quelques jours dans la crainte d'être arrêté pour son vol.

Les témoins puis ses proches, accusés également, dressent le portrait d'un homme parfois secret, insaisissable, qui a côtoyé au cours de ses emplois comme domestique des conseillers au Parlement jansénistes, des jésuites et toute une série de personnes impliquées de près ou de loin dans les « affaires du temps », à savoir la querelle entre le roi et le Parlement et l'affaire des billets de confession. Un contexte, commun à de nombreux Français à l'époque, qui va justifier l'obsession d'un complot.

L'obsession des complices

Lorsque Damiens est arrêté, il menace le dauphin. Pris immédiatement au sérieux par les gardes qui le questionnent, il désempare pourtant ses interlocuteurs, tant les gardes qui le torturent que le prévôt puis les officiers du Parlement. Tous sont surpris qu'il n'ait pas cherché à s'enfuir, alors même qu'un élément donne particulièrement sens à la théorie du complot. Un garde du roi, François Bonnemant, déclare le 10 janvier à Leclerc du Brillet qu'il a vu Damiens parler à un homme quelques minutes avant l'attentat. Sa version sera confirmée par Jean-Baptiste Chirol le 12 mars auprès du Parlement. Cela dit, Damiens ne conteste à aucun moment avoir parlé à un « quidam » aux abords du Trianon, sous une « voûte » (il n'en faut pas moins pour imaginer un complot) : il dément simplement les propos que les témoins lui prêtent – il aurait déclaré à l'inconnu : « Eh bien ! j'attends. »

L'idée de complicités est étayée par un troisième témoignage, celui d'un certain Antoine Richet, serrurier venu desserrer les liens de Damiens le 31 janvier. Il affirme en effet que le prisonnier lui aurait dit : « Que de monde dans l'embarras ! » Propos que ce dernier contestera jusqu'à sa confrontation avec Richet, le 6 mars. Or, aux yeux des officiers, cette assertion nourrit la suspicion d'un complot, née d'une lettre écrite par un garde nommé Belot dans la nuit du 7 au 8 janvier et qui affirme que Damiens « a pris confiance » en lui et lui a dicté une missive dans laquelle il nommait d'éventuels complices ou commanditaires, dont le conseiller au Parlement de Bèze de Lys ou le président du Massy. Sept noms sont consignés, qui apparaissent comme la preuve évidente d'une machination parlementaro-janséniste. Preuve bien embarrassante en réalité, car il ne s'agit pas de menu fretin, les sept étant membres du Parlement et démissionnaires, c'est-à-dire opposants à la politique royale.

De son côté, Damiens prétend que Belot lui a extorqué une liste de noms d'officiers du Parlement en lui promettant la clémence du roi. Mais il n'a indiqué que des personnes qu'il connaît plus ou moins. Belot et Damiens maintiennent chacun le sens qu'ils donnent à cette missive, qui compte terriblement dans la conduite du procès. C'est ce qui explique qu'une deuxième procédure soit initiée contre un « quidam » de 35 à 40 ans, celui à qui Damiens a parlé, et qui est sommé à plusieurs reprises par cri public à Versailles et Paris de se présenter auprès des juges – il sera déclaré finalement « contumace » le 21 mars par décision du Parlement.

Dans l'ultime étape du procès, lors de l'interrogatoire sur la sellette[3] (26 mars) et lorsque Damiens est soumis à la question (28 mars), les 173 questions des magistrats portent sur ses complices. Interrogé tout d'abord sur ses liens avec les Jésuites (il a servi au collège Louis-le-Grand, puis a participé à des réunions avec des jésuites lors de sa fuite estivale en 1756), il est ensuite amené à détailler ses liens avec les membres du Parlement, qu'il a côtoyés lorsqu'il était domestique. Les officiers lui demandent régulièrement s'il venait au Palais pour y entendre les discours des opposants jansénistes, et par quels moyens il connaissait les « affaires du temps ». Finalement, il ressort de ses réponses qu'il s'abreuvait d'informations au palais du Luxembourg et au sein d'espaces de sociabilité domestique qui constituent, à l'époque, un espace ambivalent. Frottés quotidiennement et intimement aux membres du Parlement, les domestiques sont des agents de diffusion des informations sous la forme de paroles, de rumeurs et de on-dit. C'est pour cette raison que l'épouse de Damiens, leur fille et des domestiques qui ont travaillé à leurs côtés sont également emprisonnés jusqu'à la fin du procès, puis interrogés à plusieurs reprises dans l'espoir de leur faire avouer les complicités du régicide[4]. Au-delà des rumeurs et des mécanismes de diffusion des nouvelles, il ne ressort rien de ces interrogatoires et des confrontations qui interviennent entre les 7 et 12 mars. Un dispositif plus contraignant est utilisé le 26 mars, puisque ces coaccusés sont placés derrière un « barreau » dans la grand-chambre lorsque Damiens subit la sellette[5]. Le dispositif, pourtant plus solennel et impressionnant, ne donne pas plus de résultat que les interrogatoires précédents : les complices – bien éventuels au demeurant – de Damiens restent inconnus.

Au-delà de la conviction des officiers et de leur incapacité à dépasser le modèle de Ravaillac, l'obsession des complicités, rappelée par l'arrêt de condamnation du 26 mars qui justifie la torture par la nécessité de les révéler, a orienté tout le procès. Elle a également fourni des clés pour comprendre l'événement qui ont largement occulté les motifs politiques de Damiens, et masqué les dissensions politiques qu'a engendrées le procès.

Le procès et ses dimensions politiques

La conduite du procès n'a pas fait l'unanimité parmi les membres de la grand-chambre. Le prince de Croÿ s'oppose ainsi dès le 12 mars aux « gens du roi » à propos du « quidam » inconnu. Il préconise d'approfondir les recherches pour le retrouver, afin d'éviter de renouveler les erreurs commises au temps de Ravaillac, quand d'éventuels complices n'avaient pas été recherchés.

À cette occasion, il ressuscite l'image du tyrannicide fanatisé par les querelles religieuses, et sous-entend que Damiens, à l'instar des régicides précédents, aurait agi à l'instigation de l'organisation qui avait appelé au meurtre du roi : la Compagnie de Jésus. Ravivant un imaginaire politique dramatique, il s'oppose à l'idée d'un complot janséniste, auquel Damiens semble lié par ses dénonciations de la politique de l'archevêque de Paris, que le roi ne soutiendrait que sous l'influence de ses mauvais conseillers. Bien que secret, le procès est en réalité empreint d'une forte conflictualité politique entre les membres de la grand-chambre. Cette dimension devient publique quand la lettre de Damiens écrite par Belot est rendue publique au début du mois de mars. Elle suscite un émoi considérable et fait écho à un mandement de l'archevêque de Paris qui met en cause les jansénistes, les accusant d'avoir fomenté un complot. Pour cette raison, la ville est quadrillée par des patrouilles militaires qui doivent empêcher tout attroupement. Les ducs et pairs, en particulier le prince de Conti, conseillé par une des têtes pensantes du parti janséniste, Adrien Le Paige, réclament auprès de la grand-chambre la publicité des questions posées à Damiens et la lecture *in extenso* du rapport du prince de Croÿ qui détaille ses rencontres avec des jésuites dans le nord du royaume. Cela leur est refusé les 19 et 25 février par deux tiers des présents. Du côté janséniste, cette obstruction accrédite l'idée selon laquelle la publicité des débats – Barbier parle de « notoriété » – les mettrait hors de cause et prouverait la culpabilité des Jésuites.

L'ensemble de ces contradictions internes, liées aux impatiences du public de connaître le fin mot de l'histoire, explique que les magistrats aient souhaité hâter la fin de la procédure. Barbier s'en fait le témoin en mars, mais on le comprend d'autant mieux à partir du moment où les noms des sept parlementaires mentionnés par Damiens dans sa lettre sont rendus publics. Du côté du gouvernement, Bernis demande la clôture de la procédure, et le procureur général Joly de Fleury remet ses conclusions « cachetées » le 17 mars.

Dans la procédure inquisitoire, les dossiers constitués contre l'accusé ou en sa faveur sont remis aux juges, qui décident souverainement. Il n'y a pas de débat et, évidemment, pas de contradiction. Par ce moyen, toute la procédure est validée. C'est ce qui intervient par la « visite » des pièces du procès, les 21, 23 et 24 mars. Absolument toutes les pièces sont lues et relues, et c'est encore à cette occasion que le prince de Conti réclame que l'assemblée se prononce sur chacune d'entre elles. L'assemblée refuse et valide en bloc les différents sacs.

Les conclusions du procureur général sont décachetées le 26 mars, à la suite du dernier interrogatoire sur la sellette. Celui-ci est particulier, car il révèle de façon évidente l'embarras des officiers du Parlement chargés de questionner Damiens. Après lui avoir de nouveau fait expliquer les raisons de son geste – les « affaires du Parlement », les refus de sacrement, l'attitude de l'archevêque de Paris –, ils tentent une dernière fois de lui faire révéler ses complices. Or, à cette occasion, les deux thèses du complot janséniste et du complot jésuite sont évoquées tour à tour. À la question 145, Damiens répond qu'il n'a pas de complices, mais qu'il a été « excité » par l'attitude du roi face aux membres du Parlement. Louis XV, au cours d'une cérémonie, les avait fait patienter plusieurs heures avant de les recevoir. La rumeur parisienne les avait alors affublés du surnom de « singes ». Pour autant, il ne met pas en cause le roi, mais ses mauvais conseillers, les « ministres », et s'inscrit dans une longue tradition de dénonciation de l'entourage du bon roi égaré par les influences néfastes. À la question 160, il répond qu'il a été suggestionné par les mauvais propos entendus dans la « salle du Palais », à savoir le lieu où les avocats, les conseillers et les gens des métiers du droit à Paris se retrouvent pour soutenir le Parlement face à la politique royale. Enfin, à la question 162, il répond que personne ne lui a enseigné le régicide, question qui se réfère aux interrogatoires précédents à propos de ses liens avec les Jésuites.

De manière prosaïque, on ne peut retenir l'idée d'un procès fait aux jansénistes ou aux Jésuites. En réalité, les officiers du Parlement aux ordres du roi sont surtout incapables d'envisager un autre modèle que celui des temps ligueurs et de Ravaillac. Cette cécité a plongé la monarchie dans l'embarras et induit une volonté de justification postérieure.

Les papiers de la procédure sont conservés aux Archives nationales, et sous forme de copies dans une constellation de fonds archivistiques sur tout le territoire. Les pièces ont été recopiées, et chaque point de procédure a suscité des correspondances entre Paris et le royaume. Malgré tout, les pièces ont rapidement été publiées sous forme imprimée par le greffier criminel du Parlement, Le Breton, qui en a obtenu le privilège : ainsi paraissent les *Pièces originales et procédures du procès fait à Robert-François Damiens, tant en la Prévôté de l'Hôtel qu'en la Cour de Parlement*. Le libraire qui a financé l'opération est Pierre-Guillaume Simon, un des plus importants de la place parisienne et imprimeur officiel des actes du Parlement. S'il ne s'agit donc en rien d'une fuite, cette publication, sous les auspices du Parlement, ne va pas de soi.

Après l'exécution de Ravaillac, des extraits choisis des interrogatoires avaient été publiés. Ici, l'idée d'exhaustivité apparaît et justifie une forme d'exercice de transparence. Le Parlement prétend offrir au public l'ensemble des documents ayant composé le dossier inquisitoire. Évidemment, il n'en est rien, puisque les débats au sein de la grand-chambre sont tus, au motif qu'ils ne font pas partie des pièces écrites. L'ensemble de la mise en récit donne ainsi l'impression d'une cohérence maîtrisée du côté de l'instruction et du procès, en regard de l'incohérence apparente de Damiens. Voltaire, qui s'appuie sur cet imprimé pour composer son chapitre 37 du *Précis du siècle de Louis XV*, le cite explicitement et s'y laisse prendre.

L'opération de publication marque une tentative de la part du pouvoir, roi et Parlement main dans la main, pour calmer la situation et apaiser les tensions. Or, l'entreprise tourne court. Barbier et d'autres témoins montrent que « l'opinion publique » se passionne déjà, quelques mois après le procès, pour d'autres sujets : la querelle politico-religieuse toujours, la guerre avec l'Angleterre, etc. Ce coup éditorial échoue. Il est donc à ce titre plus intéressant de l'examiner sous l'angle des intentions.

Le greffier Le Breton est autorisé, avant de reproduire fidèlement les pièces, à présenter aux lecteurs un *Précis historique concernant Robert-François Damiens*. En une cinquantaine de pages, il mêle au récit biographique celui de la procédure. L'ensemble illustre les incohérences du personnage, ses problèmes familiaux, avant que ne soient retranscrits les interrogatoires au cours desquels il affirme ne pas être marié. Les aspects violents, vaniteux et inconstants de son caractère sont exacerbés, et mobilisent deux registres : celui de l'individu isolé et incontrôlable et celui du laquais porté à la violence et inscrit dans le monde proche de l'illégalité – la preuve en est le vol commis à Paris. Ce dernier est l'objet d'une procédure jointe au dossier inquisitorial et dont les pièces sont également publiées dans le volume des *Pièces et procédure*. Les voyages de Damiens dans la seconde partie de 1756 dessinent un paysage allant du nord du royaume aux terres impériales : une zone qui est historiquement celle des révoltes politico-religieuses, et qui pour cette raison donne consistance à l'idée sous-jacente d'une possibilité de complot. Enfin, le texte justifie la compétence du Parlement, en dénonçant les procédures « extrajudiciaires » subies par Damiens avant la procédure prévôtale, en particulier quand il fut brûlé et torturé par le chancelier. Il n'en va évidemment pas de même à propos des tortures infligées lors de la « question », le 28 mars au matin, avant l'exécution. Damiens, selon le récit, s'y montre « intrépide » comme auparavant, et le portrait ainsi dressé est celui d'un être déterminé. Or, les archives laissent entrevoir un homme plus indécis et repentant, et acculé à répéter ce que les officiers refusent d'entendre.

Un autre élément des réponses de Damiens n'est pas mis en évidence dans le *Précis*, mais confirmé par les enquêtes de police, qui, elles, ne sont pas rendues publiques. Il affirme à de très nombreuses reprises avoir agi contre la politique royale et pour défendre le « peuple » qui souffre. Il se fait même, dès le premier interrogatoire prévôtal du 5 janvier, le porte-voix d'un peuple qui « dit de même ». Les gardes du roi présents au moment de l'attentat confirment ses dires. L'ensemble de ces éléments donne du poids à la thèse qu'il défend, celle selon laquelle il n'a pas souhaité tuer le roi, mais le « toucher ». « Toucher », en effet, peut être entendu dans deux sens : l'un physique, l'autre émotionnel. Damiens alterne entre les deux significations et revendique ainsi la tradition d'un roi accessible, entouré de bons conseillers et attentif aux misères de son peuple.

Paradoxalement, son geste peut être lu comme une forme de légitimation d'une monarchie de droit divin dans laquelle le roi est le père de ses peuples et doit à ce titre les protéger. Celui qui a été présenté comme un fou a au moins été l'agent d'une tentative de restauration des liens politiques distendus entre le monarque et la monarchie d'une part, et le peuple des sujets d'autre part. Le problème d'interprétation du procès de Damiens tient alors à deux éléments. D'une part, il révèle l'incapacité des officiers du roi, des membres de la monarchie, impliqués dans un affrontement circonscrit au sein de l'appareil d'État, à entendre la voix et à se rappeler l'existence du peuple – Barbier l'écrit également dans son journal. D'autre part, l'issue du procès révèle combien Damiens ne pouvait être perçu comme la voix ou un représentant des aspirations populaires à un rôle politique. L'isoler dans la catégorie de la folie – et Voltaire était évidemment le meilleur artisan d'une dénégation de l'existence politique du peuple – permettait de placer les catégories populaires hors de la sphère publique de discussion.

De manière pratique, la parole de Damiens apparaît plus libre dans les interrogatoires menés par le prévôt de l'Hôtel, au cours desquels il affirme ne répéter que des paroles populaires entendues dans la bouche de « poissardes & femmes du menu Peuple », qu'auprès des officiers du Parlement, qui dévient de ce sujet dès qu'il l'aborde.

L'ironie noire de ce procès et de ce dispositif judiciaire exceptionnel réside dans la mise en scène ultime, après la « question » subie par Damiens à l'Hôtel de Ville et avant son exécution en place de Grève le 28 mars. Le peuple est alors sollicité pour « entendre » la lecture de la sentence. De fait, bien avant l'exécution elle-même, dont les prétendues vertus édificatrices sont vantées par les juristes et publicistes du temps, c'est la lecture de l'arrêt qui intime au peuple de ne pas exister politiquement. À travers l'exemple de Damiens, dont les motifs sont connus, on exclut toute possibilité de dialogue entre la monarchie et le peuple.

Toute contestation potentielle est ainsi condamnée *a priori*, ce qui se manifeste par l'exécution de Damiens. Conduit en place de Grève, où les exécutions ont traditionnellement lieu pour toutes sortes de crimes, il attire une foule exceptionnellement nombreuse et socialement diverse. Son corps est très durement traité : amputé, tenaillé, brûlé, écartelé puis découpé, il est finalement réduit en cendres, lesquelles sont dispersées. Le spectacle suscite un émoi qui doit être lu dans la continuité du procès. Au-delà de l'évolution des sensibilités, qui place ce spectacle en décalage avec le sentiment d'un siècle civilisé, c'est bien l'impossibilité d'un dialogue entre la monarchie et les publics qui se manifeste. En effet, la population parisienne, informée à des degrés divers de la conduite du procès et des dires de Damiens, peut apprécier la signification d'un tel dispositif et d'un tel acharnement. Loin d'autoriser un dialogue, elle annonce au contraire l'impossibilité d'approcher le roi, réduisant le message de Damiens – « toucher » le roi – à une agression physique contre un père symbolique. L'exécution marque irrémédiablement la distance entre le roi et ses sujets, mais révèle combien les intermédiaires politiques tels que les parlementaires ou les officiers, pris dans leurs oppositions politico-religieuses, sont désormais incapables de percevoir les demandes émanant du peuple. En ce sens, cette « affaire criminelle » ne vaut pas tant pour elle-même que pour ce qu'elle révèle d'une évolution des rapports entre un État institutionnalisé dans une monarchie personnalisée et la population.

Bibliographie sélective

Galland Caroline, « L'attentat de Damiens vu par Le Paige : "le triste événement" », dans Andurand Olivier *et alii* (dir.), *Histoires croisées. Politique, religion et culture du Moyen Âge aux Lumières. Études offertes à Monique Cottret*, Paris, Presses universitaires de Paris-Nanterre, 2019, p. 119-145.

Mousnier Roland, *L'Assassinat d'Henri IV. 14 mai 1610*, Paris, Gallimard, coll. « Trente journées qui ont fait la France », 1964.

Rétat Pierre (dir.), *L'Attentat de Damiens. Discours sur l'événement au XVIIIe siècle*, Paris-Lyon, CNRS Éditions, 1979.

Van Kley Dale K., *The Damiens Affair and the Unraveling of the Ancien Régime 1750-1770,* Princeton, Princeton University Press, 1984.

—, *Les Origines religieuses de la Révolution française, 1590-1791*, Paris, Seuil, 2002.

protestant libéral, époux d'Anne Rose Cabibel, père de quatre fils et deux filles, il meurt roué vif le 10 mars 1762 en place Saint-Georges à Toulouse[7].

Atroce fait divers, l'affaire débute au soir du 13 octobre 1761 dans la maison cossue des Calas au 16, rue des Filatiers : après le « léger » dîner familial – « pigeons à l'aillade, chapon rôti, salades de céleris, fromage de Roquefort, raisins, châtaignes bouillies » –, Pierre Calas raccompagne au flambeau l'invité Gaubert Lavaysse (19 ans), fils d'un avocat proche de la famille. Au rez-de-chaussée, les deux amis voient Marc-Antoine pendu entre deux battants de porte.

Mal à l'aise, il avait quitté la table avant les autres convives, pour l'habituelle promenade vespérale. Seul avec lui-même, le jeune homme a pris une corde à laquelle il avait fait deux nœuds coulants.

> Il en avait passé un dans un billot servant ordinairement à serrer les balles des envois, et il l'avait ajusté au milieu du billot. L'autre, il l'avait mis autour de son col, après avoir placé ce billot ainsi ajusté, sur les deux portes battantes, il avait repoussé avec le pied l'instrument qui l'avait aidé à placer ce billot, s'était ensuite laissé tomber et suspendre, et en cet état, il était mort paisiblement et sans qu'on eût pu en concevoir le moindre soupçon dans l'appartement où son père, sa mère, son frère et cet étranger s'occupaient tranquillement à causer et à dormir[8].

Âgé de 28 ans, haut de « cinq pieds et quatre pouces » (162 cm), bachelier en droit, lecteur de *Hamlet*, « aimant passionnément la musique et le son de l'orgue », Marc-Antoine était « mélancolique ». Il aurait souhaité embrasser le catholicisme pour revêtir la toge d'avocat interdite aux « prétendus réformés » selon la législation antiprotestante.

Dans la panique, le chirurgien Gorce est mandé sur la « scène effroyable ». Vers minuit, fendant la foule effarée, le magistrat de Baudrigue descend sur les lieux avec le médecin Latour et les chirurgiens-jurés Peyronnet et Jean-Pierre Lamarque. Les praticiens examinent le corps. Un « peu chaud », il gît au sol, tête nue, en chemise et culottes, avec bas et souliers. Nulle plaie visible, « face livide », nez et bouche baveux, marque au « col de l'étendue d'environ un demi-pouce, en forme de cercle qui se perdait sur le derrière, divisé en deux branches sur le haut de chaque côté du col » : Marc-Antoine « a été pendu, encore vivant, par lui-même, ou par d'autres, avec une corde double », selon les praticiens[9]. Avant la « levée du corps », les magistrats négligent les « circonstances » préalables à la pendaison : cheveux peignés, habits pliés.

Autopsie et incrimination

Le corps est mené à la « chambre de torture » du Parlement. Les parents désolés suivent avec Lavaysse et la domestique Jeanne Viguiere, catholique au service des Calas depuis vingt-quatre ans. Baudrigue les interroge avec hostilité. Il transmet le bref procès-verbal au procureur royal qui contrôle la juridiction des capitouls. Papiers et lettres sont tirés des poches du mort. Le 15 octobre, outre la prise de corps des Calas, de la servante et de Lavaysse, qui sont reclus isolément depuis deux jours, le procureur ordonne « que le cadavre de Marc-Antoine [soit] ouvert, pour être mis ensuite dans la chaux [...] qu'il [soit] nommé un chirurgien-juré à l'effet de procéder à l'ouverture du cadavre et d'en reconnaître l'état et s'il s'y trouvait des aliments récents[10] ».

Avec deux élèves, le chirurgien Lamarque procède à l'autopsie pour évaluer le mode opératoire. Ayant noté la « marque livide au col », ils ouvrent la tête et le cerveau aux « vaisseaux extrêmement gorgés ». Lamarque sous-évalue les « signes apparents » de la pendaison selon les sillons typiques de l'autostrangulation. « Peaux de raisin », « volaille », « petits morceaux d'autres viandes et qui lui avaient paru être du bœuf [...] dur et coriace » : l'estomac livre le bol alimentaire pour dater l'heure fatale. En conclusion, selon la « loi générale » de l'ingurgitation mécanique et chimique, le « cadavre avait mangé [*sic*] trois ou quatre heures avant la mort, car la digestion des aliments était quasi faite ». Autopsie hâtive, enquête sommaire sur les lieux : l'affaire est mal partie pour Jean Calas, bientôt incriminé.

Son maintien ambigu l'accuse. Il avoue avoir dépendu Marc-Antoine avec son autre fils Jean-Pierre pour cacher le suicide et « conserver l'honneur de sa famille ». Croisées avec d'autres témoignages, les questions veulent faire dire au père qu'il a participé « directement ou indirectement à la mort » du fils. Exigée par l'avocat du roi, la descente sur les lieux permet d'y saisir le billot et la « corde à deux nœuds coulants » où adhèrent les cheveux du mort. Cave, galetas, jardin : nul indice probant, ni fosse préalablement creusée, la perquisition judiciaire est donc vaine.

Le colossal squelette expiatoire

Le 17 octobre, un monitoire pour révélations est décerné[11]. Portant sur « des cas très graves et intéressant la Religion », publié durant trois dimanches consécutifs dans les paroisses de Toulouse, il vise à délier les langues sur la mort de Marc-Antoine en évoquant l'apostasie, les menaces familiales, le complot d'assassinat pour identifier le nom « des auteurs et voire des éventuels complices ». Une quarantaine de Toulousains « viennent à révélation », mais leurs déclarations sont insignifiantes. Entre « verbiage » et « ouï-dire », une rumeur exécrable accable vite Calas. Il aurait dit « que s'il savait qu'il [son fils] changeât de religion, il lui servirait de bourreau ».

Sur ordre de l'avocat du roi (6 novembre 1761), le défunt est traité en martyr et non pas en suicidé. Il bénéficie alors des « grandes pompes » des Pénitents blancs : la dépouille, tirée de la chaux vive et recousue, est inhumée en l'église Saint-Jacques. Cinquante prêtres et 20 000 personnes escortent la bière. Marc-Antoine suscite la dévotion populaire. Le 16 octobre s'ajoute un « spectacle » baroque pour « émouvoir le peuple », peut-être à la prière de Louis Calas, apostat calviniste. Avec tous les « Religieux de la ville », les Pénitents blancs glorifient le calvaire victimaire :

> Au milieu de la chapelle, entièrement tendue de blanc [est] dressé un haut et magnifique catafalque, un squelette humain [...] d'une hauteur également extraordinaire, avait été placé en triomphe sous ce catafalque. Il figurait Marc-Antoine Calas. D'une main, on lui avait fait tenir un papier sur lequel se trouvaient ces mots : *Abjuration de l'hérésie*. On avait placé, dans l'autre, une palme comme l'emblème de son martyre[12].

Si à cette époque, plus d'une fois, les suicidés terminent à la voirie après leur traction publique sur la claie d'infamie, le rituel funèbre instauré pour Marc-Antoine conforte plutôt la thèse du meurtre paternel. Le « cri public » accuse Calas : vomissant la religion catholique, craignant l'apostasie du fils, il l'aurait tué ou fait occire avant de maquiller le crime en suicide.

En première instance, les capitouls condamnent les Calas (père, mère, Jean-Pierre) à la « question ordinaire et extraordinaire » à laquelle Gaubert Lavaysse et Jeanne Viguiere seront simplement présentés. Puisque les accusés interjettent en appel, en seconde instance (Tournelle), le parlement de Toulouse reprend l'affaire. Les prévenus transitent des prisons de l'Hôtel de Ville aux geôles de la cour souveraine.

Une soixantaine de témoins récolés et confrontés au prévenu sont entendus : si l'on retranche les « ouï-dire », il ne reste que de futiles « présomptions » sur la religiosité du fils et l'intolérance du père, note Jean Claude de La Ville dans sa *Continuation des causes célèbres*[13]. Prévalent-elles sur « celles qui parlent avec tant d'avantages en leur faveur, sur les liens du sang, sur cette tendresse envers leurs enfants, que la nature a gravée dans leur cœur en caractères ineffaçables[14] ! » ? Or, le 9 mars 1762, face aux dépositions contradictoires des Calas éplorés, les juges, à la majorité des suffrages, condamnent à mort Jean Calas, « atteint et convaincu du crime d'homicide » commis sur son fils aîné.

Pour « réparation » – sentence de la Tournelle – après la question ordinaire et extraordinaire et l'« amende honorable » sur le parvis de l'église de Toulouse où le bourreau le mène sur la charrette d'infamie, Calas sera conduit en place Saint-Georges. « Jambes, cuisses, reins » : il sera rompu vif sur l'échafaud par le bourreau puis exposé sur la « roue », la « face tournée vers le ciel », afin d'y « vivre en pleine repentance de ses crimes et méfaits, et servir d'exemple et donner de la terreur aux méchants, tout autant qu'il plaira à Dieu ». Le cadavre brisé finira au « bûcher ardent » pour y « être consommé par les flammes ». *In fine*, les cendres seront « jetées au vent ».

Le matin du 10 mars 1761, l'arrêt est exécuté à la lettre. Exhorté par deux dominicains, niant l'accusation sous la question ordinaire (estrapade) et extraordinaire (eau) et durant l'amende honorable « genoux à terre » devant l'église métropolitaine, affirmant qu'il « mourrait innocent », couché et attaché sur la « forme de croix », déniant une ultime fois le crime que veut lui faire dire *in extremis* le « Père Bourges », Jean Calas, endurci dans la foi, est rompu vif, *coram populo* :

> Alors le bourreau leva sur lui la *barre* redoutable. À cette vue le peuple frissonna. Chaque coup dont Calas fut frappé, retentit au fond des âmes et des torrents de larmes s'échappèrent, mais trop tard, de tous les yeux. Le premier coup cependant n'avait arraché au patient qu'un cri fort modeste. Les autres ont dit qu'il les reçut sans proférer la plus légère plainte. Placé ensuite sur la roue, pour y attendre la fin des tourments et de la vie, on assure qu'il ne tint que des discours remplis de sentiments chrétiens; qu'il conjura le Ciel de pardonner à ses Juges, et qu'il paraissait s'élever, par ses souffrances, aux plus hautes contemplations[15].

Deux heures sur la roue, il halète son innocence : « *Je meurs innocent*, Jésus-Christ, l'innocence même, voulut bien mourir par un plus cruel supplice. » Après le coup de grâce, il est jeté au feu vif avant la dispersion des cendres.

Jean Calas mort sur l'échafaud, les réquisitoires du procureur du roi (11 mars 1762) motivent encore la pendaison de la veuve Calas, de Jean-Pierre Calas et de Gaubert Lavaysse. S'y ajoute la réclusion perpétuelle de Jeanne Viguiere à la discipline de l'hôpital – « sous peine de la vie ». Le 18 mars, après l'interrogatoire final des accusés, le Parlement juge en modération : ils sont mis « hors-cour », sauf le fils Calas banni perpétuellement du royaume contre l'avis d'un juge partisan de l'envoi aux galères.

Le glaive meurtrier

L'affaire Calas embrase l'Europe. Magistrats, philosophes et publicistes, pasteurs genevois et hollandais : l'opinion publique déplore la justice toulousaine, pivot du rappel à l'orthodoxie confessionnelle. À Milan, l'écho du cas mène Cesare Beccaria à rédiger et publier anonymement à Livourne en 1764 son pamphlet contre la justice patibulaire : *Dei delitti e delle pene (Des délits et des peines)*[16].

Négociant transitant par Genève, Dominique Aubert informe Voltaire[17]. Haïssant tout fanatisme, le patriarche hésite. Admettant d'abord la thèse du meurtre dissimulé en suicide, il se ravise en entendant les « enfants malheureux » Pierre et Donat Calas réfugiés à Genève. Certain de l'innocence du supplicié, il en épouse finalement la cause perdue. « Il faut soulever l'Europe entière, et que ses cris tonnent aux oreilles des juges », note-t-il dans une des 500 lettres expédiées en trois ans pour mobiliser l'opinion publique. Le « meurtre de Calas commis dans Toulouse avec le glaive de la justice le 9 mars 1762 est un des plus singuliers événements qui méritent l'attention de notre âge et de la postérité », ajoute-t-il en 1763 dans le *Traité sur la tolérance à l'occasion de la mort de Jean Calas*.

Contact avec la veuve Calas retirée à Montauban ainsi qu'avec ses deux filles cloîtrées, mobilisation des réseaux intellectuels, pamphlets pour le roué, appui aux avocats Mariette et Élie de Beaumont qui œuvrent à la révision du procès en cassation : Voltaire s'active. La « cause célèbre » mêle l'intolérance et la barbarie pénale. La requête de cassation finit en appel. Lu devant le Grand Conseil (7 mars 1763), cassé le 4 juin 1764 par le Conseil privé du roi, le cas revient en ultime instance le 9 mars 1765 devant le tribunal des requêtes de Versailles. Trois ans après le supplice, Jean Calas est moralement innocenté, puis réhabilité posthumément avec sa famille. La veuve Calas reçoit 36000 livres de dédommagements. Voltaire exulte. Lançant une souscription pour une estampe de la « malheureuse famille Calas », le philosophe aimerait que les capitouls de Toulouse, à l'instar des condamnés, fassent « amende honorable », en chemise blanche, pieds nus et corde au cou. Généreux et tenace, politique et philosophique, le combat voltairien a occulté le travail d'Antoine Louis qui disculpe aussi Calas, mais sur le plan médico-légal.

Antoine Louis : de la noyade à la guillotine

Fils d'un « chirurgien-major » à l'hôpital de Metz, Antoine Louis y naît en 1723[18]. Après le collège jésuite, excellent logicien, il étudie la médecine et la chirurgie militaire avec son père, chirurgien habile et réputé. Nanti d'un premier bagage scientifique et d'une belle prestance, il monte à Paris. Entre doctrine et pragmatisme, il gagne ses galons chirurgicaux à la Salpêtrière. Rédigeant et publiant en 1746 un *Cours de chirurgie pratique sur les plaies par armes à feu*, soutenant sa thèse latine le 25 septembre 1749 sur les plaies de tête, il obtient la chaire de physiologie du collège de chirurgie. Le succès accompagne la charge de secrétaire perpétuel de l'Académie royale de chirurgie obtenue en 1764. Entre bibliothèque, laboratoire et cadavres, auteur d'une *Lettre sur les maladies vénériennes*, convaincu que la subordination des chirurgiens aux médecins est infondée, Louis rédige maints mémoires de l'Académie et éloges des chirurgiens décédés.

« Observateur » et « expérimentateur », expert aux armées, il place l'autopsie à la base de ses recherches empiriques sur la médecine légale de la noyade et de la « mort apparente », ce *coma* incertain qui vers 1740 suscite l'effroi d'être enterré vivant[19]. En 1752, il défend la thèse de l'asphyxie pulmonaire comme cause de la mort par noyade dans les *Lettres sur la certitude des signes de la mort* [...] *avec des Observations et des Expériences sur les Noyés.* « Rapports » et « consultations » : lors de cas difficiles, il est expert assermenté en cours civiles et criminelles. À Paris, l'« oracle des tribunaux » autopsie les cadavres de condamnés à mort. Il établit la sémiotique médico-légale des « sillons » de la pendaison au cou du supplicié.

Sous la Révolution, le chirurgien éclairé œuvre au nouveau régime de la mort pénale. Maintenue par la Constituante, elle visera la « simple privation de la vie » : tout condamné à mort aura la tête tranchée (Code pénal, art. 3, 1791). Médecin, franc-maçon et philanthrope, Ignace-Joseph Guillotin prône l'idée de la « machine humanitaire » à décapiter les condamnés que féconde Antoine Louis. Dans l'*Avis motivé sur le mode de décollation* (7 mars 1792) rédigé à l'attention du Comité de législation, il valide l'alliance médico-technique pour le trépas instantané[20]. Décapiter d'un « seul coup » requiert le « tranchant convexe » qui frappe le corps immobilisé, note Louis. En pénétrant « dans la continuité des parties qu'il divise », le couperet « a sur ses côtés une action oblique en glissant, et atteint sûrement son but ». Avec sa mécanique immuable, la lame convexe scindera aussitôt la « structure du cou, dont la colonne vertébrale est le centre ».

Expert médico-légal de la mort pénale, Louis supervise dès le 25 mars 1792 l'apprêt de la guillotine érigée par le facteur de pianos Tobias Schmidt. Le 17 avril, avec les docteurs Louis, Pinel, Cabanis, le bourreau Charles-Henri Sanson et autres magistrats, la machine à décoller est testée dans une cour de Bicêtre. Les cobayes se succèdent. Moutons vivants et trois cadavres humains éprouvent la suprématie de la lame convexe. Le 25 avril, mené *manu militari* en place de Grève, Nicolas Jacques Pelletier, voleur nocturne en récidive, est le premier condamné à tester la « machine inventée pour trancher la tête aux criminels condamnés à mort », soit la « Louisette ». La guillotine convertit le corps-à-corps patibulaire (bourreau-« patient ») en mort mécanique. Or, bien avant la Révolution, l'autorité d'Antoine Louis recoupe celle du savoir médico-légal qui se déploie sur les scènes judiciaires.

Une question anatomique au prisme médico-légal

Depuis le XVIe siècle, toujours assermenté, l'expert du corps violenté seconde le juge. En 1532, unifiant la procédure impériale, la *Constitutio criminalis Carolina* balise le champ médico-légal : avis de la sage-femme sur la mère qui accouche « secrètement » (art. 35), « examen » des génitrices infanticides avant la torture (art. 36), contrôle du poison (art. 37), circonstances atténuantes de l'« homicide de soi-même » (« maladie de corps », « mélancolie », « faiblesse de l'esprit », art. 135), létalité des plaies (art. 147), examen du cadavre avant inhumation (art. 149). À Bologne et à Genève notamment, la pratique médico-légale croît après 1650[21]. En France, matrice inquisitoire jusqu'au code procédural de 1808, l'ordonnance de 1670 renforce le champ médico-légal. Avant 1730, 104 « arrêts du parlement de Paris » ratifient leur autorité. En découle la jurisprudence que résume Antoine Prevost : *Principes de Jurisprudence sur les Visites et Rapports judiciaires des Médecins, Chirurgiens, Apothicaires et Sages-femmes* (1753).

La division du travail médico-légal entérine des pratiques diversifiées. La matrone illettrée « visite » les femmes violées ou enceintes et les enfants « excédés ». Le chirurgien établit la létalité des blessures (objets contondants, armes blanches ou à feu) et autopsie le cadavre. Issu d'une académie, le médecin diagnostique la plaie profonde, l'empoisonnement et l'infection du viol, mais diagnostique aussi la « mélancolie » suicidaire. Pour borner l'arbitraire, le corps meurtri est mis en preuves, car la plaie corporalise le mode opératoire. En 1777, dans le *Supplément à l'Encyclopédie* (III), l'article posthume de Jean Lafosse, médecin vitaliste de Montpellier, forge le néologisme « médecine légale » ou savoir indiciaire sur le crime : « Dans la *disette des preuves positives* qui sont du ressort de la magistrature, on consulte les médecins et les chirurgiens pour établir, *par des preuves scientifiques*, l'existence d'un fait qu'on ne saurait connaître que par ce moyen. Leur décision devient alors la base du jugement et doit en garantir la *certitude* et la justice. »

Durant l'affaire Calas, Antoine Louis incarne cette modernité médico-légale devenue plus marquée au temps des Lumières. En mars 1763, alors que le « Conseil suprême » du roi examine le recours de droit déposé pour Calas, Louis étudie la procédure. Il place l'expertise médico-légale contre l'erreur judiciaire pour forger la

« sûreté des citoyens » et la sérénité des juges. « Un père accusé d'avoir ôté la vie à son fils en l'étranglant, périt sur l'échafaud par le supplice que mérite ce forfait » : le 14 avril 1763, à l'Académie royale de chirurgie (Paris), il lit son retentissant *Mémoire sur une question anatomique*, imprimé avec approbation[22].

Brûlot médico-légal et philosophique contre la routine passéiste et l'excès pénal, apologie naturaliste de la « dissection » pour la certitude judiciaire, nourri à la doctrine classique et contemporaine, le *Mémoire* établit les « principes anatomiques » qui opposent la « strangulation volontaire » par pendaison à la « violence extérieure ». Toute « inspection anatomique du corps faite avec attention et la capacité nécessaire servira à déterminer la manière dont la personne aura cessé de vivre », affirme Louis (p. 5). Les signes cadavériques certifient le crime dans la nature du mal physique. L'autopsie les objective pour séparer l'assassinat du suicide. Pour les dissocier dans le champ médico-légal, Louis relit ses notes et ses expertises. Dans la « chambre des morts » (morgue), il examine les stries au cou des criminels pendus. Il les compare aux rainures mal relevées sur le fils Calas par Lamarque. Opposant l'observation directe à la spéculation des préjugés, il fonde l'enquête médico-légale sur l'expérimentation anatomique. S'ensuit la vérité naturaliste sur le crime ou le suicide :

> J'ai fait des recherches, établi des correspondances, consulté de vive voix l'Exécuteur de la Justice, fait des expériences sur les cadavres humains et sur des animaux vivants, afin de me procurer par toutes les voies possibles les lumières nécessaires sur le point essentiel de cette importante discussion[23].

Suggérant que rien n'a été fait à Toulouse pour tenter de réanimer Marc-Antoine – qui était peut-être seulement en état de mort apparente –, le chirurgien rappelle que des « hommes qu'un délire mélancolique avait porté à se défaire eux-mêmes, ont été délivrés à temps du lien fatal qui aurait rendu leur mort inévitable ». Et de s'interroger : « Marc-Antoine Calas était-il mort à l'instant qu'il a été visité par l'Élève en Chirurgie, appelé dans l'intention de le secourir ? Il ne s'est décidé à le croire mort, que parce qu'il était froid ; comme si le froid était plus un signe certain de mort, que la chaleur d'un cadavre, un signe de vie. [...] Quel contraste dans les suites de la funeste aventure de Toulouse, si Marc-Antoine Calas avait été secouru, et qu'il eût pu l'être efficacement[24]. »

Il prouve surtout l'impossibilité du meurtre paternel : si le père avait étranglé puis pendu le fils pour voiler le forfait, en effet, le chirurgien Lamarque n'aurait pas pu ne pas remarquer le contour livide de la strangulation manuelle, soit les ecchymoses de la torsion sur le cou. En outre, l'assassinat par pendaison est irréalisable :

> Il serait bien difficile qu'un homme en fît mourir un autre en le pendant, cela demande trop d'appareil : il est plus commode de commencer par l'étranglement ; on suspend le corps après, pour tâcher de faire méconnaître le genre de crime : c'est une action réfléchie qui suit le mouvement violent qui avait porté à l'assassinat. Mais il est rare que le crime ne laisse des traces qui le décèlent[25].

Les indices morbides (sillons du cou) de la pendaison qu'exécute un tiers divergent des symptômes de l'autopendaison. Ignorant ce naturalisme pathologique, Lamarque a mal certifié la sémiologie corporelle du crime ou du suicide :

> Il convient que le Chirurgien remette la corde dans le sillon qu'elle a tracé, pour prononcer sur la diminution plus ou moins grande du diamètre du col et savoir si la direction de ce sillon prouve que la suspension a été cause de la mort, ou postérieure à la perte de la vie. Pourquoi négliger dans ce cas le principe reçu généralement dans d'autres circonstances moins difficiles, qui est de représenter l'instrument à la plaie, pour juger l'une par l'autre. Il est principalement essentiel de bien examiner s'il n'y a pas deux impressions au col, l'une circulaire et tout à fait horizontale, avec ecchymoses faites par torsion sur le sujet vivant ; et l'autre sans meurtrissure, dans une disposition oblique vers le nœud, laquelle aurait l'effet de la suspension après la mort[26].

Si les « pendus ne meurent pas faute de respiration », mais par la pression asphyxiante et létale des veines jugulaires, Louis montre que la théorie de la pendaison extérieure (assassinat) ne convient pas à l'autopendaison du fils Calas (suicide). Malgré les « apparences trompeuses du suicide », les stries laryngiennes le prouvent. « Levée de cadavre », reconstitution et autopsie sommaires : bâclant les techniques fondatrices de la médecine légale, les experts toulousains ont entériné l'erreur judiciaire au procès de l'« innocent Calas ». La thèse du meurtre par pendaison contredit la vérité médico-légale fondée sur la nature et la morbidité des corps. Concluant sur les « secours qu'on peut donner aux pendus, dans le cas où la mort ne serait qu'apparente » en les saignant « promptement à la veine jugulaire » (p. 48, 50), la démonstration médico-légale est vivement ovationnée par l'Académie de chirurgie. A-t-elle aussi inspiré le Grand Conseil du roi saisi le 7 mars 1763 de la requête en appel pour casser le procès de Jean Calas ?

En résulte la polémique médico-légale. Prônant en 1763 la suprématie médicale sur la chirurgie, imbu de physiologie positiviste, estimant que Louis exploite à des fins personnelles la « malheureuse histoire des Calas », le médecin parisien Philip affirme que le chirurgien « hasarde » des « faux principes » pour de « funestes conséquences ». Et qu'il ne sait pas différencier physiologiquement et pathologiquement la suicidaire autopendaison de la pendaison faite par une tierce personne, notamment sur le plan respiratoire[27].

Réfutera-t-on des « expériences récentes avec des citations anciennes ? », ironise Louis sur un ton voltairien dans sa *Réponse* à Philip[28]. Rappelant que le 13 octobre 1761 il était à Göttingen « fort occupé à donner des soins à un grand nombre d'officiers et de blessés », précisant qu'il n'a « travaillé sur cette matière qu'en 1763, dix-huit mois après l'événement », réitérant sa foi médico-légale dans l'expérimentation cadavérique, Louis répète que la « corde qui serre le col, ne comprime pas le passage de l'air dans le suicide ». Contrairement au *credo* médical de Philip, la « vraie mort des pendus » suicidaires est hémorragique par pression laryngale avec effets vasculaires. Résultant de l'action du bourreau qui grimpe sur les épaules du supplicié pour en briser la nuque, la torsion ou fracture de la première vertèbre caractérise la pendaison pénale des criminels.

Défendre l'humanité

Selon Louis, hostile à la « représentation purement ignominieuse et infamante » des supplices, la nature du mal humain ressort du corps violenté. L'« inspection anatomique », quant à elle, abat les préjugés et corrige la routine inquisitoire. L'« état physique du cadavre » révèle les « circonstances » occultes du crime ou du suicide. Mise en sens par l'enquête médico-légale, la pathologie corporelle énonce la vérité judiciaire. Auxiliaire de la justice, l'expert légiste balaie l'incertitude en bornant l'arbitraire. Attaché à la « certitude physique » comme dispositif probatoire, Louis – ce réformateur oublié du temps des Lumières – défend la « cause de tous les hommes » que menace l'erreur judiciaire. Il vise aussi la prévention médico-légale du crime, car l'expert traque chaque indice corporel : « Je me croirais trop récompensé de mon travail, s'il pouvait empêcher quelqu'un de commettre le crime, dans la crainte de la conviction ; et un innocent d'en être accusé[29]. »

Défenseur oublié de Jean Calas, nanti d'une « bibliothèque très considérable », célibataire endurci, « libéral et bienfaisant », Antoine Louis meurt d'une pleurésie le 20 mai 1792, année où débute en France l'enseignement de la médecine légale. Il laisse en chantier un « ouvrage très étendu sur la chirurgie légale » selon l'académicien et médecin Pierre Sue (1739-1816) qui en clame l'éloge républicain[30]. « *Vertueux Cala*s, peut-être respirerais-tu encore si les experts appelés pour visiter le cadavre de ton fils avaient connu les signes établis depuis par Louis pour distinguer la suspension volontaire de celle forcée, la suspension accompagnée de l'étranglement, de celle qui n'a lieu qu'après l'étranglement », insiste en 1803 le médecin Leclerc, expert de l'empoisonnement[31].

En 1782, dans le septième volume de sa célèbre *Bibliothèque philosophique du législateur* (p. 281-314), somme du réformisme pénal dans l'héritage beccarien, le futur Girondin Jacques Brissot (dit de Warville) immortalise Antoine Louis en y publiant le *Mémoire sur une question académique*. Le glorifiant au nom des Lumières,

Brissot ignore évidemment qu'il sera lui-même décapité le 31 octobre 1793 sur la machine élaborée par Antoine Louis pour humaniser la mort pénale. Or, dès la fin du XVIIIe siècle, plusieurs traités de médecine légale positiviste forgent la postérité d'Antoine Louis dans l'ombre portée de l'affaire Calas. Dans l'ouvrage posthume *Médecine légale de Paul-Augustin-Mahon*, Jean La Fosse prétend qu'il n'y a que « Petit et Louis qui aient porté leurs vues sur le suicide, et sur les moyens de le distinguer dans un homme pendu vivant[32] ». En 1870, Ambroise Tardieu, le grand légiste parisien auteur de traités spécialisés sur l'infanticide, les crimes sexuels, la folie et l'empoisonnement, publie sa fameuse *Étude médico-légale sur la pendaison, la strangulation et la suffocation*. Avec les « circonstances de la pendaison de Marc-Antoine », il déplore l'« erreur judiciaire » dont le père Calas « fut la victime ». Tardieu impute l'« inqualifiable sentence » au « défaut de constatation des conditions de la pendaison » et à l'inexpérience des experts toulousains. Il revient aux travaux uniques de l'« illustre » Louis d'avoir dissipé les ténèbres médico-légales en faveur de la certitude pénale[33]. En 1878, Alexandre Lacassagne, patron de la médecine légale lyonnaise, salue lui aussi les « travaux de Louis [qui] eurent un grand retentissement ; par les caractères qu'il donne de la pendaison, il contribue à la réhabilitation de Calas[34] ». Dans le sillage positiviste d'Antoine Louis, le mot d'ordre des médecins légistes est célèbre : « Science, vérité et justice[35]. »

Éclairant les circonstances corporelles du crime ou du suicide, la médecine légale peut prévenir l'erreur judiciaire. Celle qui a coûté la vie au patriarche Jean Calas accusé du meurtre de son fils suicidaire Marc-Antoine. Celle qu'a dissipée Antoine Louis, patron en France de la chirurgie légale des Lumières.

Bibliographie sélective

Beaurepaire Pierre-Yves, *La France des Lumières (1715-1789)*, Paris, Belin, 2011.

Porret Michel, « Voltaire : justicier des Lumières », *Cahiers Voltaire*, 8, 2009, p. 7-28.

Vandekerckhove Lieven, *La Punition mise à nu. Pénalisation et criminalisation du suicide dans l'Europe médiévale et d'Ancien Régime*, Louvain-la-Neuve, Éditions Academia, 2004.

4

La Beauce à feu et à sang ? Les « chauffeurs » d'Orgères, autopsie d'un mythe

par David FEUTRY

Le dimanche 15 novembre 1908, *Le Petit Parisien* fait sa une sur l'une des affaires les plus sordides du temps : des bandes de chauffeurs sévissent dans la Drôme. La bande de Berruyer cible maisons et fermes pour découvrir l'argent de pauvres fermiers torturés par le supplice du chauffage, les pieds soumis au feu. Les chauffeurs sont de retour ! Il faut dire que depuis plus d'un siècle, le mythe a dépassé l'histoire. Dans les riches plaines de la Beauce, à la même époque, on raconte encore aux enfants turbulents les forfaits des « chauffeurs » d'Orgères pour les calmer ou les effrayer. Sous la houlette de leur chef, Beau-François, la bande avait terrorisé la Beauce pendant la Révolution, essentiellement entre 1791 et 1798, avant d'être définitivement neutralisée.

En janvier 1798, Armand-François Fougeron, juge de paix du canton d'Orgères, bourg du sud de l'Eure-et-Loir, effrayé par l'attaque de la ferme de Milhouard, située près de sa résidence, décide d'agir. Aidé par le ministre de la Justice, il traque les brigands. Et dès février 1798, tous les membres de la bande sont arrêtés. Il entend des dizaines de suspects dans son château de Villeprévost, puis transmet l'affaire au tribunal criminel de Chartres. Pendant dix-huit mois, de mai 1798 à octobre 1799, sont interrogés et finalement poursuivis 88 prévenus – 64 autres sont déjà morts en prison – soupçonnés de 95 crimes et délits. Le procès exceptionnel s'ouvre le 19 mars 1800 sous la direction du juge Liendon, autrefois collaborateur de l'accusateur public Fouquier-Tinville. Le temps n'est pas à la clémence : en octobre 1800, on guillotine 21 condamnés[1] – deux se suicident en prison. Mais le principal accusé, Beau-François, réussit à s'échapper et il erre et attise les peurs des paysans pour quelques décennies encore.

Cette bande d'Orgères, à l'origine de l'une des affaires criminelles les plus célèbres de la fin du XVIIIe siècle, a certes suscité de nombreux travaux, mais elle surprend toujours par son caractère exceptionnel et démesuré. Un caractère qui fait sans doute écho à l'horreur des crimes de ces « chauffeurs » et la peur que Beau-François et ses compagnons inspirèrent : on mobilisa deux pelotons de hussards, des gendarmes à profusion ; on auditionna plus de 500 témoins, on arrêta plus de 200 suspects, qu'il fallut interroger et surtout maintenir enfermés alors qu'aucune prison n'était capable d'absorber un tel flux. Les archives en témoignent : une trentaine de cartons, conservés aux archives départementales d'Eure-et-Loir, sont remplis de liasses d'interrogatoires des suspects et de leurs complices, sans compter les nombreux vagabonds étrangers au département que l'on rafla par la même occasion et qui, pour certains, moururent en prison. Les archives des juges de paix, dont certaines encore non classées sont inédites, permettent de saisir l'ampleur des exactions et leur atrocité. Le procès, à la lecture des archives, dépasse les meurtres sanguinaires des « chauffeurs » pour englober toute la misère et la criminalité de l'époque révolutionnaire en Beauce[2].

Pourquoi s'intéresser finalement à l'histoire de la bande d'Orgères ? Dans quelle mesure l'historien peut-il ajouter, par la lecture attentive de cette masse de documents, un regard nouveau sur cet épisode tant de fois repris par les journaux du XIXe siècle ? Peut-être parce que justement le mythe n'a pas suivi l'histoire, mais s'écrit au même moment en ces jours de 1800 où les accusés sont face aux jurés et aux juges. Il est donc temps pour l'historien, par un regard critique porté sur les archives du procès, de comprendre pourquoi un phénomène de brigandage, certes violent, a pu se transformer en mythe du crime et de l'horreur pour tout le XIXe siècle.

La bande d'Orgères : des « chauffeurs » ?

L'image d'Épinal sur Beau-François et sa bande a longtemps hanté les mémoires : une ferme prise d'assaut par des dizaines de brigands, de riches fermiers torturés, les pieds liés devant l'âtre pour qu'ils avouent la cachette de leur pécule. L'historien s'attend à trouver dans les archives du procès des témoignages effarants sur ces pratiques, à entendre les cris, à sentir la chair brûlée à travers les témoignages des victimes ou des témoins, les rapports des médecins dépêchés sur les lieux des crimes. Il n'en est rien. Au fil des pages, les agressions se multiplient, mais aucune trace du supplice prétendument préféré de ces « chauffeurs ».

Au fil des témoignages, on découvre que la bande d'Orgères a multiplié les crimes odieux et pervers comme de véritables brutes sanguinaires. Des vols et des meurtres isolés se produisent dès 1791, mais l'acte fondateur a lieu le 6 mai 1795 à Lèves, en banlieue de Chartres. Claude-Henri Horeau et sa femme ont été assassinés avec une extrême violence : le mari a été battu et émasculé, alors que sa femme a été étranglée. Ce massacre suscite l'émoi à quelques lieues du poumon politique et économique de la Beauce. On accuse rapidement les Prussiens sur les témoignages des serviteurs du couple Horeau, les Pelletier, qui n'ont étonnamment rien entendu lors de l'attaque… Il fallut attendre la mise en accusation de la bande d'Orgères quatre ans plus tard pour comprendre que les Pelletier n'étaient pas si innocents : après la mort de leurs maîtres, ils avaient ouvert en ville un cabaret et jouissaient de confortables revenus, une belle ascension qui posait des questions et suscita rapidement calomnies et dénonciations, avant que les « chauffeurs » n'avouent avoir été aidés par le couple Pelletier.

Les coups se multiplient rapidement dans l'ivresse du succès et de l'impunité : la bande cherche le gros fermier, le vendeur de blé enrichi par la disette, traîne dans les cabarets pour obtenir des informations sur la richesse du gros laboureur local et passe ensuite à l'action, avec des « mioches » utilisés comme guetteurs : le pillage du château de Gautray dans la nuit du 17 octobre 1795 a permis d'emporter un butin considérable de 41 000 francs ! Les équipées varient en fonction des envies de chacun et des besoins, mais la violence reste la même : dans la nuit du 31 janvier 1796, on attaque la ferme des époux Lejeune, qui sont massacrés à Mondgond. L'année suivante, la veuve Coupé à Gérainville est elle aussi sauvagement assassinée, encore un coup de la bande d'Orgères…

Les archives du procès égrènent ainsi vols et rapines, jusqu'à ce jour du 4 janvier 1798 où Beau-François et sa bande décident de s'attaquer à la ferme de Nicolas Fousset, à Milhouard, lieu-dit situé à l'est d'Orgères en

Beauce. Il est prétendument riche, c'est le pactole assuré. L'équipée ne repart pas avec le magot espéré, mais la réputation de « chauffeurs » de la bande entre dans la légende : pour la première fois, en ce mois de janvier 1798, Fousset est soumis en dernier recours à la torture par le feu. Il décédera de ses blessures dix jours plus tard. C'en est trop pour le juge de paix d'Orgères, Armand-François Fougeron, qui souhaite mettre un terme à ces crimes odieux, d'autant que la ferme de Milhouard se situe à quelques lieues de son château de Villeprévost. L'attaque déclenche une chasse à l'homme qui ne dure pas longtemps : dès la fin du mois, les premiers acolytes de Beau-François sont arrêtés. La bande des « chauffeurs » d'Orgères vit ses derniers moments de liberté.

Pourtant, l'historien reste sur sa faim : la réputation de « chauffeurs » de la bande d'Orgères s'avère largement usurpée. Des vols, des viols, des assassinats abondent dans les archives, mais leur surnom vient d'une pratique qu'ils n'ont utilisée qu'une seule fois, sans doute dans la précipitation et l'improvisation. Dans ces conditions, comment comprendre cette réputation ? Elle vient en réalité du premier ouvrage paru sur cet épisode tragique : *L'Histoire des brigands, chauffeurs et assassins d'Orgères*, par Pierre-Jean Leclair. Secrétaire du tribunal criminel de Chartres durant le procès, Leclair reste tous les soirs après les audiences pour classer les procès-verbaux et n'hésite pas à prendre des notes qui constituent l'essentiel du livre. Publié dès la fin du procès, en 1800, celui-ci connaît un très grand succès, en partie parce qu'il est le premier à les désigner comme des « chauffeurs ». Le mythe était né : on occulta bientôt le souvenir des assassins et des voleurs pour ne garder que celui de « chauffeurs », bien plus terrifiant et donc vendeur que la simple « bande d'Orgères », dénomination donnée par le gendarme Vasseur à partir de 1798 lorsque s'organisa la traque[3].

La presse s'empara ensuite de ce fait divers pour ne le présenter que par le prisme des « chauffeurs ». Peu importait finalement s'ils avaient mis la Beauce à sang plus qu'à feu : on tenait une bande qui se singularisait par son mode opératoire, mais aussi par son mode de vie, totalement fantasmé et créé de toutes pièces par les accusés.

Le fantasme des « chauffeurs » : une contre-société diabolique

La ténacité du mythe doit en grande partie à ses acteurs, non pas à cause de leurs crimes, que peu avouent, mais par leur mode de vie et leurs pratiques, que certains détaillent lors du procès. Bien souvent, cela n'est qu'un fantasme, moyen d'obtenir la clémence des juges ou de magnifier son action avant sa mort. La motivation importe peu, l'effet est instantané : les « chauffeurs » incarnent une contre-société aux mœurs dissolues, secrète, sanguinaire et cannibale que le régime doit abattre sans aucun scrupule.

Le phénomène des bandes de voleurs n'est pas une particularité de la Beauce révolutionnaire, bien au contraire. Face à la disette, des criminels plus ou moins bien organisés sévissent un peu partout dans le pays : la bande de Robillard dans l'Eure, celle de Kotcho en Picardie ne sont pas moins violentes que celle d'Orgères. Cette dernière n'est d'ailleurs que l'ultime avatar de bandes beauceronnes et orléanaises qui bénéficient de la protection d'une forêt s'étendant sur les départements de l'Eure-et-Loir, du Loiret, de la Seine-et-Oise (l'Essonne actuelle), et dont le repaire principal se situe dans les marécages de la vallée de la Conie. Elle est née de la désagrégation progressive de bandes de brigands plus anciennes : à chaque fois que le chef était condamné à mort, les acolytes se trouvaient un nouveau mentor. Après la mort de Hulin (1783), la bande s'installe en Beauce sous la houlette de Renard, qui sera pendu à Paris en 1788. Son fils, surnommé Fleur-d'Épine, lui succède avant d'être lui aussi arrêté et conduit à Versailles où il est massacré par la foule le 9 septembre 1792. C'est à partir de cette époque que la bande passe sous les ordres de Beau-François, secondé par ses fidèles : François Ringette, dit le Rouge d'Auneau, ou Jacques Bouvier, dit Gros-Normand.

La question lancinante revient alors : si la bande connaît une telle postérité, comment l'expliquer ? Ce n'est pas par l'organisation même, puisque les bandes de brigands sont fréquentes ; ce n'est pas non plus par le mode opératoire, largement usurpé, puisque le « chauffage » ne fut pas du tout une pratique caractéristique. Les archives du procès sont encore une fois d'un précieux secours, car elles montrent que les accusés eux-mêmes, se sachant condamnés ou cherchant à ne pas l'être, ont forgé une légende noire. À l'instar de Shéhérazade dans *Les Contes des mille et une nuits* qui, chaque soir, remettait au lendemain la suite de son histoire pour survivre, les prévenus multiplient mensonges et inventions pour faire durer les interrogatoires et chercher la clémence des juges. Le résultat est saisissant : dans les témoignages, la bande d'Orgères construit l'image d'une contre-société diabolique, totalement fantasmée, certes, mais qui restera gravée dans la mémoire locale.

Un personnage joue un rôle central dans la construction du mythe d'une société secrète et débridée : Louis-Germain Bouscant, surnommé le Borgne-de-Jouy. Ouvrier dans une manufacture à Jouy-en-Josas, il est le premier arrêté par le gendarme Vasseur le 29 janvier 1798 près d'Allaines. Conscient du sort qui l'attend, le jeune homme de 19 ans, borgne de l'œil droit, coopère avec le gendarme en donnant le nom de tous ses complices, leur signalement et leur cachette. Bouscant n'est pas avare de détails quand il s'agit de raconter l'attaque de Milhouard ou les autres forfaits qu'ont commis ses complices, en se ménageant toujours un rôle de guetteur très secondaire. Il parle même un peu trop : il fait la liste de plus de 150 complices, quitte à en inventer, à tel point que le juge de paix Fougeron délivre 96 mandats d'amener lors de sa première entrevue avec le jeune délinquant. Trois jours d'audition, un procès-verbal de plus de 30 pages, il suffit de demander pour obtenir : « L'avons sommé de nous déclarer si, dans le nombre des vols et assassinats qu'il nous a détaillés dans la première partie de l'interrogatoire, il n'en avait pas omis quelques-uns ; [il] nous a répondu qu'effectivement il en avait oublié et qu'il allait nous les dire. » Bouscant est intarissable sur la bande, surtout lorsqu'il s'agit d'inventer…

À coup sûr c'est une aide précieuse, à tel point que Vasseur l'emmène avec lui pour confondre ses complices, les signalements restant souvent trop vagues. C'est la consécration pour Bouscant. Il parade avec les gendarmes, vêtu d'un habit bleu de la garde nationale, et multiplie les provocations : à l'auberge, on moque parfois ses talents de voleur. Il profite de l'inattention de Vasseur pour lui voler une pièce de 6 francs. Il part s'acheter des boucles d'oreilles en or, afin de montrer aux gendarmes son habileté ! En mai 1798, handicapé par une gale purulente, il se voit prescrire des saignées. Logé à l'auberge Saint-Éloi dans le grand faubourg de Chartres, il est soigné par le chirurgien Guillerault. Par provocation, il boit son sang devant Vasseur médusé !

Peu lui importe, cette histoire fait immédiatement le tour de la ville : la bande d'Orgères est une bande de cannibales. Bouscant ne cherche d'ailleurs pas autre chose : il multiplie les récits à la demande en décrivant l'horreur des massacres, faisant de la horde une fratrie d'hommes cruels, sanguinaires et débauchés.

À chaque arrestation, on retrouve les mêmes extravagances : Vasseur fait miroiter un sort plus enviable si l'accusé coopère ; chacun rivalise d'imagination pour diaboliser la bande. Devant Paillart, lors de l'interrogatoire, le Borgne-de-Jouy explique le fonctionnement de la bande, organisée comme une société secrète : « Il y avait une grande loge qui pouvait contenir cinquante à soixante personnes, et qui était construite en pierre, et qu'on avait couverte avec des planches et dans laquelle seuls les chefs de la troupe avaient droit d'entrer et où se décidaient les opérations qui demandaient du secret, et qu'il ne convenait pas que sût toute la troupe. » C'est aussi lors de cet interrogatoire qu'il fait mention de rituels de noces bien particuliers : « Il y avait dans la troupe, un homme qui faisait partie des voleurs, mais qui était trop vieux pour aller avec les autres, qu'on appelait le curé des pingres, qui est actuellement détenu aux Carmélites et qui se nomme Lejeune, et qui était chargé de faire les mariages. C'était devant lui que se présentaient l'homme et la femme qui voulaient se marier ensemble ; il avait une soutane dont il se revêtissait [*sic*] pour la célébration. »

Le 16 février 1798, François Cipaire, dit Sans-Pouce, est arrêté par Vasseur et rivalise d'imagination : Beau-François, tel un général, avait hiérarchisé la bande et chacun était le chef d'un département et opérait ainsi à sa guise. Cette histoire, rapportée plusieurs fois au procès, est le fruit des récits des colporteurs, tout autant vendeurs de colifichets ou de livres à bas prix qu'informateurs officieux de tout ce qui se produit dans le plat pays. Les juges n'ont certainement pas cherché à contester ces versions, car elles permettaient d'excuser l'inefficacité de la justice face à l'organisation quasi militaire de la bande. Une autre histoire revenait parfois : le récit d'une farandole bachique où tous les brigands et leurs femmes s'étaient retrouvés nus, lors d'un mariage célébré à la ferme de Gondreville chez un certain Grandville…

Le fantasme peut aussi servir les condamnés. Et le procès être l'occasion de s'accuser de crimes qu'ils n'ont pas commis : ainsi le Rouge d'Auneau s'invite-t-il à la tuerie de Mondgond en janvier 1796 à laquelle il n'a pas participé. Le pauvre charretier rescapé de l'attaque, Jacques Tisamboine, a été formel : jamais le Rouge d'Auneau, facilement reconnaissable à sa tignasse rousse, n'a été de la tuerie.

D'autres rencontres paraissent tout aussi invraisemblables : dans son repaire du bois de La Muette, près de Méréville, Beau-François avait organisé son union avec Marie-Rose Bignon. Participaient à une beuverie décrite en détail une cinquantaine de brigands de la contrée : un festin de roi avait été préparé à moindres frais, car fruit des rapines aux alentours. Une cérémonie de mariage avait même été organisée sous la direction du faux « curé des pingres ». Cette cérémonie profane n'était pourtant pas l'élément le plus étonnant : la bande avait été surprise par un cavalier égaré chassant la perdrix, et qui n'était autre que Barthélemy Gabriel Rolland de Challerange, seigneur des lieux et président au parlement de Paris. Ce dernier avait daigné accepter l'invitation de Beau-François et avait participé au festin, avant de repartir et de laisser la noce se poursuivre dans la luxure…

Tout n'est pas faux dans leurs témoignages. Il est vrai que le noyau dur de la bande d'Orgères bénéficie de complices : à Chartres, on écoule les objets volés grâce à un réseau de receleurs, tandis que certaines relations, infiltrées dans l'administration, fournissent de faux passeports. La bande charrie aussi son lot de désœuvrés et d'enfants abandonnés chargés des basses œuvres, comme le repérage ou la « gaffe », c'est-à-dire le guet. Cette tâche mal acquittée par le petit gars d'Étréchy lui fut fatale : en 1791, il subit les foudres de Beau-François, qui le frappa à mort et le laissa dans un fossé.

Si les « chauffeurs » marquent autant les esprits, même durant tout le XIXe siècle, c'est aussi par ce caractère pittoresque que n'ont pas les autres bandes. Les brigands d'Orgères sont des personnages avant d'être des hommes. Tous possèdent en premier lieu un surnom, masquant leur réelle identité, souvent inspiré d'une caractéristique physique et géographique : François Ringette doit son surnom du Rouge d'Auneau à sa coiffure, Jacques Bouvier à sa corpulence (Gros-Normand), d'autres doivent leur sobriquet à leur infirmité : Jacques Richard est le Borgne-du-Mans, Louis-Germain Bouscant le Borgne-de-Jouy, alors que François Cipaire est Sans-Pouce et François Rottier Sans-Orteaux (il lui manque un orteil). Pour certains, derrière le surnom ne plane qu'une vague identité.

Le mystère a souvent été entretenu par Beau-François, chef de la bande, qui possède plusieurs passeports, dérobés à ses victimes. Il se fait parfois appeler Jean Anger, d'autres fois Jean Girodot. Personne ne connaît sa véritable identité. Lors du procès, les juges sont tellement méfiants qu'ils ne donnent aucun crédit au témoignage d'un certain Germain Lecomte qui le reconnaît et affirme qu'il s'appelle François Richard, fils d'un berger de Nogent-le-Phaye, identité pourtant la plus plausible. Son rival dans la bande, le Rouge d'Auneau, dispose lui aussi de multiples identités : il se fait appeler notamment Michel Pécat, par usurpation d'un ami normand qui lui a fait découvrir les plaisirs interdits du Palais-Royal et dont il a conservé le passeport. Il a aussi un goût prononcé pour les habits voyants et dignes d'estime : lors de son interrogatoire devant le juge Paillart, Thérèse d'Orléans souligne ce souci premier d'être bien habillé pour monter à cheval et attaquer les fermes. On est loin du gueux immonde : le Rouge d'Auneau a davantage l'élégance d'un gentleman.

La chasse aux chauffeurs : une affaire politique

Il est un point trop peu souligné dans l'affaire de la bande d'Orgères. Car si l'on s'est attardé sur l'horreur des crimes, on oublie trop souvent l'aspect politique. Dans les temps troublés et incertains des années du Directoire, le monde politique tant local que parisien est en pleine recomposition. Les places se font et se défont au gré des coups de force et personne n'est sûr de durer. L'affaire d'Orgères doit permettre, au niveau local, de s'assurer une notoriété comme gardien de l'ordre et, au niveau national, de montrer que le régime sait mettre fin aux troubles. La confluence des intérêts locaux et nationaux trouve un écho tout à fait particulier dans cet épisode.

À l'échelon central, la priorité du pouvoir révolutionnaire a été, dès 1790, de gérer les flux de mendiants et de brigands. La première victime des disettes est la Beauce, grenier à blé du pays que beaucoup de miséreux souhaitent rejoindre. Les élites parisiennes ne cherchent d'ailleurs pas à s'embarrasser avec les détails : elles chassent indistinctement mendiants, brigands, chouans et Vendéens, confondant donc les pauvres, les voleurs et les opposants politiques. Par les décrets des 30 mai et 6 juin 1790, le régime instaure le passeport, obligatoire pour tout citoyen circulant en dehors de son canton. Celui qui en est dépourvu encourt la prison et le renvoi dans son canton d'origine. En réalité, dans ces temps troublés, le problème est moins les lois que leur application : les effectifs de police et de gendarmerie sont faméliques. Les personnels sont souvent mobilisés dans l'Ouest face aux Vendéens ou aux frontières pour la guerre contre les puissances monarchiques. Dès 1795, la Beauce est au centre de toutes les attentions, car elle constitue le dernier rempart avant Paris. Les mendiants y arrivent en masse, les brigands se mêlent à ce flot alors que le danger contre-révolutionnaire est à son comble : les chouans débordent progressivement de l'Ouest et entrent en Eure-et-Loir. En mars 1797, on signale des attaques royalistes dans le nord du département, à Nonancourt, et en Normandie.

Le principal problème du pouvoir, c'est qu'à l'échelon strictement local les représentants de la République se succèdent très rapidement sans pouvoir agir dans la durée : les Chartrains voient défiler les juges au fil des soubresauts politiques parisiens, rendant finalement difficile l'exercice continu de la justice. Cela explique en partie l'impunité des brigands de grand chemin durant les débuts de la Révolution. Lors de l'assassinat à la ferme des Horeau en mai 1795, le juge de paix Sébastien Collet retrouvait sa place après avoir été remplacé par un certain Pierre-Louis Bentabole en 1793, lui-même remplacé par un Bernier que les habitants avaient réussi à chasser pour remettre en place le juge Collet…

Si les volontés de répression du pouvoir central se concrétisent, elles le doivent à l'action volontaire et efficace d'une poignée d'hommes, installés en Beauce pour laisser passer les orages de la Convention thermidorienne de 1794 et qui cherchent une nouvelle visibilité politique à partir de 1795. Le premier d'entre eux est le juge de paix du canton d'Orgères, Armand-François Fougeron. Né en 1757, il est d'abord notaire à Orléans durant les dernières années de l'Ancien Régime. Il achète le domaine de Villeprévost en 1793 et en fait son refuge pendant l'épisode robespierriste. Cela ne l'empêche pas d'être brièvement emprisonné en mai-juin 1794. Libéré, il décide de s'installer dans son château et d'occuper les fonctions de juge de paix, échaudé par l'agitation politique. Attaché à l'ordre dans son canton, il est effrayé par l'attaque de la ferme de Milhouard, en janvier 1798, qu'il considère comme une provocation et un affront de la part de Beau-François, car elle se situe à quelques lieues de sa prestigieuse demeure.

Craignant d'être le prochain objectif sur la liste de la bande d'Orgères, il n'hésite pas à employer les grands moyens : il écrit directement au ministre de la Justice, Charles-Joseph Lambrechts, qui lui octroie des effectifs de gendarmerie et deux pelotons de hussards, soit 80 hommes, pour quadriller le terrain et organiser la traque. L'arrestation du Borgne-de-Jouy est alors un succès retentissant pour le juge de paix comme pour le pouvoir central, d'autant plus que, nous l'avons vu, le suspect est enclin à coopérer. Fougeron ne pouvait rêver mieux : il interroge dans son château tous les suspects et prévenus de l'affaire.

Après cette étape préliminaire, plusieurs problèmes se posent pour le jugement. Le premier concerne la juridiction criminelle compétente : les crimes ont eu lieu dans plusieurs départements et multiplier les attributions pourrait limiter les peines et surtout favoriser les évasions. Le 10 mai 1798, Paris satisfait les souhaits des juges chartrains : toute l'affaire d'Orgères est attribuée au tribunal criminel de Chartres.

Reste désormais à savoir qui aura l'honneur de conduire ce procès extraordinaire. Si l'information a été faite par Fougeron, juge de paix du canton, toute affaire criminelle nécessite une nouvelle audition par le magistrat instructeur avant de passer devant des jurés et des juges criminels. S'il n'y a aucun problème pour le choix du juge d'instruction – ce sera l'intransigeant juge Paillart –, la question se pose pour le président du tribunal criminel. On trouve le juge Michel-Claude Horeau trop clément et à Chartres comme à Paris on souhaite un jugement exemplaire et dissuasif. Le nom de Gilbert Liendon semble s'imposer. Son passé plaide en sa faveur : avocat en 1784, il a participé à la prise de la Bastille en 1789, puis a été élu commissaire de police du district de Saint-Merri, avec un certain Fouquier-Tinville, en 1790. Ce dernier, devenu accusateur public du Tribunal révolutionnaire, en a fait son substitut à partir de septembre 1793. Le vent a cependant rapidement tourné : arrêté après la chute de Robespierre (27 juillet 1794), il a tenté de se justifier durant son procès, mais a finalement réussi à s'enfuir en mars 1795. En 1799, il a 42 ans. On le considère comme l'homme de la situation et il est nommé président du tribunal à la place de Horeau. Les accusés ne peuvent plus se faire d'illusions, l'ancien bourreau de la Révolution va chercher à faire tomber des têtes.

Pourquoi ce constant soutien de Paris ? Comment comprendre que les demandes des juges locaux aient été immédiatement satisfaites ? Fougeron a obtenu tout de suite deux pelotons de hussards et des gendarmes à volonté ; Liendon a été nommé sans contestation et le pouvoir a confirmé la demande de juger tous les brigands à Chartres. Il faut voir en creux de cette affaire la volonté de purger la région des chouans. Si le procès qui s'engage est d'abord une purge contre les brigands de grand chemin qui terrorisent les lieux, l'implication du pouvoir central montre, au-delà du simple souci d'ordre public, la volonté d'éviter la contamination contre-révolutionnaire et royaliste.

Les chouans, insurgés royalistes, multiplient en effet les résistances dans l'Ouest. Dès 1795, ils entrent en Normandie et sont proches de l'Eure-et-Loir. Il faut d'ailleurs signaler que beaucoup de membres de la bande d'Orgères connaissent ces rebelles et communiquent régulièrement avec eux. Le Borgne-du-Mans (Jacques Richard) fut ainsi durant quelques années un de leurs compagnons de route : dans les années de la seconde chouannerie (1795-1796), il a été arrêté avec deux chefs chouans (La Motte-Picquet et Lucé). Condamné à mort, il a réussi à s'échapper et a rejoint la bande d'Orgères, conservant de précieux contacts avec les chouans, pour lesquels, à l'occasion, il livre des messages entre la Sarthe et l'Eure-et-Loir. Beau-François et le Rouge d'Auneau conservent aussi beaucoup de crédit auprès des royalistes, car, comme eux, ils exercent un pouvoir de nuisance sur le pouvoir central. Les aides sont réciproques : les faux passeports de Beau-François étaient fabriqués par un chouan infiltré dans l'administration, un certain Lamolère.

Terrifier et punir

La mythologie de la bande d'Orgères n'aurait pas été aussi prégnante sans le moment du jugement. Longtemps attendu, il fut lui aussi riche en péripéties. Il faut rappeler que presque deux ans s'écoulèrent entre l'arrestation des premiers chefs de la bande et leur exécution en octobre 1800, un délai suscitant à la fois suspense et lassitude.

Ces deux ans d'expectative s'expliquent par la mécanique judiciaire : les suspects ont été interrogés lors de l'information du juge de paix, puis lors de l'instruction du juge criminel, avant de comparaître au procès. Surtout, c'est la volubilité du Borgne-de-Jouy et ses déclarations farfelues qui donnent un caractère exceptionnel et interminable à l'affaire. Il a incriminé des dizaines de personnes qu'il a fallu arrêter et interroger. Rien que pour l'assassinat du couple Horeau de Lèves, 134 témoins ont été auditionnés. Ce pensum est d'abord accompli par le juge de paix Fougeron dans sa demeure de Villeprévost qui sert aussi de prison : entre le 30 janvier et le 2 mai 1798, il interroge plus 300 suspects, mis sous bonne garde dans les caves et dépendances du château. Il faut aussi les nourrir et Fougeron paie de sa bourse – s'il réussit à se faire rembourser 3 642 francs pour frais engagés, il est certain que cette affaire a en partie écorné sa fortune personnelle.

Une fois l'information faite, le dossier est transmis au juge Paillart chargé de l'instruction au tribunal criminel de Chartres. Le procès a coûté la bagatelle de 25 000 francs (sans compter les frais de justice) versés aux différents acteurs pour leur participation à la traque, à l'arrestation, au logement des gendarmes ou à la nourriture des prisonniers. Paillart sollicite lui-même des fonds pour le tribunal criminel, ruiné par l'affaire : il doit faire employer deux commis « sans cesse occupés des actes préparatoires tels que le dépouillement de plus de 600 pièces de procédure déjà existante, envoi de paquets, circulaires etc. ». Il souligne les problèmes de logistique que ce procès occasionne : « À chaque instant, le commis est obligé de pourvoir son bureau et se pourvoir lui-même en papier, plumes, encre et autres objets de détail. »

La question de la détention se pose cruellement : où entasser plus de 300 suspects, alors que les prisons sont remplies de prêtres réfractaires, d'opposants royalistes ou de simples mendiants n'ayant pas leur passeport ? On réquisitionne les lieux de culte et les couvents, nationalisés depuis quelques années et sans fonction apparente, mais largement inadéquats pour protéger les prisonniers des maladies et prévenir les évasions. Malheureusement, le temps joue contre la justice et les deux maux surviennent. En avril-mai 1799, une épidémie ravage le couvent des carmélites où sont entassés les prévenus. La prison est devenue un mouroir pour les détenus et un risque pour les juges. On fait venir de Paris l'inspecteur général des services de santé de l'armée pour assainir la situation. Beau-François profite des circonstances : refusant de s'alimenter, il s'affaiblit volontairement et réussit à se faire admettre à l'infirmerie. Il s'y rétablit et prépare son évasion. Le 5 juillet 1799, c'est la belle. Il disparaît à jamais, provoquant la colère du pouvoir à Paris.

Le 9 octobre 1799, le juge Paillart termine enfin ses interrogatoires et décide de poursuivre 82 prévenus, prononce 33 contumaces et éteint les poursuites contre 64 prisonniers morts dans les geôles. Il était temps ! En décembre, on presse le ministre de limiter l'accès aux pièces de la procédure aux accusés, ce qui demanderait des milliers de copies de pièces et retarderait encore la tenue du procès : « Il est plus instant que jamais que ce jugement n'éprouve aucun retard. La présence de ces brigands répand l'alarme parmi tous nos concitoyens. » La tension est palpable depuis l'évasion de Beau-François, l'exécution doit mettre un terme à la lassitude ambiante et assouvir le sentiment de vengeance né de la peur des « chauffeurs ».

On pouvait faire confiance au juge Liendon pour n'avoir aucun état d'âme à envoyer les brigands à l'échafaud : il avait fait ses preuves lors de la Terreur. Excepté le Rouge d'Auneau, qui se sait condamné et s'invente des coups pour magnifier sa légende, tous les prévenus nient farouchement les accusations : les auditions, tenues entre le 24 novembre 1799 et le 2 février 1800, permettent de prouver à quel point le juge est un redoutable contradicteur. À l'ouverture du procès le 19 mars 1800, la donne a changé : Bonaparte n'est plus très loin de devenir Napoléon après son coup d'État. Il faut aller vite et se montrer exemplaire. Liendon n'a pas à chercher loin pour prouver le vice de cette bande que le nouveau chef de l'État, incarnation de l'ordre, cherche à éradiquer. Il suffit de citer les élucubrations du Borgne-de-Jouy.

Malgré la longueur du procès (quatre mois), la justice est expéditive : pas d'avocats pour les accusés (l'ordre a été supprimé), mais de simples citoyens défenseurs et des jurés acquis à la cause de Liendon, redoutable orateur. Après vingt heures de délibération, le 8 septembre 1800, la décision tombe : 23 accusés sont condamnés à mort, y compris les époux Pelletier, complices de l'assassinat des Horeau à Lèves. Le Borgne-de-Jouy échappe quant à lui à la guillotine, mais doit subir vingt-quatre ans de fers.

Un sursis est obtenu, car certains ont formé un inutile pourvoi en cassation rejeté le 28 septembre. La mort attend sur l'échafaud 21 accusés, puisque deux se suicident en prison (François Cipaire, dit Sans-Pouce, et Pierre-Louis Pilliat, dit Le Petit-Pierre-d'Arpajon). Elle ne tarde pas : le 3 octobre 1800, c'en est fini de la bande d'Orgères… ou presque. Un seul manque à l'appel : Beau-François. Qu'est-il devenu ? Des signalements ont régulièrement été donnés, mais sans résultat. Ironie du sort, il est guillotiné par effigie le 23 juin 1804 à Chartres, deux jours avant l'exécution de Georges Cadoudal, chef de la chouannerie. Mort sans doute dans l'oubli, Beau-François appartenait à la légende des « chauffeurs ». La Beauce retrouvait sa quiétude dans les premiers temps du règne de l'Empereur.

La volonté de tourner la page était claire. Dès la fin du procès, on mit en place l'organisation d'un nouveau tribunal : Paillart et Liendon y devinrent simples juges, le chef du tribunal, Brocheton, fut investi, alors qu'un nouveau préfet, Delaître, s'installait à Chartres. Fougeron, Liendon et Paillart pouvaient être amers, ils n'avaient pas reçu la récompense espérée. Les trois n'avaient pas non plus l'occasion d'être mis en valeur dans la presse : dès janvier 1800, un décret avait limité la liberté de cette dernière et le jugement du procès y avait été résumé en quelques lignes.

Pourtant, l'affaire d'Orgères devait définitivement servir d'exemple. Au soir du 3 octobre 1800, une fois la ferveur populaire dissipée, les corps des condamnés furent enterrés au cimetière Saint-Jérôme, à côté de la cathédrale, tandis que les têtes étaient laissées en pâture aux corbeaux, exposées à la vue de tous les Chartrains, sur un talus au pied des murailles, pour montrer le peu de cas que l'on faisait de ces assassins. Avant ce châtiment ultime, elles avaient été soigneusement récupérées par le sculpteur Chambrette, qui en fit des moulages pour réaliser le masque mortuaire de chacun des condamnés. De son côté, le professeur Cosme décida de conserver la tête du Rouge d'Auneau pour étudier le crâne d'un assassin. Durant tout le XIXe siècle, ces têtes furent exposées dans une salle des archives municipales, puis transférées au musée, faisant survivre la légende des « chauffeurs » d'Orgères.

Au terme de cette enquête, les archives délivrent donc plusieurs conclusions : la Beauce fut victime du contexte révolutionnaire par l'afflux de brigands et de mendiants et par les forfaits de la bande d'Orgères qui y commit des crimes atroces. Pourtant, dès l'époque, la légende a dépassé la simple affaire criminelle pour un faisceau de raisons bien distinctes, mais qui toutes ont concouru à forger le mythe des « chauffeurs ». Des raisons éditoriales et commerciales d'abord : on vendait beaucoup plus en mettant en lumière les « chauffeurs », maîtres du sang et du feu. Des raisons politiques ensuite : le Directoire et le Consulat cherchaient à incarner le contrepoint de l'impunité judiciaire qui avait pu régner jusqu'alors. Plus la bande apparaissait cruelle, plus on renforçait l'autorité du régime. Il n'y avait d'ailleurs nul besoin d'inventer des preuves : les prévenus avaient pris soin eux-mêmes dans leurs témoignages de donner raison aux juges en se décrivant comme des brutes sanguinaires, licencieuses et délurées, image que les gazettes conserveraient durant tout le XIXe siècle et que le moulage des têtes permettrait de ne pas oublier. Et ce d'autant moins que l'ombre de Beau-François, chef charismatique et mystérieux, pouvait encore planer un temps sur les plaines riches et dorées de la Beauce.

BIBLIOGRAPHIE SÉLECTIVE

BOUZY Alain, *La Loi de la guillotine, la véritable histoire de la bande d'Orgères*, Paris, Cherche midi, 2016.

GARNOT Benoît, *Être brigand du Moyen Âge à nos jours*, Paris, Armand Colin, 2013.

ZYSBERG André, « L'affaire d'Orgères (1790-1800) », dans *Mémoires de la société archéologique d'Eure-et-Loir*, t. XXX, 1985-1987, p. 1-188.

5

Les « sauvages » du Palais-Royal : une affaire de mœurs en 1791

par Vincent DENIS

L'affaire n'a guère laissé de traces, si ce n'est une notation fugitive dans une gazette ou deux. Nous n'en aurions jamais su davantage sur les « sauvages » du Palais-Royal sans le travail du commissaire de police Toublanc, qui a dressé le procès-verbal lors de l'intervention de la police. C'est un modeste assemblage de quelques feuilles manuscrites rédigées le 11 avril 1791 par son greffier, probablement sur les lieux mêmes.

Le Palais-Royal, le temple des plaisirs parisiens

Il faut planter le décor. Car les lieux sont pour beaucoup dans cette affaire. Nous sommes au Palais-Royal, au cœur du « beau » Paris de la fin du XVIIIe siècle. À quelques mètres de là passe la rue Saint-Honoré, la plus huppée de la capitale, célèbre pour ses boutiques de luxe qu'affectionne la reine Marie-Antoinette. Sur cette artère et aux alentours, les aristocrates à la mode, les négociants et tous les financiers enrichis par les fastes de la monarchie et le commerce colonial ont établi leur résidence dans ce quartier, devenu depuis quelques décennies celui des élites parisiennes fortunées et bien nées, voué à l'argent et au luxe ostentatoire. Le Palais-Royal en est le centre. Le duc d'Orléans, cousin du roi et propriétaire dudit palais, est à la fois l'homme le plus riche du royaume et le plus endetté. Pour se refaire, il a épousé les spéculations de son temps et transformé sa résidence princière en complexe commercial et résidentiel en 1781. Tout autour du jardin, il a fait construire des bâtiments qui abritent dans les étages des logements et au rez-de-chaussée des galeries d'élégantes boutiques bordées par une colonnade. On se presse dans ce haut lieu des consommations matérielles et culturelles : près des horlogers, des prestigieux orfèvres et des boutiques de nouveautés, les Parisiens, les étrangers et les voyageurs aisés qui visitent la capitale peuvent profiter d'une des nombreuses salles de spectacle du complexe, qui comprend plusieurs théâtres. Des cafés célèbres, comme le Café de Valois, attirent ceux qui veulent lire les gazettes et échanger les nouvelles dont sont friands les Parisiens. Le jardin est lui-même un intense lieu de discussion, où curieux et promeneurs échangent sur l'actualité du moment. C'est d'ailleurs là qu'a commencé la révolution parisienne, le 12 juillet 1789, lorsque le journaliste Camille Desmoulins s'est adressé à la foule, monté sur une des chaises du jardin, à l'annonce du renvoi du ministre Necker par Louis XVI.

Mais ce lieu central n'attire pas les curieux et les promeneurs que pour ses boutiques de luxe. Vouée aux divertissements, cette enclave princière est à l'image des foires parisiennes, proposant articles de mode et spectacles populaires à un public très large, mais toute l'année : le Palais-Royal, c'est un peu « une foire perpétuelle » où le promeneur peut toujours trouver de quoi se délasser. Le duc d'Orléans a encouragé l'installation de divertissements populaires dans son complexe commercial afin de rentabiliser l'espace. Il a même fait construire au milieu du jardin une vaste salle de spectacle, le Cirque du Palais-Royal, qui propose, selon les jours, bals, pièces de théâtre et attractions diverses. On peut voir aussi au Palais-Royal des « spectacles curieux », des acrobates jusqu'aux « monstres »[1]. Ce lieu où la police royale ne pouvait entrer sans autorisation jusqu'en 1789 attire aussi par ses plaisirs interlopes : les maisons de jeu installées dans les appartements et les « galeries de bois », et les prostituées qui se pressent dans le jardin, sous les colonnes et dans les immeubles, faisant du complexe le haut lieu du sexe tarifé du Paris de la fin du XVIIIe siècle[2].

C'est au commissaire Jean-Christophe Toublanc que revient la tâche difficile de maintenir l'ordre dans ce quartier à part et turbulent. Le commissaire de police de la section du Palais-Royal n'est pas un policier professionnel : depuis la révolution de juillet 1789, les Parisiens ont répudié la police d'Ancien Régime, choisissant de confier cette tâche à des citoyens élus. À l'automne 1790, Toublanc a été désigné commissaire par les « citoyens actifs » de sa section, en pratique de 100 à 200 habitants aisés, rentiers, commerçants, hauts fonctionnaires royaux, financiers et hommes de loi qui peuplent ce quartier huppé. Ces électeurs ont choisi l'un d'eux : Toublanc était en 1789 un marchand d'étoffes installé dans une rue voisine du Palais-Royal, âgé de 45 ans environ[3].

Le scandale des « sauvages »

Ce 11 avril 1791 ressemble à une des journées ordinaires du commissaire, rythmées par le passage de plaignants dans son bureau et ses « transports » occasionnels dans les rues de sa section lorsque sa présence est nécessaire pour constater une mort violente, un accident, un vol avec effraction. C'est à la nuit tombée qu'il se rend au Palais-Royal, sous la « galerie de bois ». Les baraques qui occupent cette portion particulière du complexe ont mauvaise réputation. Moins coûteuses pour leurs locataires que les boutiques des arcades, symboles de la logique mercantile que le duc d'Orléans a poussée à son maximum, surnommées parfois « le camp des Tartares » par le contraste qu'elles offrent avec les parties plus luxueuses du complexe, elles sont regardées de haut par les autres commerçants du Palais-Royal. Elles abritent nombre des activités peu reluisantes du lieu, sans en avoir le monopole cependant, et attirent un public malfamé dans les tripots et les boutiques variées qui s'y trouvent[4]. Au niveau de la boutique n° 265, Toublanc et son secrétaire-greffier, chargé de tenir la plume, retrouvent un éminent personnage : Perron, l'un des trois administrateurs du département de la police de Paris, autrement dit un des grands responsables de la police, élu qui dirige cette administration municipale. La présence de cet important membre de la municipalité, avocat de profession, dit assez que l'affaire est délicate. De tels déplacements sont en effet rarissimes. « Comme nous, indique Toublanc dans son procès-verbal, [il] avait été prévenu d'un spectacle scandaleux qui avait lieu dans ladite boutique[5]. » L'affaire a donc été dénoncée à la police, sans que l'on sache exactement comment. Il n'est pas rare que de « bons citoyens » s'adressent directement au maire, aux administrateurs ou au commissaire de leur section pour signaler des faits anormaux et choquants, qui touchent souvent aux mœurs. Perron dispose par ailleurs d'agents secrets, recrutés dans la petite délinquance, chargés d'infiltrer les milieux criminels et qui lui fournissent des renseignements très divers. La présence simultanée des deux hommes suggère aussi une concertation préalable dont nous n'avons pas de trace, mais fréquente pour d'autres dossiers. Quoi qu'il en soit, elle signale le caractère exceptionnel de l'affaire.

Et pour cause. À l'intérieur, voici ce que décrit le commissaire :

> Nous y avons trouvé deux sauvages de l'un et de l'autre sexe, dont la femelle était couverte à la partie supérieure du corps d'un filet, et la partie inférieure entièrement nue ; c'est-à-dire à compter des reims [*sic*][6].

L'horaire précis et la découverte du couple nu, qui n'a rien de fortuit, suggère le minutage de l'intervention policière pour le surprendre en flagrant délit. De ce point de vue, l'opération est une réussite. Cependant, les premières investigations pour déterminer les responsabilités sont assez confuses. Toublanc s'adresse d'abord à celle qui lui semble la tenancière de l'établissement, « la maîtresse de l'endroit », et qui prosaïquement tient la caisse de cette attraction. Il veut savoir qui sont les deux sauvages et pourquoi un lit se trouve caché derrière une tapisserie. La caissière, Josèphe Chiron, prétend ne pas connaître les noms des sauvages, qu'elle les tiendrait d'un mystérieux « homme portant des moustaches ». Quant au lit, ce n'en est pas un, mais ce sont de simples planches sur lesquelles se trouve une couverture. Les policiers finissent par apprendre qu'elle a l'homme depuis longtemps et la femme depuis seulement quatre jours. Elle affirme aussi que les sauvages viennent « du Scioto », tentant vraisemblablement de convaincre Toublanc de leur caractère authentique, comme pour minimiser les reproches de la police. Il s'agit d'une région qui tire son nom d'une rivière proche de l'Ohio, aux confins de la jeune république des

États-Unis et du Canada britannique. On reviendra plus loin sur cet argument ethnographique. Le commissaire paraît cependant déjà sceptique, parlant de « prétendus sauvages ». Il fait fermer la boutique et interroge les trois personnes présentes dans son bureau.

L'interrogatoire de la jeune « sauvage » puis de plusieurs comparses qui se présentent aussi au bureau du commissaire révèle d'abord les ressorts d'une petite entreprise quasiment familiale. Le prétendu sauvage, qui s'appelle Amien Constant, coiffeur de son état, a monté ce spectacle avec son épouse, Josèphe Chiron. La « sauvage » travaille avec eux depuis un mois. C'est une jeune fille âgée de seulement 16 ans, Louise Maurice, originaire de Sedan, une petite principauté de l'est du royaume, venue avec sa mère à Paris, résidant rue du Faubourg-Saint-Martin. Son itinéraire illustre une situation assez ordinaire dans le Paris du XVIIIe siècle, qui est alors une ville d'immigrants, où les deux tiers des habitants sont nés hors de la ville, provenant pour l'essentiel des provinces environnantes[7]. Plus encore, elle incarne un phénomène caractéristique de cette dernière décennie du siècle : la « montée » dans la capitale de femmes seules, célibataires ou séparées de leur époux, une mobilité accentuée dans les premières années de la Révolution par les difficultés économiques du royaume et l'affaiblissement des tutelles traditionnelles[8]. Ces femmes, qui ne trouvent plus leur place dans les cadres du travail de la société provinciale, se déplacent vers la capitale où elles espèrent d'autres aubaines économiques. Sur place, Louise Maurice et sa mère se sont installées comme d'innombrables pauvres migrants dans un des faubourgs du nord de Paris, sans doute sur la voie même par laquelle elles sont entrées dans la capitale. Elles se sont heurtées à la rareté du travail, et leurs maigres revenus se sont probablement révélés à peine suffisants pour payer leur logement, les obligeant à trouver d'autres occupations pour survivre. La mère de Louise Maurice est ainsi domestique, « en maison », à Charenton puis près de Créteil. Sa fille a quitté sa mère et son activité de blanchisseuse – un travail particulièrement pénible et mal payé, réservé aux femmes et qui pâtit alors du départ d'une partie de la clientèle aristocratique.

Son interrogatoire permet d'entrevoir comment on peut finir par jouer la « sauvage » de foire et par faire commerce de son corps :

> À elle demandé pourquoi elle a quitté sa mère et est venue avec le nommé Constant – a répondu que la femme Constant est de la Franche-Comté, que sa mère est en maison à Charenton, qu'elle connaissait ladite Constant avant qu'elle ne fût mariée; qu'elle a continué à voir ladite femme Constant, qui l'ayant engagée à venir avec elle elle y a consenti, et qu'elle a dit à sa mère de concert avec la femme Constant et de son conseil qu'elle passerait pour être en maison comme gouvernante d'enfants. Qu'hier encore elle a été avec ladite femme Constant chez sa mère ayant l'enfant de ladite femme comme étant celui duquel elle avait soin.

La jeune Louise joue la « sauvage » à l'insu de sa mère, feignant d'être la gouvernante de l'enfant du couple Constant-Chiron. On note au passage comment les solidarités provinciales anciennes et féminines, en l'occurrence celles des deux mères, toutes deux franc-comtoises, facilitent la recherche d'un emploi, pour le meilleur ou pour le pire. Il est vain de chercher à démêler ce qui relève chez la jeune fille de son bon vouloir et de ce qu'elle subit. Sa vulnérabilité économique et sociale, par la rareté du travail, le coût de la vie à Paris, le relâchement des liens avec sa mère, qui s'est installée hors de la capitale et la laisse finalement subvenir à ses besoins, tout l'expose à devoir accepter des moyens de survie : en l'occurrence 3 livres par jour, le logement et la nourriture chez les époux Constant. Ces derniers ont compris ce qu'ils pouvaient tirer d'elle :

> A répondu que la femme Constant proposait d'abord aux spectateurs de voir manger des cailloux par le sauvage, qu'ensuite elle proposait de voir elle repondante/toute nue, ainsy que ledit Constant, et qu'enfin en [...] aux spectateurs de les voir jouir ensemble comme sauvages qui ne connaissent pas les mœurs de l'Europe, qu'à ces dernières offres partie desdits spectateurs se retiraient et que les autres restaient, qu'alors ladite femme Constant disait que c'était un prix différent et qu'elle ne pouvait procurer ce spectacle s'ils ne payaient chacun six livres – à elle demandé si la femme Constant retirait beaucoup de ce commerce – a répondu qu'elle a fait hier seize louis, et qu'elle en avait déjà fait quatre aujourd'hui.

Un rapide calcul montre l'ampleur des profits que rapporte aux époux Constant l'exploitation de Louise, payée 3 livres par jour (soit trois jours de travail d'un travailleur non qualifié). Chaque spectateur paye un « supplément » de 6 livres pour assister aux ébats des « sauvages ». La précédente journée a rapporté 160 livres, et déjà 40 le jour même. On imagine les Constant se félicitant le soir des bons chiffres obtenus. Constant ne fait pas de petits bénéfices : comme l'explique la jeune fille au commissaire, « depuis qu'elle est avec ledit Constant et sa femme elle a été d'abord sollicitée par lui et qu'ensuite que sa femme a déclaré qu'elle consentait parfaitement à ce que son mari se livrât avec elle pourvu qu'elle ne fît point d'amoureux et qu'il lui vînt de l'argent ».

Au salaire de Louise s'ajoute celui de petites mains qui accompagnent d'ordinaire les spectacles forains, mais qui se retrouvent prises dans la nasse policière. D'abord Antoine Dever, qui « joue de la grosse caisse chez le sauvage » chaque jour, avant de s'en retourner dans son humble logis au faubourg Saint-Marceau, rue Mouffetard. Le jeune homme, lui aussi un immigré provincial venu d'Issoire, en Auvergne, vit chez son beau-père, ouvrier en travaux publics. Le second est Charles Hiver, un Lorrain qui habite dans un entresol rue de Rohan et qui joue le rôle du « bonnisseur », autrement dit de bonimenteur pour le spectacle. Toute bonne attraction se doit d'en avoir un, surtout au Palais-Royal où elles rivalisent pour attirer le chaland. Toublanc les appelle parfois des « aboyeurs », en référence aux cris qu'ils font retentir à travers les galeries du Palais-Royal. Dever comme Hiver ont en commun leur très jeune âge, l'origine provinciale et une extrême précarité. Hiver prétend d'ailleurs s'être présenté chez le commissaire pour réclamer 24 livres de gages que lui doit Constant. Les époux Constant paraissent ainsi régner sur une petite troupe de jeunes gens âgés de 16 à 22 ans. L'entreprise elle-même semble instable, le spectacle ayant été représenté dans une autre boutique des « galeries de bois », jusqu'à l'arrivée de Louise Maurice.

Un spectacle hybride

La généalogie de ce spectacle interroge l'historien. Celui-ci relève de l'hybride. Il existe un théâtre érotique depuis le XVIIIe siècle (dont une partie serait aujourd'hui de la pornographie), cependant ces pièces qui circulent sous le manteau ne sont pas destinées à être jouées, mais lues[9]. Le spectacle des « sauvages » appartient d'ailleurs à un autre registre, plus populaire. Les exhibitions de « phénomènes » sont courantes à cette époque à Paris, surtout au Palais-Royal. Sous les arcades, le visiteur du musée de cire de Curtius – ancêtre du musée Grévin – peut voir ses galeries de bustes de célébrités, mais aussi des sujets vivants, acrobates ou « curiosités » de la nature. Le « sauvage » semble alors en vogue et on en trouve d'autres au Palais-Royal à cette époque. Peu de temps avant la Révolution, Curtius présentait lui aussi des enfants vivants, « nègres de la Guadeloupe », souffrant apparemment de dépigmentation et dont les taches blanches sur leur peau foncée faisaient des « merveilles de la nature », selon une estampe qui garde le souvenir de cette exhibition[10]. Autrement dit, les « sauvages » pullulent dans les attractions de l'époque. Mais quel genre de « sauvage » Constant voulait-il représenter ? Jusqu'à aujourd'hui, la mise en scène de l'exotisme dans cette affaire n'a été considérée que comme un prétexte pour offrir au public des « obscénités ». La fascination des élites et des intellectuels des Lumières pour les « sauvages » est bien connue, jusqu'au cas célèbre de Victor, l'« enfant sauvage » de l'Aveyron[11]. Or cette affaire nous donne un aperçu de ce que peut être une définition populaire du « sauvage » à l'époque. Certains hommes sauvages, alors, ont encore des traits de l'« homme des forêts » du Moyen Âge : celui de la boutique visitée par Toublanc est un homme « de belle structure, barbe fort longue et noire, le corps couvert d'un filet jusqu'à la ceinture[12] ». Les « sauvages » des époux Constant sont solidement ancrés dans un territoire réel, bien que lointain, le « Scioto ». Le nom connaît une certaine actualité vers 1789-1790, lorsque est montée en France une compagnie privée franco-anglaise destinée à mettre en valeur ce territoire[13]. Le choix de ce lieu comme origine du couple de « sauvages » est peut-être un écho de cette entreprise, d'autant que le Palais-Royal a dû abriter ses prospectus. Le « Scioto » peut faire figure de dernier territoire inexploré du moment. Les traits des « sauvages » évoquent aussi le célèbre *Voyage de Bougainville* et les mœurs en apparence très libres des Tahitiens : le navigateur français racontait en 1771 comment les Tahitiennes s'accouplaient en public avec les visiteurs européens, manifestement sans pudeur[14]. Tout le sel du spectacle de Constant repose sur cette convention, comme l'explique Toublanc, lorsqu'il interroge Louise Maurice :

> A elle demandé si comme passant pour sauvage devant le public et qu'étant sensée [*sic*] n'être pas instruite des mœurs françaises elle ne s'est pas livrée avec ledit Constant en présence des spectateurs à des obscénités contraires à la décence et aux mœurs.

Louise Maurice répond que le clou du spectacle est « de les voir jouir ensemble comme sauvages qui ne connaissent pas les mœurs de l'Europe ». Une autre « étrangeté » distinctive des sauvages est celle qui consiste à manger des cailloux (en fait des morceaux de plâtre), une activité dont s'acquitte Constant. Ce trait paraît courant chez les (faux) « sauvages » des foires de la fin du XVIIIe siècle. Dans ses *Mémoires*, Vidocq évoque un épisode de sa jeunesse tumultueuse qui l'a conduit au bagne : fugueur, il se mêle à des forains, fait l'acrobate et se voit un jour sommé de « faire le sauvage », dénudé et recouvert d'un filet, mangeant de la viande crue et surtout des cailloux. Répugnant à cela, il quitte la troupe[15]. L'affaire qui se passe vers 1791 montre la popularité du motif. En février 1794, un autre « sauvage » est arrêté par la police dans l'ex-Palais-Royal (rebaptisé Palais-Égalité), un certain Louis Gamare, qui lui aussi mange des cailloux[16]. Le couple de sauvages emprunte à des registres divers, depuis l'actualité jusqu'aux échos des récits d'exploration, en passant par des traditions plus obscures. Pour aussi disparate qu'elle soit, la définition du sauvage offre une certaine cohérence, une forme d'altérité absolue, essentiellement morale ici : l'alimentation, la sexualité, la nudité. En creux s'affirme la définition du Français civilisé (et masculin) dans lequel peut se reconnaître le spectateur, tout en profitant de l'exhibition du couple, puis de leurs ébats.

C'est la nature du spectacle qui motive l'intervention des policiers, mais pas forcément dans le sens où nous l'imaginons aujourd'hui. Deux dimensions sont en cause, en réalité : « l'obscénité » du spectacle, celui de la nudité et de l'acte sexuel ; le fait que Louise Maurice « se prostitue devant le public ». Or, dans ces deux domaines, depuis le début de la Révolution, la police des mœurs évolue dans un *no man's land* juridique, en raison du silence des députés de l'Assemblée nationale sur ce sujet, et en particulier sur la prostitution. La lutte contre les « obscénités », autrement dit les publications, les images et les spectacles qui portent atteinte aux mœurs, est abandonnée aux mains des autorités locales[17]. Depuis l'été 1789, la municipalité multiplie les décrets pour interdire les imprimés obscènes dont la production explose, en raison de l'abolition de la censure, et oblige les commissaires de police à les confisquer. Il en va de même pour la régulation de la prostitution, qui devient une affaire locale[18]. Dans ces domaines, il revient aux policiers sur le terrain, en général les commissaires de police comme Toublanc, d'inventer leur propre définition de l'« obscénité » et de l'« immoralité ». La présence de ce dernier, comme celle de Perron, dans cette affaire n'a rien de fortuit. Chargé de la police du Palais-Royal, épicentre de la vente de publications licencieuses et de la prostitution à Paris, Toublanc est à lui seul responsable des deux tiers des saisies de livres et d'estampes obscènes dans la capitale à cette époque[19]. Perron quant à lui s'affirme comme un exécutant zélé de la répression de l'obscénité et de la prostitution après l'été 1791 et la promulgation de la loi sur la police des communes (19-22 juillet 1791)[20]. Son intervention au Palais-Royal montre son intérêt précoce pour la police des mœurs, dans une version répressive. Quelques mois plus tôt, des riverains avaient dénoncé le caractère « inconvenant » de l'enseigne de l'homme sauvage et des cris des aboyeurs pour tenter de les faire interdire par Toublanc, preuve s'il en est du caractère flexible de l'« obscénité ». La nudité des acteurs et la représentation de l'acte sexuel justifient pour le commissaire son intervention. D'autant que, comme Louise Maurice le reconnaît, « quelques fois les spectateurs faisaient eux-mêmes des villenies [*sic*] ». Masturbation ? Attouchements ? On n'en saura pas plus et la jeune fille ne reconnaît pas s'être livrée à d'autres hommes que Constant depuis qu'elle a rejoint le spectacle. Plus surprenant à nos yeux est la manière dont Toublanc traite Louise Maurice. Elle est âgée de 16 ans, séparée de sa mère, vit pratiquement sous la coupe du couple Constant, prise dans un pacte entre eux trois qui autorise l'ex-coiffeur à « jouir d'elle » avec l'assentiment de son épouse, « pourvu qu'elle ne fît point d'amoureux et qu'il lui vînt de l'argent ». Pour vaincre ses scrupules, Constant s'est targué d'avoir la permission de la ville et du maire « pour se livrer publiquement devant les spectateurs ». En échange de l'argent, le pacte fait tomber ainsi les barrières morales et juridiques. Toublanc ne fait aucun cas de la précarité de la situation de la jeune fille, de son abandon par sa mère, ni même de son jeune âge. Il la traite en coupable, et non en victime. Pour lui, la participation de Louise Maurice au spectacle relève d'un choix, et même d'une inclination au libertinage, comme le suggèrent ses questions insistantes sur les activités sexuelles de la jeune fille avant d'avoir rejoint les Constant : « À elle demandé si avant que de s'attacher avec ladite femme Constant elle s'était livrée au libertinage. » La réponse positive de la jeune fille, qui reconnaît avoir « eu la faiblesse de se laisser à lui une fois seulement », est un indice supplémentaire à verser dans un dossier qui s'efforce de montrer la nature « libertine » de cette femme, qui est une menace pour l'ordre public. Toublanc suit ici un schéma à l'œuvre chez de nombreux commissaires qui répriment la prostitution de rue pendant la Révolution[21]. En conséquence, il fait conduire en prison les époux Constant ainsi que Louise Maurice, tandis que leurs comparses batteur de grosse caisse et bonnisseur sont laissés libres.

La documentation manque pour connaître les suites de l'affaire. On ne conserve que le procès-verbal de Toublanc, déposé avec les papiers des commissaires de police dans les archives de la préfecture de police, elles-mêmes en partie perdues dans l'incendie de la préfecture par les communards en 1871. Ironiquement, le « sauvage » lui-même, Constant, se mure dans son rôle de sauvage et reste inaudible : interrogé à plusieurs reprises, il choisit de ne pas répondre à Toublanc, qui n'a pu « entendre de lui que son état est de peindre, et le mot de retz ». Les motivations et les justifications de Constant nous échappent, encore qu'elles soient éclairées par les propos de ses comparses. Le destin du dossier judiciaire est incertain, d'abord en raison de la réforme de la justice en 1791, probablement renvoyé par l'accusateur public devant un des six tribunaux d'arrondissement (ou de district) créés en 1790, mais peut-être aussi dans l'un des six tribunaux criminels provisoires créés par la loi des 13-14 mars 1791[22]. Les archives des tribunaux d'arrondissement ont disparu dans l'incendie de 1871, tandis que celles des tribunaux criminels, conservées, ne recèlent pas d'affaires de ce type. On ignore donc quel fut le sort des époux Constant et de Louise Maurice. Il est possible qu'ils aient passé du temps en prison avant d'être jugés, en raison de l'engorgement des tribunaux parisiens pendant cette période de réforme de la justice, peut-être condamnés avant de reprendre leur vie précaire.

Il semble ainsi que l'affaire des « sauvages » du Palais-Royal soit à la confluence de plusieurs phénomènes qui découlent du contexte révolutionnaire : l'afflux dans la capitale de nombreuses jeunes femmes pauvres et sans attaches, dans une économie de survie ; la désagrégation de la police d'Ancien Régime ; le brouillage (sinon la levée) des interdits qui pèsent sur la prostitution, ce qui pousse à l'extrême la commercialisation du sexe, déjà bien développée au Palais-Royal avant la Révolution. Le spectacle des sauvages illustre la difficulté pour la police de démêler les activités prostitutionnelles des spectacles et des divertissements que l'on offre dans cet espace singulier, à l'instar des courtisanes qui attendent leurs clients dans les théâtres et les cafés et que la police ne peut rendre invisibles. Il n'est guère surprenant qu'un tel spectacle se soit produit au Palais-Royal et pas ailleurs. Le spectacle des sauvages témoigne de la démocratisation, à la faveur de la Révolution, d'un érotisme jusque-là réservé aux hautes classes. Enfin, le cas révèle les tâtonnements d'une police à laquelle la régulation des mœurs est abandonnée. Elle est peu préparée à comprendre la situation des femmes prostituées, qu'elle considère comme des libertines hors la loi. Les policiers se voient en gardiens des mœurs et appliquent leur propre définition de « l'obscène », une notion éminemment flexible. L'action policière n'obéit pas à la volonté de protéger des femmes abusées, mais à celle de s'opposer à la démocratisation des plaisirs, jugée dangereuse pour l'ordre social.

Bibliographie sélective

Denis Vincent, « La désagrégation d'un ordre public, 1789-1794 », dans Milliot Vincent (dir.), *Histoire des polices en France. Des guerres de Religion à nos jours*, Paris, Belin, 2020, chapitre 5.

Hunt Lynn, « Pornography and the French Revolution », in Hunt Lynn (dir.), *The Invention of Pornography. Obscenity and the Origins of Modernity, 1500-1800*, New York, Zone Books, 1996, p. 301-339.

Plumauzille Clyde, *Prostitution et Révolution. Les femmes publiques dans la cité républicaine (1789-1804)*, Ceyzérieu, Champ Vallon, 2016.

6

L'affaire Dautun : crimes et rumeurs sous la première Restauration (novembre 1814)

par Bruno BERTHERAT

La guerre ne prend jamais vraiment fin au moment où les armes se taisent et ses effets se font sentir au-delà des champs de bataille. Une affaire criminelle survenue à Paris en 1814 pendant la première Restauration en est l'illustration. Elle porte le nom de Charles Dautun, condamné à mort à l'issue de son procès tenu du 23 au 25 février 1815 pour l'assassinat de sa tante et de son frère Auguste. Le 9 novembre 1814, la police découvre dans l'espace public le corps dépecé d'Auguste, qui est alors déposé à la Morgue pour y être identifié et expertisé. Quelques mois plus tôt, en juillet, le cadavre de la tante a été retrouvé à son domicile. C'est en décembre que la police identifie Auguste, fait le lien entre les deux crimes et arrête Charles. La presse de l'époque, réservée à une élite, habituellement soumise au pouvoir et ordinairement peu réceptive aux récits de crimes, donne un grand retentissement à l'affaire, surtout au moment du procès (y compris en province et à l'étranger[1]), contribuant à faire de celle-ci une des « causes célèbres » du début du XIXe siècle en raison de la monstruosité morale du crime (le fratricide)[2]. Elle passe toutefois quasiment sous silence les rumeurs sur l'identité supposée du corps exposé à la Morgue que les archives policières sont les seules à révéler au tout début de l'affaire, en l'occurrence des bulletins de police, quotidiens et anonymes, datés des 10 et 12 novembre.

Ces rumeurs surviennent dans un contexte particulièrement troublé, celui à la fois d'une sortie de guerre et d'un changement de régime. La campagne de France se termine par la victoire des Alliés et l'effondrement de l'Empire. Paris capitule le 30 mars 1814. Napoléon Ier, après avoir abdiqué le 6 avril, est exilé sur l'île d'Elbe. Louis XVIII rentre à Paris le 3 mai dans le « fourgon » des Alliés, qui occupent brièvement cette ville, autrefois capitale de l'Europe. La paix est signée le 30 mai et le congrès de Vienne, qui doit mettre fin à la parenthèse révolutionnaire et napoléonienne, commence en septembre. Cette « discontinuité temporelle » (François Ploux) est propice aux rumeurs qui bruissent alors dans les rues d'une capitale sous surveillance. Les bulletins de police destinés au nouveau pouvoir monarchique sont particulièrement attentifs à l'état de l'opinion publique et à tout ce qui pourrait remettre en cause l'ordre nouveau et redonner vie au pouvoir déchu[3]. D'où l'intérêt particulier porté à la découverte et à l'exposition d'un corps inconnu et dont la mort est liée à un crime, car le temps qui précède l'identification officielle est celui du déploiement des rumeurs. L'étude des archives permet d'évoquer les conditions dans lesquelles ces rumeurs ont été recueillies et l'imaginaire social qu'elles révèlent en donnant à ce visage sans nom les traits d'un Anglais, puis ceux plus précis d'un rescapé français de la campagne de Russie[4].

L'émergence des rumeurs dans le cadre d'une procédure d'enquête

C'est dans le cadre d'une enquête criminelle que les rumeurs ont été recueillies. Les bulletins de police, établis à partir de minutes qui sont en quelque sorte un premier jet d'écriture, sont avec le registre de la Morgue enregistrant le dépôt du corps et sa destinée les très rares traces institutionnelles qui subsistent à notre connaissance de l'affaire dans les archives[5].

Les restes d'Auguste Dautun sont découverts en trois temps : le matin du 9, la tête dans la Seine, entre le pont Notre-Dame et le Pont-au-Change qui relient l'île de la Cité à la rive droite; la nuit, plus à l'ouest sur la rive droite, le tronc et les bras près de la colonnade du Louvre, puis les jambes sur la place Louis-XV (de la Concorde aujourd'hui), du côté du fleuve. Ils sont déposés le 9 et le 10 à la Morgue, située depuis 1804 dans l'île de la Cité, quai du Marché-Neuf (proche de la préfecture de police, dont elle dépend, et du Palais de Justice), et considérés aussitôt comme étant ceux d'un même individu. En milieu urbain, et *a fortiori* à Paris, la collecte des cadavres incombe à la police, notamment aux commissaires de police dont chacun a pour juridiction un des 48 quartiers de la capitale, même si la découverte de corps est souvent faite par des particuliers. Ainsi, ce sont des bateliers qui ont repêché la tête. Le premier acte de la procédure est normalement le procès-verbal de levée du corps établi par le commissaire de police, qui nécessite l'examen minutieux des différentes parties du corps, des effets et objets lui appartenant, avant son transport à la Morgue. Le premier examen médical, externe, est effectué quant à lui à la Morgue dès le 10 novembre par des officiers de santé[6], prélude éventuel à une autopsie, prévue par la loi en cas de mort suspecte[7]. Celle-ci est réalisée les 14 et 21 novembre par le célèbre médecin Guillaume Dupuytren, professeur et chirurgien en chef adjoint à l'Hôtel-Dieu, avec l'aide de collègues, dont le rapport est publié quelques années plus tard dans une revue médicale[8], signe de l'importance de l'affaire.

Le bulletin du 10 indique que la victime a reçu « au milieu de la poitrine un coup de couteau ou de poignard » et que, pour les officiers de santé, les sections ont été effectuées « sans procédés anatomiques », ce qui signifie implicitement que le cadavre ne provient pas d'un amphithéâtre de dissection et que l'auteur n'a pas de formation médicale. Quant à la dispersion des restes, elle témoigne de la volonté de dissimuler le crime ou au moins d'empêcher d'identifier la victime et son auteur. L'enquête permet de découvrir par la suite que la victime a été tuée et dépecée chez elle, rue Saint-Germain-l'Auxerrois, non loin des deux premiers lieux où ont été jetés les restes. Pour le bulletin de police, c'est un « horrible assassinat », ce qui veut dire que le « forfait [a été] réfléchi ». La description de la victime prend une place importante, notamment dans le registre de la Morgue. Indices corporels d'abord avec l'estimation de l'âge (entre 36 et 40 ans), du temps écoulé depuis la mort (le corps n'est pas touché par la décomposition[9]) et surtout la description du corps et du visage avec une insistance sur les signes distinctifs, comme ce « poiro [verrue] au coin de la bouche a la levre supperieur cote droit[10] ». Cet indice ainsi que la démonstration par l'autopsie que l'homme boitait se révéleront décisifs pour son identification. Indices liés aux vêtements et aux autres objets ensuite : une redingote, une chemise, des serviettes et des couvertures, dont certains marqués des lettres « A. D. ».

En outre, comme l'indique le bulletin, les vêtements « n'annonc[ent] pas un pauvre ». Si tel avait été le cas, aurait-il bénéficié d'autant d'intérêt ? Il est vrai que le démembrement criminel d'un corps est rarissime.

Pour résoudre l'énigme de l'identité du mort, l'exposition publique du corps à la Morgue apparaît nécessaire. La pratique remonte à l'Ancien Régime et repose sur une forme de panoptisme archaïque : c'est la population qui est incitée à venir voir les corps et à parler, ce qui permet d'augmenter les chances d'identification[11]. Elle ne se substitue pas à l'enquête ; elle en fait partie. Le greffier de la Morgue et la police surtout ont pour fonction de recueillir non seulement les déclarations volontaires des témoins, mais aussi la « voix publique » qui se fait entendre dans la Morgue et à ses abords, voire à l'échelle de la ville. Le dispositif d'exposition a en outre connu un changement important lors de l'installation de la Morgue quai du Marché-Neuf : les corps sont désormais exposés dans une vitrine à l'intérieur de l'établissement sur deux rangées de tables individuelles inclinées vers le public, et éclairés de façon zénithale. Le public accède à la vitrine par une grande salle située à l'entrée du bâtiment qui est ouvert tous les jours, du lever au coucher du soleil, et à tous, sans condition d'âge et de sexe. Le corps d'Auguste Dautun est exposé malgré son état, dès le 10 novembre, sans doute au milieu de la première rangée de tables. L'usage est de présenter le corps nu, les parties sexuelles recouvertes d'un tablier en cuir, avec les vêtements suspendus au mur du fond de la vitrine. Les restes de Dautun sont retirés de la vitrine et inhumés le 21 novembre, juste après l'autopsie, puis remplacés quelque temps par un buste en plâtre, l'identification définitive du corps ayant lieu à la mi-décembre[12].

Malgré l'absence de données chiffrées, l'affluence du public à la Morgue est attestée par le bulletin de police du 10 novembre et par la presse, qui souligne la présence des forces de l'ordre pour le canaliser[13]. Seules les grandes affaires criminelles et les catastrophes sont capables de drainer des foules d'une telle ampleur. Autre fait exceptionnel pour l'époque, la presse diffuse un appel à témoins, à l'instigation des autorités[14]. Mais la circulation officieuse des informations parmi les habitants a sans doute joué un rôle plus important. La Morgue est en effet située dans un quartier très populeux, au cœur de ce Paris préhaussmannien dont la sociabilité plonge ses racines dans les siècles passés. La nouvelle du crime et de l'exposition de sa victime sans nom, rompant « le cours ordinaire des choses » (Arlette Farge), a dû se répandre rapidement dans le quartier et dans toute la ville, y compris dans les classes supérieures dont la présence est soulignée par un journal[15]. Et dans les jours qui suivent, « l'assassinat fait l'objet de toutes les conversations publiques[16] ». C'est le phénomène de foule qui a rendu possible le fait que des bruits circulent sur l'identité de la victime et la présence des policiers sur place ou à ses abords leur enregistrement. Ce collectif anonyme est propre à la rumeur. Or, la première impression qui ressort est la volonté de reconnaître ou l'imminence de l'identification : « *Mais je* [...] *connais cette figure !* », fait dire au public l'auteur de la minute du 10, qui souligne. Moins spontané, plus explicatif, le bulletin rapporte la même chose : « Il semble au langage de chacun que la figure du malheureux doit à chaque instant être reconnue ; mais que personne n'a pu le nommer. »

Mais aussitôt une première piste apparaît, vague et incertaine, puis une autre plus précise. Si la presse lors du procès de février se contente essentiellement d'évoquer

« les conjectures étranges [auxquelles] donna lieu cette découverte[17] », les archives quant à elles permettent d'entrer au cœur des rumeurs dans un contexte parisien marqué par la montée des angoisses.

La figure de l'Anglais

À peine dessinée, la figure de l'Anglais apparaît comme la première rumeur autour de l'identité du corps exposé à la Morgue, et ce dès le premier jour. Il faut alors s'interroger sur les raisons de son émergence et de sa remise en cause et tenter de poser des hypothèses sur son interprétation.

« La voix publique semble désigner un *Anglais* », écrit la première version du bulletin du 10 novembre. « On paraît croire que c'est un Anglais », renchérit la seconde. Dès sa réception, l'information est mise en doute par la police. Le processus de disqualification est très rapide et les archives n'y font plus allusion par la suite. Les policiers étayent les raisons de leur scepticisme en mettant en œuvre un savoir fondé sur l'observation. « [...] Après avoir examiné le linge & la redingote presque neuve, [l'observateur cité par la minute] pense que ce n'est point un [homme] de cette nation, mais bien un habitant de Paris », renvoyant à une piste locale, plus logique. Le bulletin évoque de manière plus précise « la toile de la chemise ». L'analyse fine des vêtements confirme une nouvelle fois l'importance traditionnelle de ceux-ci dans le processus d'identification, qu'il s'agisse de cadavres ou de suspects vivants : la « culture des apparences » (Daniel Roche) peut dire beaucoup sur l'identité d'un individu, du statut social à la nationalité, et servir à orienter l'enquête. Ajoutons que les vêtements sont parfois plus facilement reconnaissables que le corps lui-même et demeurent la dernière trace physique de l'individu après son inhumation, conservés pour l'identification ou comme pièces à conviction lorsqu'il y a une enquête criminelle. Le second bulletin ajoute une raison qui peut expliquer la méprise : l'homme exposé était « *blond* ». Cela correspond à un stéréotype physique qui n'est pas exempt d'ambiguïté. En effet, la blondeur renvoie généralement aux habitants du nord de l'Europe. Pourquoi alors évoquer exclusivement une nation ? Le bulletin ne se hasarde pas à aller plus loin.

On peut se demander pourquoi les policiers prennent la peine de noter une information aussi fragile. Vraisemblablement pour garder une trace de tout ce qui a été dit, alors que l'enquête en est à ses prémices. En tout cas, la figure de l'Anglais se décline à de multiples reprises dans les bulletins de police de la période ; c'est même une des nationalités les plus évoquées. Elle réapparaît dans un journal, au moment du procès, et sera reprise quelques années plus tard dans l'un des récits des « causes célèbres ». L'auteur cite une remarque faite par l'épouse du co-inculpé de Dautun, son cousin Charles Girouard, acquitté à la fin du procès, lors de sa déposition à la barre : « Un jour qu'elle s'entretenait avec d'autres femmes de l'assassinat du malheureux dont le cadavre était exposé à la Morgue, il dit qu'il y était allé, qu'il l'avait vu, que c'était un Anglais[18]. » Ce témoignage dépasse l'anecdote, en ce sens qu'il montre bien l'onde de propagation de la rumeur et le rôle attribué aux femmes dans celle-ci par l'auteur du récit. La présence d'un Anglais parmi les cadavres de la Morgue trouve une résonance tardive dans la littérature. Une trentaine d'années plus tard, l'écrivain et journaliste Léo Lespès évoque, dans une nouvelle pleine de rebondissements, intitulée

Les Yeux verts de la Morgue, qui est censée se dérouler en 1815 et dont la Morgue est le théâtre principal, le corps d'un soldat anglais exposé dans la vitrine, dont l'uniforme rouge caractéristique est suspendu derrière lui et qui s'est suicidé[19]. Quel sens donner alors à la présence fantasmée de cet Anglais mort ce 10 novembre 1814 ?

Les Anglais ne font pas partie des troupes, composées principalement d'Autrichiens, de Prussiens et de Russes, qui combattent les armées impériales lors de l'invasion du nord et du nord-est de la France à partir de fin décembre 1813, raison supplémentaire qui expliquerait le scepticisme du bulletin du 10 novembre. Ces troupes ont déjà quitté la capitale quand débute l'affaire. L'armée anglaise, quant à elle, est présente dans le sud-ouest du pays. Quelques corps repêchés dans la Seine et déposés à la Morgue courant avril attestent de la violence des combats. Certains sont supposés provenir de la bataille de Montereau (Seine-et-Marne, 18 février 1814), une des ultimes victoires de Napoléon Ier, sans que leur état permette de les identifier ni même d'indiquer leur nationalité. En mai, le registre de la Morgue mentionne la présence de deux soldats russes et deux prussiens. Cependant, les vêtements du corps exposé le 10 novembre sont ceux d'un civil et il est vrai que des Anglais sont présents à Paris, comme diplomates par exemple, voire comme touristes. Ainsi, le 11 août, le registre note l'arrivée d'un corps habillé en civil, trouvé sur le Champ-de-Mars et « présumé être un Anglais ». Un an plus tard, en juillet 1815, lors des ultimes combats aux alentours de Paris qui marquent la fin des Cent-Jours (après la défaite de Waterloo le 18 juin et l'abdication de Napoléon le 22 juin), les soldats anglais sont bien présents à Paris et l'un, voire deux d'entre eux (le second est présumé) se retrouvent les 14 juillet et 19 août sur les dalles de la Morgue, à la suite d'une noyade, sans doute accidentelle : la réalité de la guerre et de l'occupation semble alors faire comme un écho à la rumeur passée.

Étrangers proches, les Anglais offrent donc la caractéristique d'être à la fois absents et présents dans une sorte de temps suspendu propice à tous les scénarios. Pour un Parisien en novembre 1814, l'étranger est sans doute d'abord un Anglais. L'histoire récente conforte cette hypothèse, et ce dans un sens conflictuel. Le Royaume-Uni représente l'ennemi par excellence, avec lequel la France a été quasi continûment en guerre depuis 1793. Il est même devenu l'âme de la coalition contre l'Empire napoléonien. Dans le sillage des révolutionnaires, la propagande du régime napoléonien ne se prive pas de cultiver une véritable anglophobie – assimilant la « perfide Albion » tirant à distance toutes les ficelles à une moderne Carthage –, ravivée par l'humiliation de la défaite, la peur des représailles, l'impression d'une menace toujours présente et peut-être le soulagement honteux de la fin de la guerre. Les bulletins de police sont très explicites : la « haine contre les Anglais » est signalée de nombreuses fois et même des attitudes menaçantes à leur égard (par exemple, le 4 novembre ou le 14 décembre). Plus inquiétantes peut-être pour les autorités, ces voix relevées le 11 novembre, soit un jour après la rumeur entendue à la Morgue, appelant à la chute des Bourbons et à leur retour dans « leur pays chéri », c'est-à-dire le Royaume-Uni. Cette association entre les Alliés (les Anglais ici) et les conditions d'installation au pouvoir des Bourbons sera confortée par la fin de l'épisode des Cent-Jours et exploitée par les libéraux durant la seconde Restauration. Le corps du 10 novembre pourrait alors incarner cet ennemi invisible, comme si une partie des Parisiens avaient voulu voir un Anglais mort[20].

Dans cette interprétation, l'Anglais s'impose face à deux autres figures importantes de l'ennemi, le Russe (le Cosaque) et le Prussien. Mais c'est faire dire beaucoup de choses à un seul mot. La rumeur concernant le rescapé de la campagne de Russie, absent-présent lui aussi, présente la difficulté inverse, tout en renvoyant à une autre dimension de la guerre passée.

Le rescapé de la campagne de Russie

Moins spontanée, la rumeur du rescapé de la campagne de Russie frappe par sa grande précision. Elle apparaît dans le bulletin du 12 novembre, reprise quasiment telle quelle de la minute du même jour, comme s'il lui avait fallu un temps d'élaboration. Elle renvoie à un contexte clairement identifiable, mais elle pose également la question de son interprétation.

« On dit que le cadavre mutilé, déposé depuis deux jours à la Morgue, est celui du Sr Lambert, courrier de l'ancien Gouvernement. Ce courrier, ajoute-t-on, était prisonnier en Russie d'où il est revenu à Paris, il y a environ deux mois. » Par sa précision (un nom, des faits), cette information ressemble à l'unique déclaration de reconnaissance que nous connaissions dans cette affaire (ce qui semble peu), avant l'identification définitive. Elle est rapportée de manière très détaillée par le bulletin de police du 17 novembre : un charbonnier dit avoir reconnu un de ses clients. Mais il y a une différence essentielle : des noms de protagonistes sont cités (à l'exception de l'identité du charbonnier et de la victime, car cette identification s'avère erronée et il n'en est plus question par la suite), alors que la source de l'information du 12 est indéterminée ; on n'est même pas certain qu'elle ait été recueillie aux abords de la Morgue. Par ailleurs, le nom du rescapé de la Grande Armée interroge. Il semble renvoyer à un individu connu des Parisiens ou des habitants du quartier où l'information a été recueillie. Mais Lambert est également un nom très courant, passe-partout. Bien des années plus tard et dans un tout autre contexte, celui du roman *Les Misérables*, c'est sous le nom de Lambert que Jean Valjean se présente aux Thénardier pour reprendre Cosette. Et Victor Hugo de commenter : « Lambert est un nom bonhomme et très rassurant[21]. » Une rumeur ambiguë donc, dont nous n'avons aucune autre trace en dehors de cette archive à ce stade de notre enquête[22]. Et pourtant, cette rumeur renvoie à un événement majeur et cet homme énigmatique à des milliers d'autres.

L'événement est le désastre de la retraite de Russie pendant l'hiver 1812. L'histoire de Lambert ressemble à celle de nombreux soldats de la Grande Armée (600 000 hommes environ) : on estime qu'un tiers d'entre eux ont été faits prisonniers en Russie, la plupart au moment de la retraite. À cette époque, nombre de courriers ont été interceptés par les Russes, alors qu'ils exécutaient leur mission de transmission d'informations entre les théâtres d'opérations et la capitale. La durée moyenne de la captivité est de dix-huit mois à deux ans, ce qui correspond à la datation attribuée par la rumeur : sa précision chronologique lui donne un air de réalité et correspond peut-être à une partie de la réalité. Près de 30 000 Français rentrent en 1814, auxquels il faut ajouter les soldats des autres nations qui composaient la Grande Armée, reflux favorisé pour les Français, mais aussi les Italiens et les Belges, par l'abdication de Napoléon. Le gouvernement de la Restauration tente de faire revenir les prisonniers et le roi nomme un commissaire chargé du rapatriement. Il faut alors revenir au cas de Lambert.

Essayer de le retrouver dépasserait l'ambition de ce travail (non seulement il y a de nombreux Lambert dans l'armée française, mais il n'existe pas de recension globale des soldats de la Grande Armée, même pour les Français) et son but. Il n'est même pas certain que cela permettrait d'éclaircir le sens de cette rumeur. En revanche, le statut de Lambert, celui de messager mort, autrement dit sans message, s'ajoutant à la relative indétermination du nom (il manque aussi un prénom), vaut peut-être métaphore. Il permet en tout cas de renforcer certaines hypothèses.

La rumeur semble renvoyer à l'attente du retour des soldats de la Grande Armée partis pour la Russie (mais on pourrait élargir à toute l'Europe). Une partie d'entre eux rentreront plus tard, voire beaucoup plus tard ; d'autres ne rentreront jamais, soit parce qu'ils ont choisi de rester, soit parce qu'ils sont morts en captivité, sans que la nouvelle de leur mort ait été transmise aux familles, ou dans les combats à une époque où l'identification systématique des tués de la guerre n'existe pas. Pour leur famille, ils ont donc disparu, temporairement ou définitivement. D'où la difficulté, voire l'impossibilité de régler les problèmes juridiques qui en découlent (l'épouse est-elle veuve ? Peut-on hériter ?) et d'assumer le deuil d'êtres sans tombe ni acte de décès (connus des familles en tout cas). Il n'est pas exagéré de parler de traumatisme, traumatisme accentué par le nombre de familles concernées[23] et par l'inexistence d'un culte des morts de la guerre, alors qu'un nouveau culte matériel des morts autour de la tombe et du souvenir commence à émerger. Dans ce contexte, l'identification de Lambert permet sa réintégration symbolique dans une norme sociale et funéraire. Si l'onde de propagation de la rumeur nous est inconnue, l'espérance qu'elle fait apparaître est appelée à un riche avenir. Lui fait écho notamment l'histoire du colonel Chabert, héros du roman éponyme de Balzac, publié en 1832. Mais à la différence de Lambert, Chabert est un revenant que personne ne veut revoir. Comme de nombreux témoignages de la première moitié du siècle, cette fiction contribue au mythe du retour du soldat des guerres napoléoniennes.

L'expression « ancien gouvernement » employée par le bulletin est une façon d'euphémiser le régime impérial déchu. La figure de Lambert n'en cacherait-elle pas une autre, celle de Napoléon ? On trouve dans les bulletins de police des « bruits » qui sont en général favorables à celui-ci : par exemple, des chants à sa gloire les 12 et 24 novembre, la diffusion de portraits de son fils, le « roi de Rome », le 7 décembre, un baptême d'enfant sous son nom le 16. Le retour du soldat Lambert renverrait-il chez certains à un espoir plus grand encore, celui du retour de l'Empereur ? La fin de l'Empire avait été marquée par la montée des mécontentements face à l'impact de la crise économique, de la conscription et des défaites. Toutefois, le régime des Bourbons suscite assez rapidement des déceptions qui favorisent une certaine nostalgie pour l'Empire. Ces rumeurs pourraient apparaître comme les prémices d'un bonapartisme populaire qui va irriguer le XIXe siècle. Mais le climat à Paris en novembre 1814 est aussi marqué par un sentiment d'insécurité alimenté par des assassinats récents, s'il faut en croire les bulletins. Le pluriel est évocateur. Ce sont par exemple des rumeurs de règlements de comptes meurtriers des royalistes, relevées par le bulletin du 17 novembre, alors que soldats démobilisés de la Grande Armée, dont certains sont proches de la marginalité, et autres partisans de l'Empereur sont présents en nombre dans la capitale. Si ceux-ci ont existé, ils n'ont pas eu l'ampleur, d'ailleurs relative, des exactions commises lors de la Terreur blanche. Les représentations du corps de la Morgue oscilleraient alors entre l'espérance d'un retour et le spectre de la guerre civile.

Arrêté et jugé sous la première Restauration, Charles Dautun est exécuté le 28 mars 1815 pendant les Cent-Jours, alors que Napoléon est revenu au pouvoir. Cette continuité du processus judiciaire confirme que ses crimes n'avaient rien de politique. Dans tous les récits, Dautun est présenté comme un dévoyé qui n'a pas hésité à tuer sa tante et son frère, qu'il a en outre dépecé, pour de l'argent, à cause de sa passion pour le jeu. C'est pour ces raisons qu'il est resté dans les annales. Une autre affaire survenue dans l'Aveyron trois ans plus tard, en 1817, l'affaire Fualdès, connaît un retentissement médiatique plus considérable, en raison de ses rebondissements, de ses zones d'ombre et de sa dimension politique (la victime était un ancien procureur impérial). Si l'affaire Dautun est close depuis longtemps et si sa notoriété s'est estompée progressivement, l'affaire Fualdès demeure célèbre durant tout le XIXe siècle, voire au-delà, grâce notamment aux rumeurs que l'on retrouve dans de multiples sources, comme des complaintes.

Celles concernant l'identité d'Auguste Dautun semblent avoir disparu rapidement. Elles trouvent cependant une étrange correspondance dans le dossier judiciaire, car il se trouve que l'assassin avait été un soldat de l'armée impériale avant son licenciement (comme son co-inculpé, déserteur)[24], alors que son frère était un ancien receveur de l'Enregistrement (des taxes) à Bruxelles, à l'époque où la ville faisait partie de l'Empire. Le procès a-t-il eu une dimension politique ? Un journal proche du régime cite une allusion du président de la cour d'assises dans son résumé final à « ces temps si féconds en grands crimes[25] » et, bien des années plus tard, un des récits du procès insiste sur cette dimension, peut-être de manière anachronique : « Partisans de l'Empereur déchu, amis de la dynastie restaurée se sont donné rendez-vous pour accuser ou pour défendre cette armée qui a eu le malheur de compter Dautun parmi ses membres[26]. » Quant au rôle de la violence de guerre dans la perpétration des crimes, il n'est jamais évoqué.

Notre enquête peut aussi être vue comme une variation sur une partition écrite il y a longtemps (1921) par Marc Bloch sur « les fausses nouvelles de la guerre ». Le travail du grand historien portait à chaud sur la Première Guerre mondiale, mais les contextes présentent des similitudes propres aux « années terribles » (Jean-Claude Caron et Nathalie Ponsard), qui incitent à la comparaison. Dans cette perspective, l'affaire Dautun n'est plus seulement l'histoire d'un crime crapuleux, mais l'incarnation fugitive d'angoisses, mêlées d'espérances, qui distendent le temps et échappent au contrôle des autorités, voire à leur connaissance (et donc à celle de l'historien). Il nous semble significatif que Victor Hugo, qui vivait à Paris à l'époque de l'affaire, l'ait choisie comme marqueur temporel au début des *Misérables*, parce qu'elle était « l'émotion parisienne la plus récente[27] ». Les rumeurs de la Morgue l'ont sans doute nourrie, apportant la part de vérité d'un temps désordonné où des Parisiens ont vu dans un mort les visages passé, présent et futur de la guerre.

Bibliographie sélective

BERTAUD Jean-Paul, *Quand les enfants parlaient de gloire. L'armée au cœur de la France de Napoléon*, Paris, Aubier, 2006.

BERTRAND Régis et GROUD Guénola (dir.), *Cimetières et tombeaux. Patrimoine funéraire français*, Paris, Éditions du Patrimoine, 2016.

BLOCH Marc, *Réflexions d'un historien sur les fausses nouvelles de la guerre*, Paris, Allia, 1999 [1921].

BOUDON Jacques-Olivier, *L'Empire des polices. Comment Napoléon faisait régner l'ordre*, Paris, Vuibert, 2017.

—, *Napoléon et la campagne de France, 1814*, Paris, Armand Colin, 2013.

—, *Napoléon et la campagne de Russie, 1812*, Paris, Armand Colin, 2012.

CAPDEVILA Luc et VOLDMAN Danièle, *Nos morts. Les sociétés occidentales face aux tués de la guerre*, Paris, Payot, 2003.

CARON Jean-Claude et PONSARD Nathalie (dir.), *La France en guerre. Cinq années terribles : 1792-1793, 1814-1815, 1870-1871, 1914-1915, 1939-1940*, Rennes, PUR, 2018.

COBB Richard, *La mort est dans Paris. Enquête sur le suicide, le meurtre et autres morts subites à Paris au lendemain de la Terreur. Octobre 1795-septembre 1801/vendémiaire an IV-fructidor an IX*, Paris, Le Chemin vert, 1985.

DÉMIER Francis, *La France de la Restauration (1814-1830). L'impossible retour du passé*, Paris, Gallimard, 2012.

DENIS Vincent, *Une histoire de l'identité. France, 1715-1815*, Seyssel, Champ Vallon, 2008.

FARGE Arlette, *Le Cours ordinaire des choses dans la cité du XVIIIe siècle*, Paris, Seuil, 1994.

FOUCAULT Michel, *Surveiller et punir. Naissance de la prison*, Paris, Gallimard, 1975.

HANTRAYE Jacques, *Les Cosaques aux Champs-Élysées. L'occupation de la France après la chute de Napoléon*, Paris, Belin, 2005.

LIGNEREUX Aurélien, *L'Empire des Français, 1799-1815*, Paris, Seuil, 2012.

MÉNAGER Bernard, *Les Napoléon du peuple*, Paris, Aubier, 1988.

MIQUEL Jacques et PIERRE Aurélien (dir.), *L'Affaire Fualdès. Le sang et la rumeur*, Rodez, Musée Fenaille, Arles, Rouergue, 2017.

PETITEAU Natalie, *Les Français et l'Empire (1799-1815)*, Paris, La Boutique de l'Histoire, Avignon, ÉUA, 2008.

—, *Lendemains d'Empire. Les soldats de Napoléon dans la France du XIXe siècle*, Paris, La Boutique de l'Histoire, 2003.

PLOUX François, *De bouche à oreille. Naissance et propagation des rumeurs dans la France du XIXe siècle*, Paris, Aubier, 2003.

—, « Rumeurs et expériences collectives de la discontinuité temporelle (1814-1815) », dans FUREIX Emmanuel et LYON-CAEN Judith (dir.), *Revue d'histoire du XIXe siècle*, n° 49, 2014, « 1814-1815. Expériences de la discontinuité », p. 21-35.

REY Marie-Pierre, *L'Effroyable Tragédie. Une nouvelle histoire de la campagne de Russie*, Paris, Flammarion, 2012.

ROCHE Daniel, *La Culture des apparences. Une histoire du vêtement, XVIIe-XVIIIe siècle*, Paris, Fayard, 1989.

TRIOMPHE Pierre, *1815, la Terreur blanche*, Toulouse, Privat, 2017.

TULARD Jean, *Nouvelle Histoire de Paris. Le Consulat et l'Empire, 1800-1815*, Paris, Association pour la publication d'une histoire de Paris, diff. Hachette, 1983 [1970].

7

Le braconnier assassin : l'affaire Montcharmont (1850-1851)

par Arnaud-Dominique Houte

« Hélas je suis mort »

Maria Gauthey, ne sachant son âge qui paraît devoir être d'environ 7 ans [en réalité à peine 5 ans[1]] : Hier soir, mon père nous coupait du pain. J'ai entendu qu'on ouvrait notre porte. Je n'ai pas regardé ce que c'était. Presque au même instant, un coup de fusil a été tiré sur mon papa qui est tombé après avoir crié qu'il était mort. L'assassin que je n'ai pas vu s'est sauvé.

Mary Gauthey, âgé de 8 ans, sans profession : Hier sur les sept heures du soir, nous étions tous près de notre foyer dont le feu seul éclairait la chambre. Mon père s'approcha de notre pétrissoire pour nous couper du pain, tournant alors le côté gauche du côté de notre porte d'entrée. Dans ce moment, j'entendis le bruit du loquet de cette porte. On n'ouvrit pas de suite. Mais bientôt après, la porte d'entrée s'entrouvrit et je vis quelque chose qu'on avançait en dedans de la maison. Je crus que c'était la quenouille de la Jeannette du Benoît, qui venait souvent voisiner chez nous où elle filait. Mon père qui avait sans doute entendu le bruit se retourna du côté de la porte pour voir ce que c'était. Dans le même temps, l'assassin que je n'entrevoyais que par la porte entrouverte lui tira un coup de fusil. […] Mon père, se sentant frappé, s'est écrié aussitôt : hélas mon Dieu, me voici bien mort. […]

Jean Gauthey, dit Pinard, âgé de 10 ans, sans profession : Hier, vers les sept heures du soir, j'étais près de notre feu avec mon père, ma mère, mon frère et ma sœur. Nous mangions des pommes de terre à la clarté de ce feu. Mon père se leva et s'approcha de notre pétrissoire pour couper du pain à ceux qui en voulaient. Notre porte d'entrée n'était fermée qu'au loquet. Tout à coup j'entendis qu'on agitait ce loquet. Je regardai du côté et, quoiqu'il ne fît pas bien clair près de la porte, je vis qu'on entrouvrait cette porte, qu'on avançait dans la maison à la hauteur de ma tête environ quelque chose que je crus d'abord être un bâton qu'on tenait horizontalement. J'entrevis aussi la figure de celui qui tenait cet objet. […] L'assassin n'était pas grand, il était coiffé d'une casquette large, blanchâtre et barrée. À la taille et à la figure, j'ai cru le reconnaître autant que le peu de clarté me le permettait pour être l'inculpé, Claude Montcharmont, à qui cependant je n'avais jamais vu la casquette dont je viens de parler. Je n'ai vu à personne une pareille casquette. Mon père se sentant frappé s'est écrié aussitôt : hélas je suis mort, et de suite il est tombé de son long sur le côté de la chambre, près de la pétrissoire. Il n'a plus rien dit. Des voisins sont survenus et, environ un quart d'heure après avoir été frappé, il a rendu le dernier soupir.

Ces déclarations[2] sont recueillies par un juge d'instruction dans une auberge du village de Saint-Prix (Saône-et-Loire), à proximité de la scène de crime, le dimanche 10 novembre 1850. Si le greffier a reformulé les propos des enfants, qui s'exprimaient vraisemblablement en patois, il a pris soin de conserver quelques marques d'oralité (« mon papa ») qui renforcent la charge émotionnelle des témoignages bruts. Père et garde champêtre, un homme est mort, abattu dans son foyer par un braconnier dont le nom est immédiatement cité – à défaut d'être formellement reconnu.

« Qu'on n'inculpe personne d'autre »

L'enquête s'annonce particulièrement simple, et le juge d'instruction prend ses aises dans une maison qu'il a déjà investie, l'avant-veille, pour les besoins d'une première affaire dont tout indique qu'elle est liée à ce nouveau drame. Le 7 novembre, en effet, deux gendarmes sont abattus par un braconnier : l'un succombe à ses blessures, l'autre survit et désigne le coupable, un homme qu'ils étaient venus arrêter. Condamné à une peine de six mois de prison, Claude Montcharmont se cache depuis le début de l'automne dans ces forêts du Morvan qu'il connaît mieux que personne. Avec son « fusil double », il fait peur à ceux qu'il a menacés. N'avait-il pas dit, peu auparavant : « Il n'y a que le commencement qui coûte » ?

Parmi les témoins convoqués, ce vendredi 8 novembre, figure précisément le garde Gauthey, à la veille de son assassinat. Il relate un épisode survenu trois mois plus tôt : « Il me traita de voleur, il me reprocha d'avoir fait contre lui des procès-verbaux faux et me dit que si je lui faisais encore un procès-verbal, je ne serais pas près de lui en faire d'autre. » L'altercation s'achève par de nouvelles menaces : « Commence à foutre le camp bien vite de là ou je te brûle la cervelle. Il était comme un homme fou, je pris le parti de me retirer. » Non sans dresser procès-verbal de l'incident… qui vaut six mois de prison à Montcharmont !

Gauthey sait donc à quoi s'en tenir, et la rumeur se propage vite : « J'ai entendu plusieurs personnes dire qu'il fallait que le maire de Saint-Prix et le garde Gauthey fassent bien attention à eux, explique une jeune domestique; je pensai que les jours du garde pouvaient être en péril et j'engageai sa femme à lui dire de ne pas s'écarter les nuits. » Est-ce par prudence qu'il était resté en famille, ce samedi soir au coin du feu?

Même s'il n'a pas été directement menacé par Montcharmont, le brigadier forestier Meuriau est également invité à rester à l'abri : « L'oncle de l'inculpé m'a formellement recommandé de ne point faire ma tournée dans la forêt armé de mon fusil; il ne s'est pas expliqué davantage, mais j'ai conjecturé de cette démarche que l'inculpé aurait manifesté l'intention de me tirer dessus. » À peine est-il informé de l'assassinat de son voisin et ami – ils ont le même âge, 41 ans, et exercent le même type de fonctions – qu'il décide de collecter des éléments de preuve. Dès le lever du jour, il fouille les environs pour prendre les empreintes de pas. Ce sont les traces de « souliers peu usés et garnis de clous sous le talon et sous la semelle », précise-t-il, ajoutant aussitôt que « l'inculpé s'est fait faire il y a deux ou trois mois » de telles chaussures – rares en cet âge de sabots. Et tant pis si la longueur des traces avoisine les 30 centimètres (soit une pointure 45 moderne, fort peu compatible avec la très petite taille du suspect), puisque « le soulier avait glissé sur le terrain et, dès lors, les empreintes se trouvaient plus longues que ne l'était réellement le pied ».

Avouons-le : cet indice est la seule pièce douteuse d'une enquête dont les résultats n'ont pas été sérieusement discutés[3]. Affaire réglée, Montcharmont est doublement coupable : dans le feu de l'action et d'une course-poursuite à travers les bois, il a tué un gendarme et grièvement blessé un autre; il a ensuite exécuté froidement un garde champêtre, sans même avoir l'excuse d'une altercation.

S'il fallait une preuve supplémentaire de la préméditation, citons les débris d'une balle de plomb ramassés sur le sol de la maison. Puisque les fusils de chasse n'utilisent d'ordinaire que des « grains de fonte », cette charge inaccoutumée trahit la volonté de tuer.

Arrêté, Montcharmont commence par nier le second crime. Ce n'est que lors de sa deuxième comparution qu'il passe aux aveux, dont la forme reste toutefois hésitante : « Je crois bien que c'est moi qui ai assassiné le garde chez lui. Qu'on n'inculpe personne d'autre, j'aime autant être condamné à mort pour deux que pour un seul crime. » Une telle confession prêterait presque à méditation, si elle n'était précisée par une quasi-revendication : « Je me repens beaucoup d'avoir fait du mal au brave gendarme Émery qui ne m'avait jamais fait de mal, ainsi qu'au brave gendarme Brunet. Quant au garde Gauthey, je ne m'en repens pas, car il m'avait fait trop de mal par ses faux procès-verbaux. »

Les aveux précipitent en tout cas la conclusion de l'instruction. Et c'est quatre mois après les faits que Montcharmont est traduit devant douze jurés, parmi lesquels on compte plusieurs notables, et même le frère d'un futur président de la République (Mac-Mahon) ! La famille Montcharmont, qui souhaitait s'installer au banc de la défense, est reléguée dans les rangs du public, sur décision du président du tribunal : « La solennité du débat et la dignité de l'audience auraient à souffrir du renouvellement de scènes de la nature de celles dont l'accusé m'a rendu témoin hier ; il importe d'un autre côté que les témoins ne soient exposés à aucune intimidation. »

Ils sont 24 à se succéder à la barre tout au long de la journée. Les jeunes enfants du garde Gauthey attirent évidemment l'attention et font peut-être oublier le grand absent du procès, le maire Alexandre, qui n'a pas été cité à comparaître, alors même que l'ombre de son pouvoir contesté plane sur le dossier d'instruction : son témoignage aurait-il mieux expliqué les actes du braconnier ? Celui-ci peine de toute façon à se justifier : « Je n'étais qu'un cadavre », répète-t-il à chaque fois que le président des assises le questionne. L'audience s'achève par une délibération d'à peine un quart d'heure : déclaré coupable de tous les chefs d'inculpation, Montcharmont est condamné à mort. « Eh mon Dieu », se contente-t-il de répéter, tandis que sa mère fait entendre des « cris déchirants »[4].

Le crime était presque politique…

Quels que soient les défauts de l'enquête et les lacunes du dossier, il n'y a pas de doute sur la culpabilité de Montcharmont. Si les historiens sont nombreux à s'être intéressés à l'affaire, ce n'est donc pas pour apporter d'improbables révélations, mais pour éclairer les contours de l'affaire. « C'est toute l'atmosphère des années 1849-1851 qui est présente dans ce qui n'aurait pu être qu'un fait divers[5] », explique ainsi Marcel Vigreux, qui rappelle les forts contrastes sociaux du Morvan, tenu par les notables, disputé par les paysans. Comment expliquer la haine qui anime le braconnier ? Que dit-elle des tensions et des jalousies dans les campagnes de la IIe République ?

Issu d'une « famille de cultivateurs ancienne dans le pays, nombreuse et généralement estimée », Montcharmont est l'aîné d'une fratrie de neuf enfants, dont l'entretien coûte cher. Il choisit « l'état de taillandier », dont il apprend les rudiments auprès d'un forgeron des environs avant d'entreprendre le « tour », qui le mène à Nevers, Orléans et Paris. Dans cette société préindustrielle, l'apprentissage du métier passe encore par le voyage et par la découverte de cette sociabilité urbaine si liée aux bouillonnements politiques et républicains du milieu du XIXe siècle. Qu'en a connu et retenu Montcharmont ? Nous n'en savons rien : « Partout sa conduite a été bonne et régulière ; sa famille atteste n'en avoir jamais eu de reproche. »

Âgé de 24 ans, il revient s'installer dans sa commune natale, où il exerce la profession de « serrurier » et de maréchal-ferrant. La clientèle ne manque pas, même s'il faut souvent faire crédit aux exploitants agricoles dont il répare les outils. C'est ici que tout bascule, selon l'acte d'accusation : « L'amour de la chasse lui fit négliger le travail, et les événements politiques achevèrent de déranger l'ouvrier qui, jusqu'alors, s'était montré intelligent, honnête et laborieux. » Bien informé[6], le juge de paix se montre plus précis et moins idéologue : « Habile chasseur », Montcharmont accompagne les notables, et notamment le fils du maire, dans leurs équipées, jusqu'à ce qu'une brouille, dont on ne sait rien, ne vienne créer des jalousies, poussant ses « anciens compagnons de chasse à faire faire des procès qui blessèrent son amour-propre ».

Cette rivalité ordinaire, plus ou moins teintée de lutte des classes et de passions juvéniles, prend un autre éclat avec la révolution de février 1848 qui sape les fondements de la domination séculaire des notables. Le « suffrage universel » (exclusivement masculin) redistribue les cartes. Montcharmont « se laisse entraîner dans la société des démagogues de la localité », constate le juge de paix, selon qui « il n'avait d'autre intention que de parvenir à faire révoquer le maire et le garde champêtre qui lui avaient fait des injustices ». Est-ce vrai ? N'entend-il pas ainsi discréditer les convictions politiques du petit serrurier, ramenées à une vulgaire jalousie de clocher ?

Toujours est-il qu'une pétition a bien été adressée au sous-préfet, datée d'avril 1848 et signée par une trentaine d'habitants. Rédigée de façon malhabile par des « jens de la campagne n'ayant pas reçu d'éducation mais qui font la croix », le texte cite les procès-verbaux litigieux et dénonce le garde Gauthey, « un homme ville qui est condui par des personnes qui ne sont pas du régime d'à présent ». « Dimanche neuf du courant, au son de la quaise que on ne voulais plus du garde champêtre non du maire, une partie du peuple dacor » [*sic*].

Comme dans beaucoup de communes rurales, ce sont bien deux clans et même deux mondes qui s'opposent. L'élan républicain du printemps 1848 rouvre le combat qui se cristallise au cours des élections municipales. Un premier vote tourne à l'avantage de Montcharmont, mais le scrutin est annulé, et le maire Auguste Alexandre reprend vite le pouvoir, en même temps que la IIe République engage un repli conservateur.

Les représailles sont à la hauteur de la peur sociale. Privé de son permis de chasse, verbalisé et condamné à plusieurs reprises, Montcharmont bascule de plus en plus dans l'illégalité, sinon dans la clandestinité. « Les pratiques le rencontraient rarement dans sa boutique et le quittaient peu à peu », écrit le juge de paix, dont le rapport brosse la dérive criminelle et paranoïaque d'un bon ouvrier corrompu par les idées nouvelles. Il est vrai que sa famille cherche vainement à le rappeler à l'ordre, y compris par l'intercession du curé. Mais la colère est trop forte, et elle culmine avec la mort du chien de Montcharmont, dont il rend responsable ses ennemis : « Ce sont sept individus qui ont formé le complot d'assassiner et qui ont effectivement assassiné mon chien », répète le braconnier, désormais hors la loi et recherché par l'appareil judiciaire.

L'entrée en scène de la gendarmerie déplace le problème. Il faut en effet prendre au sérieux les remords exprimés par Montcharmont, qui répète n'avoir pas voulu tuer les gendarmes, alors qu'il refuse d'exprimer le moindre regret à propos du meurtre du garde Gauthey. Rien de commun entre ces deux professions[7] : fatalement inféodés au pouvoir local, les gardes champêtres sont proches des populations, qui connaissent leurs failles et leurs secrets. À l'inverse, les gendarmes viennent de la brigade d'Autun, distante d'une vingtaine de kilomètres. S'ils patrouillent régulièrement dans leur circonscription, ils sont d'autant plus éloignés des habitants qu'ils subissent de plus fréquentes mutations : affecté en Saône-et-Loire depuis plus de dix ans, Hémery peut identifier Montcharmont, mais son camarade, Brunet, avoue ne l'avoir jamais vu. Militaires de statut, les gendarmes obéissent à leurs chefs et aux réquisitions des magistrats et des préfets, mais ils défendent jalousement leur indépendance professionnelle contre les prétentions des maires[8]. Cette particularité ne les empêche certes pas de servir le même ordre notabiliaire... mais elle introduit un bémol dont les populations sont bien conscientes. La colère de Montcharmont vise les autorités locales, et non l'État – dont il essaye même de se faire un allié, sans succès, quand il s'adresse au sous-préfet ou au procureur, auprès duquel il dénonce les manœuvres du garde.

La distinction est de taille, elle éclaire d'un jour différent les actes du braconnier, dont la révolte, au début du moins, ne se confond pas tout à fait avec un simple refus de l'autorité. Qu'il soit animé d'une « mentalité presque libertaire, anarchisante », comme le suggère Marcel Vigreux, c'est bien possible, et cela s'explique aussi par la structure spécifique de ces sociétés forestières enclavées et jalouses de leur autonomie[9]. Mais l'État central n'est pas l'ennemi principal, et les gendarmes ne sont, dans cette histoire, que les victimes collatérales d'une lutte de classes et de clans villageois.

« Il nous recommanda de ne pas dire que nous l'avions vu »

Un mois durant, Montcharmont se terre dans le bois de Glux dont il connaît les moindres recoins : « Dix mille hommes passeraient sur moi sans pouvoir me découvrir », explique-t-il pour décrire la grotte dans laquelle il se cache. Autour de lui, la traque s'organise pourtant avec une rare détermination. Les agents des Eaux et Forêts joignent leurs efforts aux fantassins du 14ᵉ léger, venus d'Autun, tandis qu'une quarantaine de gendarmes des environs, logés chez l'habitant, patrouillent sans relâche. Sans succès.

« Quand un Morvandiau est dans un bois, il se regarde comme chez lui », écrit Dupin aîné. Élu quasiment inamovible de la Nièvre, président de l'Assemblée, ce grand notable est une figure majeure de la vie politique nationale, mais aussi un bon connaisseur du Morvan, dont il savoure les paysages autant qu'il en déplore les mentalités : ivrognerie, « manie d'acheter avant d'avoir de quoi payer », tous les clichés paternalistes y passent, mais Dupin s'arrête surtout sur les vols de bois et les délits forestiers qui remplissent la chronique judiciaire[10].

Et pour cause : d'un côté, des populations villageoises habituées à puiser dans la forêt de quoi améliorer l'ordinaire… Bois de chauffage, pêche, gibier, autant de produits faciles d'accès et dont on ne cherche pas à savoir à qui ils appartiennent. De l'autre, des élites soucieuses sinon de préserver l'environnement, du moins de garantir les droits de la propriété. Le combat a commencé dès 1789, avec l'abolition des privilèges ; il continue avec le Code forestier de 1827 ou avec la loi sur la police de la chasse de 1844, qui renforcent la surveillance des espaces forestiers et pénalisent un certain nombre d'usages communautaires. Âprement discutée, la question est relancée par la révolution de 1848, qui ressuscite les espoirs populaires, mais conforte, en définitive, les principes libéraux de l'ordre propriétaire : la nature et le gibier ne sont pas ou plus libres d'accès.

Ce débat est l'une des principales toiles de fond de l'affaire Montcharmont, prétexte à durcir les positions des élites. S'il est vrai que « le poète a des tendresses infinies et des pitiés éloquentes » à l'égard de ces marginaux des campagnes, il faut dissiper l'illusion romantique, explique Armand Fouquier, car « les sauvages de la civilisation ne sont pas tous dans les villes », et les réfractaires à l'ordre moderne sont de vrais « bandits » qui ne méritent aucune compassion[11]. Mettre en exergue la violence meurtrière de Montcharmont devient donc un moyen efficace de discréditer les actes des braconniers et les idées des républicains. Tout se tient, selon *Le Journal des débats*, qui évoque l'affaire pour rappeler que « la gendarmerie est aujourd'hui en butte aux mauvaises passions, plus qu'elle ne l'a peut-être été en aucun temps[12] ». Impossible, par conséquent, de tolérer la moindre complaisance.

Les opinions s'expriment ici avec d'autant plus de fermeté qu'elles ne sont pas unanimement partagées. Si l'on en croit le sous-préfet d'Autun, « les paysans, la plupart égarés, ne regardent pas cet homme comme coupable. Ils disent hautement : ah ! on poursuit Montcharmont parce qu'il a voulu tuer quelques riches, quel grand mal à cela ? Leur air, leurs démarches, la force d'inertie qu'ils nous opposent expliquent ces paroles. Puis on ajoute : quoi, on poursuit Montcharmont parce qu'il a voulu tuer du gibier, comme les Messieurs, il était dans son droit, il s'est défendu, il a bien fait[13] ».

Faisons la part des choses : quand il prédit « un commencement de guerre civile avec toutes ses horreurs », le sous-préfet décrit moins la réalité, incertaine, qu'il ne se fait le porte-parole de la grande peur des notables face à ce que l'on nomme bientôt le « spectre rouge[14] ». « Assurément, Montcharmont était un socialiste incarné, comme les autres malfaiteurs de son espèce », ajoute-t-il. « Un des socialistes les plus exaltés de la contrée », précise le général Castellane, qui fait part, avec les mêmes intentions alarmistes, de l'agitation des milieux républicains : « Des procès-verbaux ont été dressés à Autun contre des démocrates qui ont eu l'infamie d'exprimer leurs sympathies pour l'assassin, une arrestation a même eu lieu pour ce motif. Les énergumènes du parti s'exaltent à la pensée de quelque soulèvement prochain, ceci en est une nouvelle preuve[15]. »

Aussi orientés et excessifs qu'ils soient, ces témoignages rappellent tout de même que le fuyard a forcément bénéficié de soutiens durant son mois de cavale. On parle de complices, on désigne un certain Lemoine, repris de justice arrêté au cours des battues : « Il allait aux provisions pour lui, servait d'éclaireur », croit savoir la presse, qui affabule beaucoup, mais ne se trompe pas quand elle évoque « le mauvais esprit de certains hameaux »[16]. Les aides directes ne laissent évidemment guère de traces : qui irait se vanter d'assister l'assassin ? Qu'il y en ait eu dans le cercle familial et amical de Montcharmont, c'est pourtant une certitude : il faut bien manger, et les ressources de la forêt étaient limitées en cette fin d'automne. Lorsqu'il est finalement arrêté, le 4 novembre, le braconnier est porteur, entre autres objets de faible valeur, de

« quatre morceaux de viande presque gâtée enveloppés dans un morceau de papier », d'une pomme, d'un peu plus de 100 francs et d'une lettre de recommandation. L'argent, en petites pièces, provient de ses anciens clients, qui ont accepté de le payer, tout ou partie ; le courrier a été rédigé par un propriétaire ami de la famille, qui prétend l'avoir écrit à la demande du père de Montcharmont et sous l'emprise d'une « forte impression ». Beaucoup d'habitants ont donc aidé le fuyard sinon par conviction, du moins par peur ou par compassion.

Cette loi du silence, si banale dans les campagnes du premier XIXe siècle, le préfet tente de la briser. Le 27 novembre, il fait placarder une affiche qui suscite une vive émotion[17]. Il y rappelle, d'une part, les lourdes peines qui punissent « ceux qui auront recelé ou fait receler le criminel », ainsi que ceux qui auraient « refusé un service légalement requis ». Il y promet, d'autre part, une récompense de 200 francs – fort belle somme, environ la moitié du salaire annuel moyen d'un garde champêtre – « à celui qui le livrera ou mettra en mesure de le livrer à la justice ». Et d'insister sur « l'intérêt pour l'honneur et pour le bien du pays »… Un homme accepte d'ailleurs de guider les gendarmes dans les bois, mais à l'expresse condition d'être déguisé pour ne pas être reconnu[18] : c'est dire combien reste vive la peur des représailles.

Montcharmont doit toutefois abandonner son refuge : est-ce parce qu'il sent les recherches se renforcer ? L'hiver se rapprocher ? Faut-il le croire – et pourquoi pas, quand on connaît l'importance des croyances populaires – quand il invoque les pouvoirs magiques d'un chasseur qui se serait mis à ses trousses ? Toujours est-il qu'il prend la route de Lyon, où il est rapidement arrêté, à Sennecey-le-Grand, à une centaine de kilomètres de Saint-Prix. Que faisait-il sur ce chemin ? Pas de doute pour le préfet, toujours attaché à dramatiser et politiser l'affaire : « En sa qualité d'adepte de la République rouge, il voyageait sans doute avec les intelligences de ce qu'il y a de pire dans la faction et cherchait à gagner la Suisse[19]. » La réalité est plus banalement celle d'une fuite isolée et fort peu discrète : « On le prenait pour un demi-curé », témoigne le cabaretier auquel il parlait de « l'Être suprême ». Des propos enflammés, une mauvaise allure et un signalement diffusé dans toute la région : la justice parvient à ses fins.

« Vos guillotines sont aussi mal faites que vos lois »

Encore faut-il exécuter le jugement. Et c'est à ce stade que l'affaire s'installe pour de bon dans la mémoire collective. En dépit d'une brève relance du débat abolitionniste au lendemain de la révolution de 1848, la peine de mort fait pourtant consensus. Depuis la réforme pénale de 1832, les condamnations sont moins nombreuses (une cinquantaine par an, contre plusieurs centaines sous la Restauration), mais la plupart sont effectivement exécutées. De fait, le pourvoi en cassation de Montcharmont est aussi vite rejeté que sa demande de grâce : un mois après le procès, la sentence est applicable.

En Saône-et-Loire, c'est déjà la deuxième fois de l'année que le couperet de la guillotine s'abat. Autant la première exécution s'est déroulée facilement, le condamné « allant d'un pas alerte et décidé[20] », autant cette seconde marche funèbre tourne à la catastrophe :

> Le patient est au pied de l'échafaud. Une lutte s'engage entre lui et les exécuteurs. Deux fois ceux-ci cherchent à le porter sur la plate-forme. Deux fois il parvient à se soustraire aux exécuteurs. Il est à terre, on veut le lier plus étroitement. Il

se débat avec violence comme un homme qui se révolte contre la mort. Il saisit l'aumônier et on ne parvient qu'avec peine à le faire lâcher. Enfin on le soulève de nouveau cette fois encore. Il tombe, mais il tombe entre les degrés de l'escalier, s'y cramponne avec force et on ne peut plus l'en faire sortir.

Pendant cette lutte horrible qui n'a pas duré moins de trois quarts d'heure, la foule était vivement émue. Tout le monde avait le cœur brisé en entendant le cri de désespoir que poussait ce misérable. On dit qu'en ce moment, il a prononcé ces mots : « À moi mes amis ! »

Cependant un dernier essai est tenté, les exécuteurs qui ont arraché les marches dans lesquelles était engagé le patient veulent de nouveau le soulever. L'un d'eux est renversé. Nécessité est de le reconduire dans sa cellule et d'attendre du renfort. Ce trajet, Montcharmont a voulu le faire à pied. Parmi les paroles qu'il laissait s'échapper au milieu de ses hurlements, on lui a entendu dire : Eh mon Dieu, faites-moi donc mourir de la même mort que ceux que j'ai tués[21].

La résistance acharnée de Montcharmont ne surprend pas ses gardiens, qui avaient signalé, en plus d'une tentative d'évasion vouée à l'échec, la « terrible appréhension » du condamné à mort, obsédé, depuis le jugement, par la perspective du « couteau ». Mais l'appareil judiciaire reprend ses droits : après le fiasco de l'exécution matinale, le bourreau de Dijon est appelé à la rescousse, et c'est en fin d'après-midi qu'est guillotiné Montcharmont, solidement ligoté.

L'histoire en serait restée là – quelques entrefilets, un braconnier voué à l'oubli – si Charles Hugo n'avait pas protesté publiquement : « Vos guillotines sont aussi mal faites que vos lois ! », s'indigne-t-il dans les colonnes de *L'Événement*, le journal fondé par les proches de son illustre père. Au risque de lui offrir une plus forte caisse de résonance, le pouvoir engage des poursuites qui se soldent par l'incarcération du fils Hugo, condamné pour « manque de respect dû aux lois », accusé d'avoir manifesté trop de pitié pour l'assassin, mais aucune « compassion pour les victimes ».

Et c'est donc aux assises de la Seine, à l'été 1851, que Victor Hugo s'exprime à son tour sur le scandale de la peine de mort[22] : « Tenez, Monsieur l'avocat général, je vous le dis sans amertume, vous ne défendez pas une bonne cause. Vous avez beau faire, vous engagez une lutte inégale avec l'esprit de civilisation, avec les mœurs adoucies, avec le progrès. » Qu'importe ici Montcharmont : « Mon Dieu, je sais bien qu'on va me dire, c'est un assassin ! » Ce qui compte, c'est « ce spectacle sans nom », c'est surtout l'attitude consternée de la population, de « ce peuple qui a des préjugés de vieille humanité et qui est clément parce qu'il se sent souverain », de ces citoyens qui auraient bien des leçons à donner aux exécuteurs froids d'une justice inhumaine. Au-delà des principes, la bataille contre la peine de mort se joue aussi et même surtout dans l'indignité de sa mise en œuvre[23].

Immédiatement après le drame, des fleurs sont déposées sur la tombe de Montcharmont, dont le souvenir reste longtemps sulfureux, comme l'apprend à ses dépens, trente ans plus tard, l'un de ses neveux, soupçonné, en raison de ses « mauvais antécédents familiaux[24] », d'avoir participé à un meurtre crapuleux. Mais la mémoire locale[25] et la tradition orale inversent bientôt le jugement de la postérité en insistant sur le destin tragique du petit maréchal-ferrant persécuté. Et c'est ainsi que deux mythes s'opposent, bâtis sur les zones d'ombre d'une affaire qui garde sa part de mystère. Que l'on imprime donc la légende, il faut s'en réjouir, pourvu qu'on ne la confonde pas avec l'histoire, qui s'écrit en nuances de gris.

Bibliographie sélective

Choucary Eugène, *Le Braconnier du Morvan*, Autun, L'Indépendant du Morvan, 1930.

Lévêque Pierre, *La Bourgogne de la monarchie de Juillet au Second Empire*, thèse de doctorat, université Paris-IV, 1977.

Lignereux Aurélien, *La France rébellionnaire. Les résistances à la gendarmerie (1800-1859)*, Rennes, PUR, 2008.

Vigreux Marcel, *Paysans et notables du Morvan au* XIX*e* *siècle*, Château-Chinon, Académie du Morvan, 1987.

8

Retour sur le crime de Hautefaye (Dordogne, 16 août 1870)

par Fabien Gaveau

Le mardi 16 août 1870 à Hautefaye (arrondissement de Nontron, Dordogne), un jeune noble, Alain de Moneys[1], est sauvagement assassiné, victime d'un engrenage qui fait croire à une foule en furie qu'il appartient à un groupe hostile au Second Empire et qu'il espère la victoire de la Prusse dans la guerre récemment déclarée. En ce jour de foire, après trois longues heures de supplice, agonisant sans que personne ne parvienne à ou ne veuille le sauver, il est traîné sur un bûcher improvisé. Les flammes le calcinent partiellement, figeant un corps qui dit l'intensité de la souffrance. L'annonce des faits à Périgueux le 18 août stupéfie la ville[2]. Très vite, la justice inculpe cinq hommes pour homicide volontaire et seize autres pour participation active. Ils deviennent l'incarnation des sauvages, des barbares, des « cannibales[3] ». Une session extraordinaire de la cour d'assises est organisée du 12 au 21 décembre 1870 à Périgueux. Elle prononce quatre condamnations à la guillotine, neuf aux travaux forcés, six à la réclusion. Un mineur est assigné à une maison de correction jusqu'à sa vingtième année. Deux prévenus sont acquittés. Leurs défenseurs tentent en vain d'invoquer un droit à l'amnistie, sans contester la culpabilité de leurs clients. Ils entendent faire valoir un décret que le gouvernement républicain a pris dès son établissement le 4 septembre 1870 pour réhabiliter tous les auteurs de crimes et délits politiques depuis le 3 décembre 1852 jusqu'au 3 septembre 1870[4]. La cour réfute la prise en compte du texte, le crime n'ayant pas encore été jugé à la date du décret. Au moment du verdict, le journal de Périgueux, *L'Écho de la Dordogne*, conclut que l'affaire « va augmenter le nombre des causes célèbres » et que l'on peut désormais l'appeler « le crime de Hautefaye »[5].

Dès 1870, la presse nationale et départementale s'en est fait l'écho. Au-delà, de nombreux auteurs s'y réfèrent. Ils en font un miroir des tensions qui agitent la IIIe République. Le Périgourdin Eugène Le Roy dédie son roman *Jacquou le Croquant*, qui se clôt par l'incendie du château du terrible comte de Nansac, à « son ami Alcide Dusolier », par ailleurs un ami personnel d'Alain de Moneys[6]. Dusolier a été secrétaire de Léon Gambetta en septembre 1870. En 1874, il publie des *Mémoires* où il revient sur le martyre d'Alain de Moneys. Sur le bûcher, écrit-il, « la graisse de son corps coula sur deux pierres plates que j'ai vues, toutes tachées de cette graisse humaine, au greffe du parquet de la ville[7] ». En 1904, les frères Tharaud livrent *Les Hobereaux*, un recueil de nouvelles dont l'une met en scène ce meurtre. En 1926, un descendant d'une cousine d'Alain de Moneys « entreprend de réhabiliter un nom, une famille, toute une caste injustement traitée ». Il décrit « ces vieilles familles de chez nous, fortement attachées à leur terre et au coin de province dont elles sont l'âme – de ces familles de *prédilection* dont Lamartine a pu dire qu'elles sont *comme un sanctuaire de pitié*[8] ». Il refuse de voir dans le meurtre la haine de paysans contre des maîtres sévères. Au-delà,

Georges Marbeck décrit la spirale meurtrière qui saisit la foule et Alain Corbin voit dans ce crime la puissance des imaginaires sur un tissu social secoué par les effets de la guerre[9].

En revenant sur cette affaire, nous n'avons pas pour objectif de revoir le verdict, le crime étant avéré, mais de reprendre les trois ordres qui la structurent. Le surgissement de la haine sur le champ de foire est le fait du moment. Il vise un « monsieur », clairement identifiable comme membre d'un groupe susceptible de nourrir des ressentiments longuement alimentés. Il met également en scène un ensemble de relations socio-économiques qui entretiennent au jour le jour des tensions que le moment fait converger.

Le soupçon de trahison

Dans l'acte d'accusation, le parquet de Bordeaux précise que le 16 août 1870, un peu après midi, Alain de Moneys « causait d'élections avec le sieur Antony lorsqu'il entendit un grand tumulte. [...] Il en demanda la cause au sieur Bréthenoux. Celui-ci lui répondit que M. de Maillard avait crié : *À bas Napoléon! Vive la République*[10] *!* » Aux assises, le réquisitoire de l'avocat général mentionne qu'un sieur Bréthenoux « lui adressa des reproches sur l'attitude des messieurs de la contrée. Il lui reprocha, notamment, que M. de Maillard avait tenu des propos fâcheux contre l'empereur et semé le trouble, en répandant le bruit que toutes les mesures nécessaires à la défense du pays n'avaient pas été prises par le gouvernement[11] ». Deux entrées en matière se présentent, mais Pierre Antony, un jeune voisin cultivateur, confirme qu'il « causait d'élections avec M. de Moneys, quand ils entendirent un grand bruit du côté du champ de foire. [...] M. de Moneys voulut aller voir, essaya de parler à cette foule, et fut saisi par elle[12] ». Alain de Moneys aurait donc décidé d'interpeller l'individu avec lequel Camille de Maillard, son cousin, avait eu l'altercation, retournant contre lui la fureur de la foule. Georges Marbeck l'a noté : il devient alors la victime de substitution d'un attroupement persuadé de tenir un « Prussien ».

Qu'Alain de Moneys parle d'élections se comprend. Le renouvellement des conseils municipaux a eu lieu les 6 et 7 août et il est adjoint au maire de Beaussac depuis 1865. La famille de Pierre Antony conteste le maire de Hautefaye, Bernard Mathieu, qui se révèle particulièrement timoré, voire coupable d'une monstrueuse inaction au moment de secourir Alain de Moneys. Révoqué de sa fonction le 24 août 1870, il subit un pénible interrogatoire devant les assises. Anne Juge, épouse Antony, l'accable alors. Il s'insurge : « C'est une noble ! » Et d'ajouter : « Le mari de cette femme est mon ennemi. » Le mis en cause rétorque : « Je ne suis pas votre ennemi ; c'est vous qui avez fait des trahisons contre moi aux dernières élections. » Le maire reprend : « C'est toi qui as fait des complots[13]. » Le maire de Hautefaye voit en ses adversaires des alliés de la noblesse. Lui se pense comme fidèle à Napoléon III, dont la fête a été célébrée la veille du crime, le 15 août. Soutenir que le dédale des haines du quotidien n'intervient pas dans l'affaire serait surprenant.

En ce mois d'août, la guerre inquiète. Le moindre doute sur le sort des armes devient une trahison. À l'audience du 15 décembre 1870, le fils d'Anne Juge rapporte que le métayer de sa famille, l'inculpé Mazière, aurait répondu ne rien regretter à ses propriétaires qui le tançaient au soir du 16 août. D'ailleurs, leur dit-il, « le 9 août, à la foire de Charras [Charente], M. de Moneys lisait un journal sur la place publique, il disait : L'empereur est perdu, il n'a plus de cartouches ; si nous avions été en nombre, ce jour-là, nous lui aurions fait son affaire, mais nous n'étions que quatre ou cinq[14] ». L'idée du crime aurait-elle germé depuis le 9 août ? Alain de Moneys aurait été ciblé personnellement par quelques-uns pour des propos, réels, déformés ou imaginaires qui doutaient de la capacité de l'Empire face à la Prusse. Parmi les meurtriers, certains agissent dans la haine du moment et d'autres mobilisent de sourds motifs pour légitimer leur acte. Reste que la victime n'est pas un inconnu pour tout le monde et que, en victime de substitution, il paraissait fort bien convenir. Mazière aurait ajouté qu'Alain de Moneys refusait de crier « Vive l'empereur ! ». Tous les témoins appelés à la barre réfutent absolument l'information et soulignent que les coups incessants tombaient sur un homme qui clamait son attachement à l'Empire.

Ce vivat est au cœur des réflexions des assises de la Dordogne. Le fils du maire de Beaussac, Camille de Maillard, cousin d'Alain de Moneys, est celui par qui le processus meurtrier débute. Premier visé par l'accusation d'espérer la défaite de Napoléon III, il déguerpit promptement tandis que le tumulte attire l'attention d'Alain de Moneys. Alors, le nommé Bréthenoux certifie à celui-ci que l'homme venait de crier : « À bas Napoléon ! Vive la République ! » La foule le croit partisan des Prussiens. Le réquisitoire de l'avocat général du 19 décembre 1870 précise la nature de cet échange. Bréthenoux « adressa [à Alain de Moneys] des reproches sur l'attitude des messieurs de la contrée. Il lui reprocha, notamment, que M. de Maillard avait tenu des propos fâcheux contre l'empereur et semé le trouble, en répandant que toutes les mesures nécessaires à la défense du pays n'avaient pas été prises par le gouvernement. M. de Moneys, en homme de cœur, lui répondit que M. de Maillard était un gentilhomme, et qu'il ne croyait pas qu'il eût tenu de semblables propos[15] ». Alors qu'il voulait rassurer la foule sur la fidélité de son cousin à la France, celle-ci se retourna contre lui. Elle l'accusa à son tour d'être un Prussien, ou à défaut un traître à la solde de la Prusse. Bréthenoux demandait si chacun avait bien entendu que les « messieurs » de la région s'opposaient à l'empereur, stimulant la vindicte des personnes attroupées, fort nombreuses en ce jour de foire. Beaucoup ont ensuite déclaré ne pas connaître l'homme qu'ils agressaient. L'accusé Étienne Campot, dit « l'aîné » pour le distinguer de son frère Jean, également inculpé, s'explique sur les « cruautés » commises, soulignant qu'il n'a point frappé : « On disait que c'était un Prussien. Je n'en avais jamais vu. J'ai fendu la foule, et je suis allé saisir M. de Moneys au collet pour l'examiner. » Contre les nombreux témoins qui l'accusent de coups, il répond que tous sont des ennemis personnels et que « plus de deux cents personnes ont frappé » sans qu'elles soient poursuivies[16]. Alain de Moneys est donc mort sous les injures et les tortures d'individus qui l'ont considéré comme un de ces « messieurs » de la contrée, suspect de trahison envers la France.

Le mot « république » soulève la foule. Les républicains sont, il est vrai, peu implantés. Depuis Périgueux, l'avocat Louis Mie demeure isolé. Il plaidera paradoxalement pour les accusés de Hautefaye, qui ont tué au nom de l'Empire. À Nontron, les républicains sont faibles et peu puissants depuis 1851. La république reste en fait un souvenir lointain et décevant dans ces campagnes qui avaient voté en faveur des démocrates-socialistes en 1848 et 1849. Les élites locales ont rapidement œuvré à la reprise en main des villages, dont le comte Horace de Vieil-Castel écrit que « les classes élevées sont légitimistes et les basses classes fort *rouges*[17] ». La défense de l'ordre social et des propriétés anime le zèle du préfet Albert de Calvimont, originaire de Nontron, nommé en mars 1851 et connu pour ses sympathies monarchistes[18]. La population s'éloigne elle-même d'un régime qui lui paraît ne tenir ni ses promesses de fraternité ni celles de prospérité. En 1848, elle constate l'accroissement très fort de la fiscalité et, en 1849, la reprise en main du pouvoir par des familles qui tiennent avant tout à l'intégrité de leurs domaines et à la défense de leurs droits.

Par ailleurs, l'évocation du « Prussien » induit le malheur des familles. Les inculpés Étienne et Jean Campo sont mobilisables. Beaucoup s'inquiètent du sort des leurs. La défaite française de Wissembourg du 4 août est suivie le lendemain de celle de Frœschwiller. Le 6 août, les Prussiens entrent en Lorraine et bousculent les lignes françaises[19]. La presse en relativise la portée. Elle décrit une armée prussienne au bord de l'épuisement. Pourtant, la mobilisation s'étend. Le fils de l'un des meurtriers d'Alain de Moneys vient d'être envoyé sur le front, recruté par la maison Pons pour remplacer un autre individu. Son père aurait été fâché de voir que tous n'étaient pas égaux devant la défense du pays. Il aurait dit : « Ces gredins-là sont cause que mon fils est peut-être mis, à l'heure qu'il est, en mille morceaux[20]. » Un autre homme donne des coups pour la même raison. Tous deux oublient de rappeler que le remplacement a eu lieu moyennant une confortable somme. Reste que le prix du sang aurait été versé par les plus modestes. Quant aux riches, ils ne semblent pas même témoigner de soutien aux armées françaises. La haine des « messieurs » trouve ici à se nourrir.

La haine des « messieurs »

En annonçant le crime de Hautefaye le 18 août 1870, le quotidien *Le Charentais* cite des témoins qui rapportent qu'Alain de Moneys discutait avec son cousin Camille de Maillard et plusieurs amis quand de jeunes mobilisés les interpellèrent : « Voilà de ces beaux messieurs [auraient-ils dit] qui sont assez riches pour envoyer un homme à leur place, tandis que nous, nous sommes forcés de partir[21]. » Alain de Moneys aurait répondu avoir demandé la levée des mesures l'éloignant du service au vu de sa faible constitution. Légal, le remplacement est précisé par la loi du 10 août 1870. Tout mobilisé d'au moins 28 ans peut se faire remplacer par un ancien militaire, même marié, jusqu'à 45 ans. Les annonces pour y pourvoir fleurissent dans la presse, telles celles de la maison d'Angoulême Morin et Pons frères ou celles de cet intermédiaire qui promet au remplaçant 3 000 francs, somme considérable, et 150 francs par mois à sa famille durant son absence[22]. Les pièces de l'instruction judiciaire ne retiennent pas cette interpellation. Elles suggèrent pourtant qu'un ressentiment profond s'exprime contre les familles aisées, qui sont accusées d'échapper à la guerre. L'ordre impérial était parvenu à contenir d'anciennes oppositions. La fébrilité du moment offre à ces haines l'occasion de rejaillir, d'autant que les gendarmes sont peu présents dans ces campagnes, qu'ils organisent la mobilisation et qu'il n'y a aucun agent de police dans les villages, où les gros propriétaires préfèrent recruter des gardes particuliers à leur solde plutôt que de contribuer à l'emploi d'un agent de la force publique.

La lecture habituelle du crime soutient que l'identité personnelle d'Alain de Moneys n'est pas centrale dans sa mise à mort. Tous ont vu en lui un « monsieur », un notable doué d'une aisance manifeste et d'une autorité sociale. Il incarne un groupe susceptible de trahir le pays. Le docteur Pavillon, qui autopsie les restes du corps dévoré par les flammes, relève la trace d'un « gilet de flanelle attaché par un bouton à la partie supérieure du cou », des « bottines brûlées vers leurs ouvertures » et il décrit des « chaussettes grises [qui] recouvrent les pieds », éléments d'une tenue qui distingue un « monsieur »[23]. Alain de Moneys a été dépossédé d'une cravache, attribut du propriétaire terrien qu'il est. Il ne s'en est jamais servi pour se défendre. Ceux qui connaissent la victime, et beaucoup sont dans ce cas, savent qu'il est un enfant des lieux et l'adjoint au maire de Beaussac. Par sa famille, il est un des gros propriétaires de Hautefaye et des alentours. Ses aïeux maternels, de Connezac, ont été seigneurs de ces villages avant la Révolution. En 1633, l'un d'eux a obtenu pour Hautefaye le privilège de tenir une foire. Alain de Moneys symbolise les favorisés de la fortune, les propriétaires terriens et l'ancienne noblesse. Depuis trois générations, les lignages qui l'ont enfanté ont noué de solides alliances dans le nord de la Dordogne, les Charentes et le sud du Limousin. Leurs châteaux dominent notamment la vallée de Beaussac et celle de la Nizonne, depuis Connezac au village des Graulges.

La génération de ses grands-parents a vu s'effondrer un monde, ses privilèges et son patrimoine avec la chute de Louis XVI. Beaucoup de ses parents sont morts dans la lutte contre la Révolution, comme lors de l'expédition avortée de Quiberon en juillet 1795. La plupart ont connu l'émigration, par sécurité, tandis que leurs domaines étaient attaqués et saisis, ou par volonté de combattre et de rejoindre l'armée des Princes. Certains, comme son grand-père paternel, rentrent en France après la promulgation des lois d'amnistie sous le Consulat. De cette période demeure une hostilité à l'égard de la république et une fidélité aux Bourbons. Reste également le souvenir des efforts réalisés pour retrouver les biens dont les familles avaient été dépossédées. La génération des parents d'Alain de Moneys est celle de la recomposition d'une autorité sociale au sein des domaines recouvrés. Un grand-oncle d'Alain de Moneys, ancien émigré, est maire de Périgueux de juillet 1820 à la révolution de juillet 1830. Son propre père est maire de Connezac, près de Hautefaye, de mars 1841 à octobre 1844, avant de s'établir avec les siens au château de Bretanges, chez un oncle de son épouse, ancien maire de Beaussac sous la Restauration. Début avril 1849, le comte de Moneys en devient maire, soutenant les efforts pour juguler l'agitation des campagnes. Il demeure en place jusqu'en avril 1853.

La parentèle d'Alain de Moneys tient de semblables positions dans les alentours. Hippolyte Louis de Galard de Béarn, son oncle par alliance, devient maire de Connezac et propriétaire du château familial. Son frère Thibault Ferdinand de Galard de Béarn demeure au château de Bellevue, à Puyrénier, commune dont il est le maire jusqu'à son décès en 1873. Il est par ailleurs conseiller général du canton de Mareuil. La famille Moreau de Saint-Martin, de Saint-Martial-de-Valette (arrondissement de Nontron), leur est apparentée. En mai 1868, une sœur d'Alain de Moneys en épouse un fils, Albert, « officier d'infanterie démissionnaire », qui reprend du service en 1870 dans la garde mobile du département. Le maire de Beaussac après 1853, Henri de Maillard de Lacombe, est par sa mère un cousin des frères Galard de Béarn et du père d'Albert Moreau de Saint-Martin. Son mariage avec Marie-Louise de Labroue, comtesse d'Hust et du Saint Empire, donne à leurs enfants cette distinction qui confère une préséance dans les terres d'Empire, la Confédération germanique au sein de laquelle la Prusse s'impose dans les années 1860. Camille de Maillard est titré comte d'Hust et du Saint Empire, ce dont il ne se cache pas, pas plus que de sa fidélité envers les Bourbons et l'Église. Personne localement n'ignore le fait.

Adjoint de Beaussac, Alain de Moneys appartient à un milieu bien connu jusqu'à Hautefaye. Le maire des lieux, le curé et nombre d'habitants savent qu'il est le fils des anciens châtelains de Connezac et le parent des familles de la noblesse locale. Par leurs domaines fonciers, toutes tiennent des métairies, avec leurs hommes. Toutes emploient des travailleurs, des domestiques, des valets et des servantes. Toutes surveillent leurs terres par l'entremise de gardes privés et déploient un paternalisme qui peut parfois confiner à une forte surveillance. Parmi la foule, beaucoup avaient une idée de qui était la victime. Au fil des auditions des assises, la haine de la noblesse rejaillit. Le 14 décembre 1870, un témoin rapporte que la foule criait que « la noblesse et les curés sont cause que nos enfants partent » à la guerre[24]. Anne Juge, épouse Antony, rapporte que son métayer Mazière lui indiqua le soir du crime que, après le massacre, des hommes étaient allés « dans les bois pour mettre le feu à Bretanges » et y brûler ceux qui n'avaient pas été saisis par la foule, ce qui révèle la prégnance de l'imaginaire de la jacquerie et l'identification du groupe auquel appartient le supplicié[25].

Le feu, l'eau et la terre

Le bûcher comme ultime supplice renoue avec l'idée d'un brasier purificateur autant qu'avec le feu festif des célébrations collectives. La crémation du corps clôt une macabre série où s'entremêlent coups de bâton, de fourche, de pied, de poing, d'aiguillon à bœufs, depuis le champ de foire en passant par l'atelier du maréchal-ferrant, par ailleurs maire de Hautefaye, et par une étable, bref repli/abri pour ceux qui essayent de sauver Alain de Moneys. Le calvaire, décrit par la presse en suggérant le supplice d'un martyr, se déroule aux heures chaudes de la journée. Juillet a connu des records de chaleur : les 23 et 24 juillet, les raisins ont grillé à Périgueux. Le directeur de la ferme-école de Lavallade (Dordogne) note que la température est montée à 43 °C à l'ombre[26] ! Les récoltes ont été desséchées et les orages du début août n'ont été que d'un faible secours, la chaleur retrouvant ensuite son intensité[27]. Le souci des mauvaises récoltes hante les paysans de la région. Alain de Moneys en partage les préoccupations, lui qui dirige aux côtés de son père les terres familiales. Il en est l'héritier. Son frère aîné est décédé en juin 1854 à 17 ans[28]. Un autre frère est décrit comme un « idiot de naissance[29] » et le plus jeune se dirige vers la prêtrise. La venue d'Alain de Moneys à la foire de Hautefaye s'explique par son intérêt pour l'agriculture et par sa volonté de recruter des travailleurs pour rebâtir une maison de métayers détruite par un incendie en cette saison très chaude.

Comme son père, Alain de Moneys verse dans l'agronomie. Dans les vignes familiales du lieu-dit « Le Lac noir » est produit un vin blanc de chaudière, pour fabriquer du cognac. Une médaille de bronze lui est décernée pour ce fait au concours agricole de Nontron en 1866. Une autre activité agricole le séduit surtout, l'élevage. Pour le développer, il draine ses terres de Beaussac et reçoit pour cela une médaille de bronze de la Société d'agriculture de la Dordogne en 1863. Valoriser les prairies est sa grande entreprise[30]. Au moment de son massacre, il est directeur du syndicat de propriétaires institué par décret impérial le 4 février 1865 pour le curage et le redressement de la rivière Nizonne et du ruisseau de Beaussac, dont les sources jaillissent entre Hautefaye et Connezac[31]. Partout en France de semblables structures émergent. En Dordogne, la région de la Double bruit des travaux d'assainissement des terres, de drainage, de réduction des zones humides[32]. Avec énergie, Alain de Moneys entend fédérer les riverains des cours d'eau de la vallée de Beaussac pour obtenir un meilleur écoulement des eaux. Les prairies y sont en effet des champs de joncs. L'eau stagnante est jugée responsable d'épidémies funestes aux populations. Enfin, les moulins qui s'échelonnent de Connezac à Puyrénier ralentissent avec leurs digues l'écoulement des eaux. La tension monte en conséquence entre les propriétaires des terres, favorables aux travaux, et les autres, et elle jaillit avec ceux des moulins. Le refus de brader un droit de propriété se couple aux réticences des riverains des cours d'eau à financer les travaux sur leurs deniers. En cas de métayage, la contribution est partagée entre le propriétaire et son métayer, mais la crainte d'un mauvais retour sur investissement est réelle et tous n'ont pas les liquidités leur permettant d'agir.

Alain de Moneys n'en a cure. Il certifie que les frais engagés sont peu élevés face à la plus-value attendue. Il sollicite sans relâche les autorités pour obtenir leur appui financier, leur expertise et leur autorité pour contraindre les plus récalcitrants. Il répète aux propriétaires que l'entreprise leur permettra de développer l'élevage sur de saines prairies et d'accroître la valeur financière des patrimoines. En avril 1870, il défend une énième fois son engagement en adressant une lettre à la Société d'agriculture de la Dordogne : « Une vallée négligée est une mine du métal le plus pur qui ne serait pas exploitée », écrit-il. Il se pose en homme de progrès contre ceux qui hésitent par romantisme et tradition à s'attaquer au problème. « Les tapis verts émaillés de fleurs, les arbres au feuillage touffu et tremblant sous la brise, le murmure des eaux courant dans un lit aux contours capricieux, le chant des oiseaux qui se mirent et voltigent sur les rives ombragées, ont toujours été les lieux communs de la poésie, et par suite ce qui touche le plus tout le monde. Ce spectacle de vie, de fraîcheur, de gaîté, excite les jeunes imaginations, rajeunit les plus vieilles, et impressionne les moins vives mais je sens que ce n'est pas le moment de s'égarer dans ces lieux de mollesse et de délices, et de se laisser entraîner et bercer par ce courant séducteur en chantant une romance sentimentale ou une barcarolle cadencée, ce serait mal se présenter aux yeux pratiques de l'engraisseur de bœufs[33]. » Il veut devenir l'homme par qui l'élevage se transforme. Il développe en outre une curiosité pour les races bovines afin de trouver celles qui assureront la réussite de son domaine. Le maire de Beaussac, Henri de Maillard, partage le même intérêt, lui dont un colon partiaire est primé en 1863 pour l'excellence d'une de ses vaches limousines.

Or, la terrible sécheresse de 1870 a de quoi interroger un tel engouement. Partout les pâturages sont rétrécis. La terre est brûlée. Chercher à convaincre une population de l'intérêt de travaux qui visent à assainir des terres et accélérer l'écoulement des eaux passe pour une folie alors que la grande interrogation est la rareté des eaux. Les ingénieurs du service hydraulique s'interrogent d'ailleurs sur la nature véritable des travaux à accomplir, sachant que l'humidité devra toujours être maintenue dans le sol pour espérer profiter de gras pâturages. Faut-il voir dans le lieu du brasier qui consume Alain de Moneys l'écho inconscient d'une fatale trajectoire ? C'est en effet au lieu-dit « La Mare desséchée » que les fagots, les branchages et la paille ont été hâtivement rassemblés, la foule préférant brûler le noble plutôt que de le pendre à un cerisier. Symboliquement, constatons que le supplice s'est achevé dans un lieu singulier en ces mois de sécheresse et au milieu d'une chaude journée.

Au-delà…

La vérité du verdict judiciaire demeure. L'approche historique vise à identifier comment se conjuguent les facteurs à l'œuvre dans cette poussée meurtrière, à ce moment précis, en ce lieu. Elle souligne la présence durable dans le tissu social de haines et de ressentiments venus parfois de loin et qu'un contexte précis parvient à faire s'exprimer, pour peu que les ressorts en soient stimulés. En 1870, le sentiment que l'époque avait œuvré au progrès de la civilisation est ébranlé. Ce 16 août, dans l'inquiétude née de la guerre, sous la chaleur et dans l'effervescence d'une foule oscillant entre le champ de foire et les auberges établies ou improvisées, la matière était rassemblée pour créer l'explosion de violence. Mais celle-ci n'a surgi que parce que d'autres éléments lui ont permis de s'exprimer. Ce que la cour d'assises néglige, et ce que nombre d'auteurs ont minimisé, c'est la question des tensions présentes au sein de la population. Les heurts du quotidien, pour mille raisons, interfèrent avec la manière dont les membres d'une société se positionnent les uns par rapport aux autres dans certains contextes. Le crime de Hautefaye n'est pas le fait d'un processus meurtrier hors-sol. Le projet d'assainissement de la vallée que porte Alain de Moneys et dont la nature conflictuelle est révélée par un dossier des Archives nationales engendre localement des débats houleux. Enfin, aucune autorité n'a contenu sur place la rage des meurtriers. Depuis 1815, avec une accalmie en 1848, tous les régimes se sont appuyés sur les élites économiques et foncières pour gouverner les populations. Quand la haine a pu s'exprimer à l'égard des « messieurs », en août 1870, rien n'a entravé la marche funeste du crime.

Bibliographie sélective

CORBIN Alain, *Le Village des cannibales*, Paris, Aubier, 1990; rééd. Paris, Flammarion, coll. « Champs Histoire », 1995.

HUARD Raymond, « "Rural". La promotion d'une épithète et sa signification politique et sociale, des années 1860 aux lendemains de la Commune », *Revue d'histoire moderne et contemporaine*, 1998, 45-4, p. 789-806.

MARACHE Corinne, *Les Métamorphoses du rural. L'exemple de la Double en Périgord (1830-1939)*, Paris, Éditions du CTHS, 2006.

MARBECK Georges, *Cent documents autour du drame de Hautefaye*, Périgueux, P. Fanlac, 1983.

M'SILI Marine, *Le Fait divers en République. Histoire sociale de 1870 à nos jours*, Paris, CNRS Éditions, 2000.

9

Joseph Vacher, un « Jack l'éventreur français » ? (1893-1898)

par Marc Renneville

Le « tueur de bergers » (1893-1898)

L'affaire Joseph Vacher débute à bas bruit peu avant que n'éclate l'affaire Dreyfus et elle s'éteint avant, avec l'exécution de l'assassin le 31 décembre 1898. S'agit-il d'une « grande affaire » ? Oui, si l'on estime le nombre et le statut des victimes. Onze assassinats, commis pour la plupart contre des jeunes gens, ont été reconnus par celui que l'on surnommait alors le « tueur de bergers ». Ce nombre place Vacher assez haut dans les annales du crime, et cette place se trouve rehaussée encore par l'horreur suscitée par l'éventration et les mutilations qu'il faisait subir aux cadavres de ses victimes. Oui encore, si l'on estime que l'écho médiatique de l'affaire contribue à son importance. La chronique de l'enquête sur le tueur de bergers a longtemps été insérée en première page des journaux. On pourrait toutefois avancer quelques arguments pour considérer que cette affaire n'a jamais été qu'un fait divers criminel : à la différence de son prédécesseur londonien, il n'y a avec l'éventreur français aucune énigme liée à l'identité du coupable, le procès a eu lieu, l'homme a été jugé, la sentence exécutée. L'affaire Vacher compte pourtant parmi les grandes affaires criminelles françaises, et pour le comprendre il faut se reporter au contexte de son déroulement pour apprécier ensuite la construction de sa mémoire.

De 1894 à 1897, plusieurs assassinats sont commis en France sur des jeunes gens, souvent bergers et bergères, dans une région étendue sur plusieurs départements du Sud-Est. 20 mai 1894, Beaurepaire, Isère : Eugénie Delhomme, 21 ans, est étranglée, égorgée. Son corps porte des traces de coups divers, le sein droit est partiellement arraché. Le cadavre a été violé. 20 novembre 1894, Vidauban, Var : Louise Marcel, 13 ans, est étranglée, égorgée. Le cadavre est éventré, les seins sont arrachés. 12 mai 1895, Étaules, Côte-d'Or : Augustine Mortureux, 17 ans, est étranglée, égorgée. Son cadavre présente des plaies près du sein droit. 24 août 1895, Saint-Ours, Savoie : Péronne Baud, veuve Morand, 55 ans, est étranglée, égorgée, violée. 31 août 1895, Bénonces, Ain : Victor Portalier, 16 ans, est étranglé, égorgé. Le cadavre est retrouvé une fois de plus éventré, une partie du scrotum a été arrachée. 24 septembre 1895, Truinas, Drôme : Aline Alaise, 16 ans, est étranglée, égorgée. Le cadavre présente un début d'éventration. 29 septembre 1895, Saint-Étienne-de-Boulogne, Ardèche : Pierre Massot-Pelet, 14 ans, est égorgé. Le cadavre porte des blessures au scrotum et des traces de sodomie. 10 septembre 1896, Busset, Allier : Marie Moussier, 19 ans, est étranglée, égorgée. Le cadavre présente une morsure au nez et une tentative d'éventration. 1er octobre 1896, Varennes-Saint-Honorat, Haute-Loire : Rosine Rodier, 14 ans, est étranglée et égorgée. Ses parties génitales sont mutilées. Fin mai 1897, Tassin-la-Demi-Lune, Rhône : Claudius Beaupied, 14 ans, est égorgé. Son cadavre est retrouvé dénudé, au fond d'un puits. 18 juin 1897, Courzieu-la-Giraudière, Rhône : Pierre Laurent, 13 ans, est étranglé, égorgé. Son cadavre est mutilé au scrotum et porte des traces de sodomie. Ces crimes portent la signature d'un unique auteur, que l'on ne désigne pas à l'époque sous le nom de « tueur en série », car ce terme n'advient qu'au XXe siècle. Chaque découverte d'une victime suscite l'effroi et la stupéfaction de la population locale. L'institution judiciaire réagit à chaque fois fortement. Elle interroge la population et lance des avis de recherche qui se concentrent sur un vagabond qui laisse un mauvais souvenir derrière lui en raison de son allure sinistre et de sa pratique de mendicité agressive. En l'absence d'arrestation, l'émotion judiciaire s'exacerbe et se trouve amplifiée par la presse. La rumeur publique enfle et désigne à tort des accusés que la justice a bien du mal à disculper aux yeux de la population, qui appelle à la vengeance. Le tueur est finalement arrêté le 4 août 1897, lors d'une tentative de viol dans la commune de Champis (Ardèche). Il n'est pas anodin d'ailleurs que cette capture soit à mettre au crédit de la population et non de la gendarmerie. Ce n'est que lorsqu'il est incarcéré à la prison de Tournon que le juge d'instruction en charge de l'inculpation fait le rapprochement entre ce Joseph Vacher, auteur d'une agression sexuelle sur une jeune femme, et le suspect que l'on recherche depuis deux ans à Belley, dans l'Ain, pour l'assassinat de Victor Portalier. Le juge de Tournon se rapproche alors de celui de Belley et il est décidé du transfert du détenu après son jugement à Tournon. Vacher arrive en septembre 1897 à Belley. L'information judiciaire tourne immédiatement à la confrontation entre le juge et l'assassin. Convaincu d'avoir affaire à l'auteur de multiples crimes, le juge Fourquet emploie la ruse pour obtenir les aveux de

Vacher, qui nie en bloc. Il lui explique qu'il a besoin d'aide pour un livre qu'il prépare sur la vie des vagabonds. La demande est simple : il suffirait que Vacher lui montre l'itinéraire de ses pérégrinations sur une carte de France. La méfiance de l'assassin étant endormie par la flatterie du juge, il répond favorablement à sa demande. Il trace son itinéraire avec précision, ce qui conforte la conviction de Fourquet, car le trajet indiqué passe par plusieurs lieux où des assassinats ont été commis. Vacher refusant toujours d'avouer quoi que ce soit, le juge organise une grande journée de confrontation qui se tient le 7 octobre 1897. Ce jour-là, plus de dix témoins sont venus de la commune de Bénonces et du hameau d'Onglas où a été assassiné deux ans plus tôt le jeune Portalier. Confrontés à Vacher, ces habitants reconnaissent partiellement ou totalement la présence du suspect le jour même du crime. Accablé par le nombre et la force de ces témoignages, le suspect se résout à avouer. Le soir, il rédige une lettre d'aveux à l'attention du parquet. Sitôt la lettre publiée dans la presse, il tente d'obtenir l'irresponsabilité pénale de ses actes par la reconnaissance d'un état de folie qu'il justifie en invoquant la morsure d'un chien enragé lorsqu'il était jeune. Fourquet, toutefois, est convaincu qu'il a affaire à un vagabond madré, mais à un piètre simulateur de la folie. Ayant obtenu les aveux circonstanciés qu'il cherchait, il demande un rapport d'expertise sur l'état mental de Vacher. L'examen est confié au professeur Lacassagne et aux docteurs Fleury et Rebatel. Après cinq mois de mise en observation à la maison d'arrêt Saint-Paul à Lyon, Vacher est reconnu par les trois médecins en mai 1898 comme un simulateur – espérant bénéficier d'un statut d'impunité en raison d'une précédente déclaration d'irresponsabilité pénale et d'un séjour dans deux asiles d'aliénés. Responsable de ses actes, il est, selon les experts, apte à être jugé. Le procès débute le 26 octobre 1898 devant la cour d'assises du département de l'Ain et Vacher est condamné à la peine de mort à l'issue de trois jours de débats durant lesquels il tente une dernière fois de simuler la folie. Après le rejet de son pourvoi et du recours en grâce, le tueur de bergers est guillotiné à Bourg, le 31 décembre 1898.

Une affaire de mémoire

La mémoire de l'affaire s'est forgée au temps même du déroulement de l'enquête. Le juge Fourquet, qui tenait grandes ouvertes les portes de son cabinet, donna bien volontiers toutes les informations utiles aux journalistes, qui s'empressèrent de retranscrire, et parfois d'enjoliver, voire d'inventer – les jours creux –, les péripéties de l'enquête au jour le jour. L'affaire tint ainsi en haleine les lecteurs de la presse locale, régionale et nationale. Les aveux mêmes de l'assassin connurent une large publicité avec la reproduction de sa lettre adressée « À la France ». Très vite, la presse a chanté les louanges du juge Fourquet et sa « méthode » douce et persuasive pour obtenir les aveux du « monstre ». Le procès fut tout naturellement largement couvert, malgré la concurrence de l'examen de la demande de révision du procès Dreyfus à la Cour de cassation qui fit partir quelques journalistes dès la fin de la première journée. La mémoire de l'affaire s'est aussi chargée du témoignage de ses principaux protagonistes. Vacher a beaucoup écrit, le professeur Lacassagne a sorti dès 1899 un ouvrage ayant valeur de dossier avec de nombreuses pièces judiciaires et le juge Fourquet s'est décidé à témoigner à son tour en 1931, en publiant un ouvrage qui relate son enquête[1]. De ce matériau, on a tiré des conclusions simples : l'incohérence des écrits de Vacher était la preuve que leur auteur cherchait à être reconnu comme fou; Lacassagne démontrait à grand renfort de documents originaux que l'assassin était bien responsable de ses crimes; Fourquet, enfin, livrait ses souvenirs d'une enquête dont on a donné les principales caractéristiques – une forte tension avec un assassin revêche et naïf qui tentait de sauver sa tête, la conviction précoce d'avoir affaire à un simulateur, la mise en place d'une stratégie implacable visant à faire avouer le coupable. Cette mémoire a été réactivée près d'un demi-siècle plus tard dans une fiction cinématographique au réalisme très convaincant. *Le Juge et l'Assassin* (1976), réalisé par Bertrand Tavernier et tiré d'un scénario initial de Bost et Aurenche, s'inspire largement de l'affaire Vacher et du livre de Fourquet. Pointant parfaitement la tension entre le juge et l'assassin, magnifiquement interprétés par le duo Philippe Noiret-Michel Galabru, qui trouva dans l'incarnation de l'assassin Bouvier son plus grand rôle, le film s'inscrit dans le registre de la fiction. *Le Juge et l'Assassin* n'entre donc pas dans l'orbe des récits historiques. La sortie du film en salles fut suivie, un mois plus tard, d'un livre portant un titre identique. Rédigé par René Tavernier – père du réalisateur – et Henri Garet, il confirmait ce que l'on percevait déjà nettement à travers le jeu de Philippe Noiret : le juge Fourquet n'avait pas mené son enquête avec l'impartialité qu'exigeait sa fonction. Ses manœuvres étaient pointées : il avait manipulé Vacher en lui mentant sur ses intentions réelles, il avait omis de signaler tout ce qu'il devait à ses prédécesseurs dans la résolution de l'affaire, il avait même tordu le droit dans le sens d'une procédure à charge en omettant de signifier à Vacher en temps et en heure les dispositions de la nouvelle loi du 8 décembre 1897 qui permettait à un inculpé d'être assisté par un avocat lors de ses interrogatoires. Pour toutes ces raisons, le portrait du juge apparaissait pour la première fois à charge, mais l'absence d'appareil critique ne permettait pas de confronter le raisonnement des auteurs aux pièces du dossier.

Archive transparente, archive invisible

De mémoire en fiction, le récit par l'archive s'est fait attendre alors que – et c'est ce qui est peut-être le plus étonnant pour l'histoire – l'archive a toujours été là, à disposition de ceux qui auraient souhaité l'analyser[2]. Il faut souligner ce paradoxe : à la différence de bien d'autres affaires dans lesquelles l'archive se dérobe, quand on n'a pas sciemment décidé de la détruire, les archives judiciaires relatives à l'affaire Vacher ont été soigneusement conservées, à quelques manques près, et de nombreux documents complémentaires sont présents dans le fonds légué par le professeur Lacassagne à la bibliothèque municipale de Lyon. Les journaux utiles sont faciles à identifier et l'accessibilité numérique de ces archives a suscité récemment un curieux récit composé sur une sélection de la seule documentation accessible sur le Web. Cette publication d'archives à la découpe a été réalisée par le romancier Régis Descott. De manière étonnante, l'auteur n'a pas écrit à partir de la documentation disponible sur l'affaire à la manière de l'essai réalisé par les historiens Philippe Artières et Dominique Kalifa sur l'affaire Vidal[3] : il a coupé et agencé les pièces retenues dans l'ordre chronologique, sans commentaire ni analyse des sources ainsi mobilisées. Là encore, le registre annoncé n'étant pas celui de l'histoire, les seules réserves légitimes appartiennent à la critique littéraire et aux lecteurs. La mobilisation de l'archive comme matériau d'écriture interpelle pourtant l'historien. Qu'est-ce qui différencie, au fond, un tel récit d'un texte d'histoire ? N'est-ce pas approcher au plus près la vérité que de réduire le récit historique à la production d'une série de textes d'époque ?

Au contraire : c'est un leurre. Il y a ici un piège doublé d'une négation même de la méthodologie historique. Le piège est celui du mirage de la lisibilité des documents. Au motif que les « archives » sont rédigées en français contemporain, on présuppose que leur signification est accessible en première lecture. En passant de la découverte d'un article de journal à un télégramme puis à un procès-verbal d'interrogatoire, l'attention du lecteur est maintenue en éveil et s'il pressent des incohérences ou des ruptures de point de vue, il est tenté de les attribuer au changement de registre et de forme du discours. La réflexion critique n'est pas de mise dans un tel dispositif. Si ce postulat de la transparence de l'archive est acceptable en littérature, il est irrecevable en histoire. Avant d'être un récit, l'histoire est une lecture qui engage une méthodologie empreinte de doutes et de questions. La signification d'un document n'est jamais induite par sa seule littéralité. Elle est déduite d'un travail d'analyse sur la valeur informative du document, son rapport à la vérité de ce qu'il énonce (un avis recueilli dans le cadre d'une procédure n'a pas la même valeur que le même avis imprimé dans un journal). L'auteur du document, les conditions de production, de réception, la diffusion, la mise en relation des pièces disponibles et leur confrontation sont autant de questions et d'opérations inhérentes à l'enquête de l'historien. La transparence de l'« archive » équivaut à une invisibilité.

L'enquête par l'archive

L'historien qui ouvre une enquête doit décider en connaissance de cause du rapport d'échelle à son objet. Dans l'affaire Vacher, la focale est longtemps restée fixe, enfermant l'histoire dans le rapport de confrontation du juge Fourquet à l'inculpé Vacher. Cette focale tient à l'évidence puisqu'elle est centrée sur le point d'orgue de l'affaire et mène à sa résolution. Elle n'est pourtant pas neutre et il convient de garder à l'esprit qu'il s'agit d'une réduction. D'abord parce que, dans le cas d'un tueur en série itinérant, il y a un temps d'enquête et de recherches infructueuses, souvent long, durant lequel on ne connaît pas l'identité du coupable. Ce temps des crimes de Vacher sans Vacher est aussi celui de l'ouverture d'informations judiciaires différentes. Il y a eu autant de procédures ouvertes que de crimes avoués par Vacher. Si l'on se limite aux assassinats, cela fait onze enquêtes et, en conséquence, dix juges d'instruction qui ont précédé Fourquet dans sa traque du tueur de bergers. Ne retenir que l'information judiciaire qu'il a menée, c'est faire l'histoire du point de vue du vainqueur. La tentation est forte alors d'ériger cette procédure victorieuse en idéal type. Pourtant, même en se limitant à la seule information judiciaire sur l'affaire Portalier, il importe de rappeler que le juge de Belley n'a pas travaillé seul et que si son enquête est exemplaire, ce n'est pas tant par la perfection de son déroulement que par ce qu'elle révèle des conditions effectives du fonctionnement de l'appareil judiciaire. Un juge d'instruction n'est pas autonome. Il est saisi par le procureur de la République et mène son enquête sous le contrôle du parquet, qui rend compte à son tour de l'état de l'information judiciaire au parquet général près la cour d'appel de son ressort. C'est au niveau du procureur général de cette cour que l'enquête est dirigée. Plusieurs magistrats ont ainsi œuvré dans l'information judiciaire qui s'est déroulée à Belley entre juillet 1897 et août 1898. Ces magistrats ont travaillé de concert, mais aussi, parfois, en relations tendues qui ont infléchi le cours de l'information judiciaire. On n'en donnera ici qu'un seul exemple. Début novembre 1897, le procureur général près la cour d'appel de Lyon statue sur le dossier de procédure que le juge Fourquet lui a fait parvenir. Son jugement est très critique : le dossier est mal fait, on doit reprendre l'instruction depuis le début, avec ordre et méthode, en prenant soin de détailler les circonstances de chaque assassinat avoué par Vacher. Fourquet n'a d'autre choix que de répondre à la demande de sa hiérarchie. Le 10 novembre, il se rend à la prison de Belley et explique à Vacher qu'il va falloir reprendre l'instruction. Ce même jour, lors de l'interrogatoire, Vacher donne au juge une lettre dans laquelle il demande que toutes les pièces de procédure soient publiées dans la presse, faute de quoi il restera désormais silencieux. Pendant plusieurs semaines, le juge Fourquet tente de passer outre l'extravagante demande de son inculpé. Il n'obtiendra plus rien de lui jusqu'à son transfert à la prison Saint-Paul à Lyon, le 31 décembre 1897. Anecdote ? Détail de procédure ? Non, il ne s'agit là que d'un exemple parmi d'autres, car si le dossier de procédure conservé aux archives départementales de l'Ain comprend plus de 700 pièces, il existe un petit dossier de la cour d'appel de Lyon dans lequel on trouve la correspondance entre les magistrats de Belley et le parquet général de Lyon. C'est précisément dans cette correspondance, et nulle part ailleurs, que l'on peut suivre le cheminement de la pensée du juge d'instruction, qui se livre sans réserve auprès de son procureur général.

Cet ensemble éclaire d'un jour nouveau la dynamique de l'enquête à laquelle le livre souvenir de 1931 faisait écran. Quelles en sont les grandes étapes ? Au début de l'enquête, Fourquet hésite. Loin d'être persuadé d'être en présence d'un simulateur, il pense au contraire que Vacher est vraiment un fou ou un « monomane érotique ». L'hypothèse d'une simulation lui est suggérée par le parquet général et Fourquet y résiste pendant plusieurs semaines. Il n'a probablement été définitivement convaincu à son tour du comportement simulateur de Vacher qu'avec l'arrivée des médecins experts lyonnais. La question de la reconstitution de l'itinéraire de Vacher s'éclaire également d'un jour nouveau, et selon une chronologie qui dément les affirmations du juge. Loin d'avoir obtenu dès les premiers jours de l'enquête le tracé exact des pérégrinations de Vacher, le magistrat a passé de longs mois à reconstituer les voyages du tueur en envoyant de nombreuses commissions rogatoires pour vérifier les lieux et les dates de passage. Les premières cartes figurant dans le dossier judiciaire sont datées de février 1898, soit six mois après le début de l'enquête alors que Vacher n'est plus à Belley. Une lecture attentive des archives confirme la grande tension qui préside à la confrontation du juge et de l'assassin, mais elle y ajoute des nuances, des temps forts, des moments de retournement même – qui sont autant de particularités absentes du témoignage livré par le magistrat instructeur en 1931.

L'enquête historique appliquée au cas Vacher permet de mettre au jour la fragilité d'un certain nombre de convictions partagées sur l'affaire. La grande question à la fois judiciaire et criminologique de l'affaire Vacher, c'est celle de la responsabilité pénale du tueur en série. Le rapport rendu par les médecins experts conclut à cette responsabilité pénale. Vacher y est décrit comme un sadique sanguinaire parfaitement conscient de ses actes et ayant assouvi ses désirs dépravés avec cynisme en se croyant assuré d'obtenir la reconnaissance de son irresponsabilité.

Vacher était-il fou ou pas ? On en discuta au temps de l'affaire et on pourrait en discuter encore de nos jours. À l'époque, on s'accorda à penser qu'il était un simulateur et que cela se vérifiait dans ses paroles, dans son attitude et ses écrits. La voix dissonante des quelques médecins penchant pour l'aliénation mentale ne fut pas entendue au procès. Cette lecture domine encore aujourd'hui. Vacher aurait été un roublard ou, sur le plan clinique, un « pervers » manipulateur. C'est possible et ce n'est pas à l'historien d'en juger. L'archive apporte pourtant, une fois de plus, un éclairage dont on a peu tenu compte jusqu'ici. Pour attester de la folie de Vacher, on s'est appuyé sur deux arguments : la folie lui permettait d'assurer son irresponsabilité et la sincérité de ses écrits loufoques apparaissait en contradiction avec l'attention qu'il portait à ses réponses lors des interrogatoires. A-t-on bien lu et entendu Vacher ? Ce n'est pas certain. La plupart des incohérences perçues dans ses écrits sont des effets de méconnaissance de son histoire ou de ses relations avec ses interlocuteurs. L'éventreur chercha-t-il à simuler la folie ? Il a répondu très clairement à cette question qu'on ne lui a jamais posée : « Je ne déraille pas », affirme-t-il au juge Fourquet[4]. Il ne se pense pas comme un aliéné, car, dans son système de défense, il lui faut prouver non pas son aliénation, mais son « innocence », au sens où il a agi sous l'emprise des effets délétères de la morsure d'un chien enragé. Depuis une tentative de suicide raté, Vacher se croit protégé par une puissance divine qui lui intime l'ordre de tuer pour réveiller le peuple contre les injustices que lui fait subir le mauvais gouvernement de la France. Mélange d'anarchisme et de croyance dévoyée, sa pensée est incohérente aux yeux des contemporains qui le jugent, ce qui explique que ces derniers n'y aient vu qu'une tentative de simulation peu convaincante.

L'histoire peut ainsi répondre à des questions restées hors champ. Vacher n'a jamais revendiqué cette folie qu'on l'accusait de mal simuler. Il est un autre point souvent éludé dans cette affaire : bien qu'il ait avoué onze assassinats, il n'a été jugé et condamné que pour celui de Victor Portalier. Pourquoi ? N'y a-t-il pas là un manquement judiciaire qui pourrait s'expliquer par une erreur de procédure ? L'archive permet de répondre qu'il n'en est rien. C'est sciemment que l'institution judiciaire a décidé de ne pas regrouper les affaires, comme elle a décidé de ne pas renvoyer Vacher devant les cours d'assises compétentes pour juger des crimes commis en dehors du département de l'Ain. En cas de procédure regroupée ou, au contraire, de démultiplication des procès, le risque était grand de juger la série dans l'ordre des successions, ce qui aurait supposé de commencer par le premier assassinat reconnu, celui d'Eugénie Delhomme, commis le 20 mai 1894 dans la commune de Beaurepaire en Isère. Ce crime présentait deux caractéristiques propres à faire douter de la responsabilité de l'accusé : le lieu du crime était à moins de 5 kilomètres de son village natal et le forfait avait été accompli moins de deux mois après la délivrance à l'assassin d'un certificat médical de complète santé mentale.

Notre connaissance de l'affaire Vacher a longtemps privilégié la mémoire plutôt que l'histoire et il faut peut-être voir là un effet de sa surexposition médiatique. Avant l'arrestation, la série macabre de ses crimes permit à la presse d'en comparer l'auteur inconnu au Jack l'éventreur de Londres. Après son arrestation, Vacher décida très vite d'utiliser la presse pour faire connaître son système de défense. Il refusa d'ailleurs longtemps un avocat, considérant qu'il était le mieux placé pour expliquer ses raisons d'agir. Sa personnalité suscita une forte curiosité. Le temps de l'enquête fut largement relayé par la presse, avec l'encouragement d'un juge d'instruction, qui comprit très vite qu'il tenait avec le tueur de bergers la plus grande affaire de sa carrière. L'émotion de la population fut également très forte, et l'on peut apprécier la vigueur de ces sentiments par les complaintes criminelles qui furent entonnées dans les campagnes, et qui accompagnèrent Vacher de sa prison au pied de l'échafaud. Depuis le film *Le Juge et l'Assassin*, la principale évolution de la perception de l'affaire Vacher réside dans son inclusion dans la catégorie des tueurs en série. La mise en série du tueur dans cette entité labile n'a pourtant pas permis de faire progresser la compréhension de l'affaire. Les criminologies s'oublient plus vite que les affaires criminelles du passé. L'histoire reste encore, pour ces *cold cases*, un instrument d'analyse pertinent.

Bibliographie sélective

Artières Philippe et Kalifa Dominique, *Vidal, le tueur de femmes. Une biographie sociale*, Lagrasse, éditions Verdier, 2017 (2001).

Chevrier Olivier, *Crime ou folie : un cas de tueur en série au* XIX*e siècle. L'affaire Joseph Vacher*, Paris, L'Harmattan, 2006.

Corneloup Gérard, *Joseph Vacher : un tueur en série de la Belle Époque*, Brignais, Éd. des Traboules, 2007, préface de P. Truche.

Descott Régis, *Vacher l'éventreur*, Paris, Grasset, 2016.

GARET Henri et TAVERNIER René, *Le Juge et l'Assassin*, Paris, Presses de la Cité, 1976.

RENNEVILLE Marc, *Vacher l'éventreur. Archives d'un tueur en série*, Grenoble, Jérôme Millon, 2019.

—, *Le Chant des crimes. Les complaintes de l'affaire Vacher*, Auxis, Gaelis Éditions, 2020.

VACHER Joseph, *Écrits d'un tueur de bergers* (éd. P. Artières), Lyon, À rebours, 2006.

10

L'affaire Durand : un crime judiciaire, une histoire havraise (1910)

par Christian Chevandier

Dans l'édition 2017 de l'*Histoire du Havre* publiée aux éditions Privat, il est fait mention dans dix pages de Jules Durand et de l'affaire qui lui a coûté la raison. Dans l'édition de 1983, il n'avait droit qu'à un paragraphe de dix-sept lignes et deux évocations. Sans doute la personnalité des auteurs joue-t-elle, mais un siècle après les faits, cette nouveauté peut paraître bien singulière. Pour quelles raisons « la résurrection du Dreyfus ouvrier », comme *Libération* le titre en mars 2011, a-t-elle lieu un siècle après les faits ? En 2014, le maire du Havre, Édouard Philippe, explique à propos du syndicaliste Jules Durand : « C'est avant tout un personnage éminemment havrais, dont l'histoire nous parle de la ville, de ses évolutions, de son identité propre. » C'est certes ainsi qu'il faut comprendre l'affaire Durand, qui n'est pas havraise par hasard, mais parce que ses différents aspects, au-delà de malheureuses contingences, correspondent à des caractéristiques de la ville. Mais cela n'explique pas les circonvolutions de sa mémoire.

Une question de productivité

Fondé en 1517 par François Ier pour être un port de guerre, Le Havre est quatre siècles plus tard une place commerciale, le grand port colonial du pays et celui qui relie le Vieux Continent au Nouveau Monde. Il y a encore des voiliers, comme ceux que Monet a peints en 1872 pour *Impression soleil levant*, mais depuis 1880 ils perdent leur place prépondérante au profit des vapeurs et, déjà, des diesels. En 1910, un grand bassin de marée est depuis un an accessible aux navires à tout moment du jour ou de la nuit, bouleversant les rythmes du port. Depuis trois décennies, des grues modifient le travail des dockers, mais ne réduisent que modérément un besoin de main-d'œuvre caractérisé par l'intermittence qu'impose l'irrégularité des arrivées et des départs de navires. Les embauches, comme les pauses et la fin des vacations, sont annoncées par la cloche autour de laquelle, au bord d'un des passages portuaires, se réunissent les hommes qui attendent l'embauche.

C'est lors de la dernière décennie du XIXe siècle que les oppositions s'exacerbent, le patronat portuaire supportant mal les nouvelles organisations des dockers qu'autorisent les lois de la IIIe République. Le dynamisme des mouvements sociaux conduit en 1899-1900, vingt ans avant que la loi ne la généralise, à l'application sur le port de la journée de huit heures. La combativité des salariés ne se réduit pas à l'emprise portuaire et les volontés de regroupement s'étendent au-delà des corporations, avec notamment la création en 1907 de l'Union des syndicats ouvriers du Havre et de la région. Il s'agit là de la dimension locale du développement de la jeune Confédération générale du travail (CGT) qui, l'année précédente, à son congrès d'Amiens, a voté un texte de compromis qui met en avant le rôle essentiel des syndicats dans l'avènement d'une société débarrassée de l'exploitation salariale. C'est dans ce contexte qu'en août 1910, les dockers-charbonniers du port du Havre arrêtent le travail pour obtenir une meilleure rémunération. Ces portefaix exercent un des métiers parmi les plus pénibles et les plus mal payés du port. Leur tâche n'en est pas moins essentielle, car la houille qu'ils déchargent fournit en énergie les navires et les usines, directement ou par la production de gaz et d'électricité. Soumis au rythme des navires charbonniers, au chômage les jours où il n'en arrive pas, les charbonniers demandent cette augmentation surtout pour atténuer les effets de l'incertitude. Comme le métier est très salissant, ils veulent des douches, et ils s'opposent également au machinisme perçu comme destructeur d'emplois.

Après de premiers mouvements revendicatifs, la Compagnie générale transatlantique (la « Transat »), le principal armateur et leader du patronat portuaire, promet de n'utiliser des machines que si la main-d'œuvre se révèle insuffisante lors d'un pic d'activité. Mais cet été-là, un cahier de revendications est rédigé et présenté aux négociants-importateurs de charbon par le nouveau secrétaire du syndicat des charbonniers, Jules Durand, qui se heurte à une fin de non-recevoir. Un ordre de grève partielle et sélective est alors lancé, auquel les patrons répondent par un lock-out. Sur les 600 dockers-charbonniers, 580 sont en grève. C'est le moment que choisit la « Transat » pour mettre en route une nouvelle machine, le « Tancarville », élévateur sur ponton flottant, tandis qu'elle recrute des travailleurs d'autres métiers, payés trois fois plus que les dockers en temps normal, pour les substituer aux grévistes.

Le 9 septembre, la grève dure depuis vingt-trois jours, plus de trois semaines sans paye pour les grévistes. Le soir, devant un débit de boisson du quai d'Orléans, à mi-chemin entre le port et le centre-ville, une bagarre éclate qui met aux prises un charbonnier non gréviste, Louis Dongé, et plusieurs de ses collègues qui participent au mouvement. Tous ont consommé plus que de raison dans le bistrot. Bien que Dongé soit le seul à être armé, il a le dessous. Sa mort, le lendemain, donne une nouvelle dimension au fait divers dont les autres protagonistes sont arrêtés. C'est sur les conseils de Stanislas Ducrot, « agent général » (c'est-à-dire directeur) de la « Transat » au Havre, la compagnie la plus touchée par la grève des charbonniers, que, le 11 septembre, le juge Georges Vernis fait arrêter chez lui Jules Durand pour complicité d'assassinat. Il a recueilli des témoignages sur l'incitation à tuer les « jaunes » par le syndicaliste lors d'un meeting de plusieurs centaines de charbonniers en grève. C'est dans les locaux de la compagnie maritime que le juge Vernis, assisté du commissaire Henry, dirige les premières auditions. Il entend 14 témoins que lui présente Ducrot et en sa présence. De son côté, la presse locale, notamment *Havre Éclair*, quotidien largement subventionné par les armateurs, mène une véritable campagne contre Durand et les charbonniers grévistes.

Fils de Gustave, journalier, et de Sophie Maria, journalière, Jules Durand, né le 6 septembre 1880 au Havre, a passé toute son enfance dans un quartier populaire à proximité du centre. Il est marqué du côté paternel par la culture maritime et du côté de sa mère par celle de la terre, selon deux modalités très locales, celle d'Harfleur pour le père, celle du pays cauchois pour la mère. Après un apprentissage de sellier-bourrelier, il exerce son métier avant d'entrer en 1901 à la Compagnie des docks et entrepôts, d'abord comme journalier, puis comme docker. Il adhère en 1902 au syndicat CGT de son entreprise et en devient trésorier, ce qui lui vaut un licenciement en 1908. Il est alors embauché comme chef d'équipe à la Société d'affrètement, chargée du transport du charbon. Ses contemporains s'accordent à attribuer à cette personnalité quelque peu atypique un réel charisme et un talent oratoire qui lui permettent de développer le syndicat. Alors que l'alcool est un élément important de la sociabilité dans le port du Havre et y fait des ravages, à un moment où la CGT classe l'alcoolisme comme un des trois fléaux qui entravent l'émancipation de la classe ouvrière, Jules Durand, membre et conférencier d'une ligue antialcoolique, se proclame buveur d'eau, du moins après sa condamnation pour ivresse en septembre 1904. Il est également depuis 1908 membre de la Ligue des droits de l'homme, qui regroupe plutôt des notables et des intellectuels[1].

Une question est communément soulevée, celle du choix idéologique de Durand. Il y a alors au Havre des militants libertaires, et deux groupes se réclament de l'anarchisme. Plus tard, il sera bel et bien présenté comme anarchiste, et une notice lui est ainsi consacrée dans *Les Anarchistes. Dictionnaire biographique du mouvement libertaire francophone*[2]. Cela correspond indéniablement à son engagement syndicaliste révolutionnaire et à des pratiques comme le refus de la consommation d'alcool. Mais d'autres tendances, meurtrières et proches du nihilisme, ont donné à l'anarchisme une déplorable réputation ; c'est à la suite d'attentats qu'ont été votées les lois de 1893 et 1894, dénoncées en leur temps par Francis de Pressensé, Émile Pouget et Léon Blum comme des « lois scélérates[3] », qui ont constitué la base juridique des accusations de complicité d'assassinat contre Jules Durand.

Sa petite-fille a témoigné de la souffrance de sa mère, Juliette, entendant dire qu'elle était la fille d'un anarchiste. Sans doute la meilleure réponse est-elle celle qu'a faite Jean-Pierre Castelain : « Est-ce que cela suffit pour dire que [Durand] était anarchiste ? Je ne sais. » Son anarchisme serait alors celui dont se réclamera Albert Camus quelques décennies plus tard dans *L'Homme révolté*, proposant comme modèle de société idéale « ce qu'on appelle traditionnellement le syndicalisme révolutionnaire[4] ». C'est ce que constate dans les lettres qu'il envoie de prison Christiane Marzelier, qui a préparé l'appareil critique de sa correspondance : « Transparaît ici le syndicalisme de Jules Durand : syndicalisme de solidarité, de fraternité, beaucoup plus que syndicalisme idéologique et politique. »

Un « crime judiciaire »

Le 10 novembre 1910, après une instruction très courte pour une affaire où les accusés sont au nombre de sept, le procès s'ouvre devant la cour d'assises de Rouen. Outre les trois participants à la rixe et un de leurs collègues grévistes, doivent être jugés trois syndicalistes absents au moment de la bagarre et accusés de complicité d'assassinat : Durand et deux autres chefs d'équipe de charbonniers, employés eux par la « Transat », Henri Boyer, le secrétaire adjoint du syndicat, et son frère Gaston, le trésorier. Faute de preuve d'une autre nature et comme souvent en ce début de XXe siècle, l'accusation est fondée sur des témoignages qui assurent que la mort de Dongé avait été votée à l'instigation de Durand lors d'une réunion le 14 août. C'est René Coty, avocat au barreau du Havre, alors âgé de 28 ans, conseiller municipal depuis deux ans, qui est chargé de la défense de Jules Durand. Plutôt spécialisé dans le droit commercial et maritime, il n'a jamais plaidé aux assises auparavant[5]. Si pendant la session de 1910, la cour d'assises est présidée par un conseiller à la cour d'appel, le jury l'est par Ernest Lallemant, « docteur médecin, directeur de l'asile départemental d'aliénés de la Seine-Inf[érieure] », précise la liste signée par le procureur général. Dans un texte du 16 février 1911, Jean Jaurès évoquera les « jurés bourgeois » : il est vrai que sur ces douze hommes âgés de 32 à 61 ans, le seul ouvrier est un tisseur. Pendant le procès, le président de la cour, qui écourte les questions que Durand voulait faire poser aux témoins à charge, se montre hostile à l'accusé, tout comme l'avocat général, qui refuse de faire entendre des témoins à décharge et n'hésite pas à évoquer le contexte politique dans son réquisitoire : « Partout la violence déchaîne des actes de sabotage. On en arrive au sabotage de la vie humaine. Le jury a un impérieux devoir social à remplir. »

Le 25 novembre 1910, après deux semaines de procès, les verdicts sont prononcés. Si les frères Boyer sont acquittés, deux des accusés sont condamnés à huit ans de travaux forcés et un à quinze ans. Durand est déclaré coupable par sept voix contre cinq, tandis que le jury refuse les circonstances atténuantes. Lorsque les jurés, persuadés « que la peine qui serait appliquée ne dépasserait pas quinze années de travaux forcés », comprennent qu'ils ont décidé la mort, ils demandent une nouvelle délibération qui leur est refusée. L'arrêt de la cour d'assises précise que son exécution « aura lieu sur une des places publiques de la ville de Rouen ». Le soir même, le procureur général envoie au garde des Sceaux un télégramme qui précise : « Le jury paraît s'être mépris sur les conséquences de son verdict en refusant à Durant [*sic*] les circonstances atténuantes et vient de signer un recours en grâce. » Le lendemain, *L'Humanité,* qui a dépêché à Rouen un envoyé spécial, titre « Un verdict de haine », euphémisant la violente crise de nerfs du condamné : « Durand, tout en larmes, jure qu'il est innocent. » Et de conclure : « On sort très impressionné par ce verdict abracadabrant. S'il constitue de la part des patrons une vengeance de classe, l'embarras et la honte de ceux qui l'ont prononcé sont suffisants pour le disqualifier aux yeux de l'opinion publique. » L'affaire Dongé devient l'affaire Durand.

La condamnation survient dans un contexte social tendu, marqué au moment de l'instruction par une grève des cheminots, comme celle des charbonniers pour une augmentation de salaire, durement réprimée par le gouvernement d'Aristide Briand. Poussé par les compagnies ferroviaires désireuses de se débarrasser des syndicalistes, il a notamment fait donner la troupe et réquisitionné les grévistes. En première page de *L'Humanité* qui annonce la condamnation de Durand, Jean Jaurès signe un article, « Pour les cheminots ». Très vite, la CGT réagit et fait placarder dans tout le pays une proclamation de son comité confédéral qui dénonce : « Ils ont condamné sans preuve ! » Le 28, la grève est générale dans la ville, où se tiennent des meetings et une manifestation. Camille Geeroms, le secrétaire de l'Union des syndicats du Havre et de la région, met en perspective l'arrêt de réhabilitation du capitaine Alfred Dreyfus prononcé par la Cour de cassation quatre ans plus tôt : « Dreyfus innocent a été tiré du bagne et il a fallu pour cela se battre longuement et courageusement. » Le mouvement de solidarité s'étend aux autres ports, notamment par l'action de l'International Transport Workers' Federation, fondée à Londres à la fin du siècle, et des grèves ont lieu à Chicago, à Bilbao, à Hambourg, à Naples, à Liverpool, à Sydney, à Cadix, etc.

Un demi-millier de réunions publiques se tiennent dans le pays. Si la Ligue des droits de l'homme s'associe très vite au mouvement, nombre de ses membres refusent de soutenir Durand et les départs d'adhérents sont nombreux. Dès la mi-décembre, le député radical-socialiste de l'Aube Paul Meunier, avocat à la cour d'appel de Paris, rédige une pétition parlementaire – qui recueille quelque 200 signatures – à l'intention du président de la République pour qu'il gracie Durand. Armand Fallières reçoit à l'Élysée Anatole France et Jean Jaurès venus plaider pour sa liberté. Mais le président se contente, au soir du 31 décembre, de commuer la peine en sept ans de réclusion. Deux ans plus tôt, le président du Conseil Aristide Briand était garde des Sceaux et avait proposé à la Chambre l'abolition du châtiment capital, recueillant près des deux cinquièmes des voix des députés. Mais si, depuis son élection, Fallières avait d'abord accepté tous les recours en grâce, les exécutions avaient repris depuis 1909. Jusqu'à la commutation de la peine de mort, Durand subit un régime extrêmement dur. Les chaînes aux pieds, seul dans une cellule spéciale du quartier des condamnés à mort, constamment surveillé, il n'en sort qu'une heure par jour pour une promenade en cagoule et les mains liées. Moins sévère ensuite, sa détention n'en est pas moins pénible.

Loin d'être satisfait par la commutation, Paul Meunier dépose une demande de révision et se rend au Havre en janvier 1911 pour mener sa propre enquête. Il entend notamment à la Bourse du travail de nombreux témoins, dont certains n'avaient pas été auditionnés pendant l'instruction, ainsi que des témoins à charge qui confirmeront leur rétractation devant le substitut général.

À la chancellerie, le directeur des Affaires criminelles et des Grâces ordonne une enquête au procureur général de Rouen. Elle est menée par le substitut général de la ville, qui parvient à des conclusions opposées à celles de l'enquête du juge Vernis et décide la direction des Affaires criminelles et des Grâces à demander à la Cour de cassation d'instruire la demande de révision et de « suspendre la détention du condamné », qui est libéré le 15 février.

Accueilli par ses camarades et sa famille, Durand présente des signes de plus en plus évidents d'altération des facultés mentales, à tel point qu'il semble ne pas être conscient de l'événement lorsque, le 14 mars, sa compagne Julia Carouge met au monde leur fille Juliette. Un mois et demi après sa libération, ses proches se résignent à ce qu'il soit interné au pavillon Pinel de l'hôpital de la ville. Il est transféré le 5 avril 1911 près de Rouen, à l'asile d'aliénés de Quatre-Mares, que dirige Ernest Lallemant, président du jury qui l'a condamné. Persuadé de son innocence, il essaye de rendre moins pénible l'internement. Le psychiatre Alain Gouiffes, chef de service dans cet établissement un siècle plus tard, se demande : « Comment un homme, sans antécédent psychiatrique ni manifestations psychopathologiques connues, peut-il devenir fou en quelques semaines, quelques jours peut-être, lorsqu'il est soumis à des conditions d'inhumanité et d'injustice extrêmes ? »

Le lendemain de la libération de Durand, le garde des Sceaux saisit pour révision la Cour de cassation dont la Chambre criminelle statue en ce sens le 4 avril 1911. Retardée par les expertises médicales auxquelles est soumis Durand, notamment à l'hospice Sainte-Anne de Paris, elle casse le 9 août 1912 le verdict de la cour d'assises. Le substitut général de Rouen, Raoul Bazenet, établit lors de sa contre-enquête en février 1911 que c'est Stanislas Ducrot qui a sollicité les témoignages à charge et qu'un ingénieur a même payé des costumes à ces témoins afin qu'ils fassent bonne impression sur les jurés. Il s'est agi en fait d'une véritable machination visant à débarrasser le patronat portuaire de cet encombrant syndicaliste. C'est ce qu'affirme le commissaire Albert Eugène Henry, qui dirige la Sûreté du Havre[6], dont des informateurs étaient présents lors des réunions de grévistes et n'ont jamais entendu le moindre appel au meurtre. Ses rapports avaient dès le mois de septembre mis à mal le dossier qui devait aboutir à la condamnation de Durand, montrant notamment que Dongé était possesseur d'un revolver de petit calibre. En décembre, dans un rapport au maire du Havre s'appuyant sur une enquête officieuse et sur ce que lui a dit le commissaire spécial, Michel Italiani, dont un indicateur était « spécialement chargé d'assister aux réunions des grévistes », le commissaire Henry écrit, à propos de l'incitation au meurtre de Dongé : « Je vous confirme que ces votes n'ont jamais été portés à ma connaissance et je ne serais pas éloigné de croire qu'ils n'ont jamais été émis. »

L'état de santé de Jules Durand ne permettant pas un nouveau procès tenu en sa présence, Jules Siegfried, député du Havre, dépose un projet de loi, voté le 17 juillet 1917, permettant à la Cour de cassation de se dispenser de renvoi et de statuer sur le fond en cas de démence du mis en cause. Elle constate alors que des faux témoignages ont été sollicités et reconnaît le 15 juin 1918 l'innocence de Jules Durand. Elle ne décide cependant pas de prendre vraiment en charge financièrement les conséquences de la condamnation. Jules Durand, qui se trouve au pavillon des indigents à l'asile d'aliénés de Quatre-Mares, décède le 20 février 1926. Il est inhumé au cimetière Sainte-Marie trois jours plus tard, accompagné par un impressionnant cortège mené par Charles Lefrançois, un des deux charbonniers grévistes condamnés à huit ans de bagne bien qu'il n'eût pas été sur place au moment de la rixe, qui n'est revenu qu'en 1924 après une longue campagne aboutissant à l'amnistie de sa peine complémentaire de relégation. Aucune poursuite n'est engagée contre les auteurs de la machination tandis que les magistrats responsables de la condamnation poursuivent leur carrière. Le juge Marc Hédrich expliquera un siècle plus tard : « On distingue deux erreurs judiciaires. L'erreur judiciaire liberticide frappe à tort. L'erreur judiciaire d'impunité oublie de condamner et poursuivre les auteurs. Jamais on ne poursuivra ni ne condamnera les auteurs de cette machination. L'association des deux erreurs est la définition même du crime judiciaire. »

Des mémoires segmentées

La première trace de Jules Durand dans la ville est sa sépulture, au cimetière Sainte-Marie, le Père-Lachaise havrais, sur laquelle est édifié en mai 1931, à l'initiative du comité des « Amis de Jules Durand » et de plusieurs syndicats de la ville, un monument commémoratif qui précise : « Jules Durand Ex-secrétaire du syndicat des charbonniers – Condamné à mort le 25 novembre 1910 – Mort fou le 20 février 1926. » Après quelques années marquées par la division syndicale, le syndicat des dockers lui rend hommage tous les ans par un dépôt de gerbe. Mais il est un autre élément topographique de la mémoire qui se révèle décisif. En 1956, trois décennies après sa mort et alors que René Coty est depuis deux ans président de la République, la municipalité dirigée par l'instituteur communiste René Cance rebaptise boulevard

Jules-Durand l'ancien boulevard Sadi-Carnot, au milieu des quartiers les plus populaires de la ville, entre port et voie ferrée.

Quatre ans après l'inauguration de la voie, Armand Salacrou, qui a passé sa jeunesse au Havre et avait 11 ans au moment de la grève des charbonniers, publie chez Gallimard *Boulevard Durand. Chronique d'un procès oublié*. Bien que Jean-Louis Barrault puis Jean Vilar refusent de monter ce drame en deux parties, son succès est bien sûr indéniable dans la ville portuaire. Mais la notoriété de son auteur, membre de l'académie Goncourt, contribue à faire reprendre la pièce dès 1961 dans d'autres villes, notamment au théâtre Sarah-Bernhardt à Paris, et elle est même adaptée par Jean-Paul Carrère en 1974 pour le petit écran. Comme toute fiction, *Boulevard Durand* use de la licence poétique et instaure des légendes qui perdureront, telle celle d'un « jury de paysans cauchois », « gens de la terre » et donc de ces « bouilleurs de cru » qui, d'après Durand, « empoisonnent les campagnes » (scènes XII et XIII), alors qu'il n'y a qu'un seul cultivateur parmi les douze jurés. Le boulevard et la pièce relancent l'intérêt pour l'affaire. Au début des années 1960, des articles lui sont consacrés. Sur la seule chaîne de télévision de l'époque, pour son émission « Lecture pour tous », Pierre Dumayet interviewe en 1961 Armand Salacrou qui relate l'affaire et le fait qu'elle l'a marqué : « Vous savez, c'est terrible, pour un enfant de 10 ans, d'avoir la conviction qu'un homme est derrière des murs d'une prison et qu'il est innocent, et qu'il est innocent parce qu'il était bon. » Au mois de février suivant, le docker Jean-Pierre Jacquinot, qui explique avoir découvert les théoriciens anarchistes dans la bibliothèque du syndicat, crée avec quelques-uns de ses camarades le groupe libertaire Jules-Durand, au drapeau rouge et noir à l'effigie de son éponyme arboré encore un siècle plus tard lors des manifestations.

La parution en 1984 du livre d'Alain Scoff *Un nommé Durand*, « un récit qui se lit comme un roman », est le résultat du travail d'un auteur, par ailleurs comédien, dramaturge et scénariste, qui a dépouillé des archives inédites et interrogé de rares témoins survivants. Cherchant le dossier d'instruction, notamment les procès-verbaux de témoignages fallacieux, il apprend qu'il « aurait été détruit au cours d'un incendie provoqué par les bombardements subis par la ville de Rouen pendant la Seconde Guerre mondiale », mais constate que « d'autres dossiers concernant d'autres affaires jugées à la même époque, et conservés au même endroit », subsistent. Les recherches ultérieures, menées également dans les archives hospitalières, établiront que de nombreuses pièces ont disparu. Alain Scoff termine l'avertissement liminaire de son livre par cette phrase : « Une dernière précision : si Jules Durand a été injustement condamné par la justice, Au nom du Peuple Français, il n'en a pas moins, après une longue bataille judiciaire, été réhabilité par cette même justice et Au nom du Peuple Français. C'est là le fait d'un système démocratique dont il y a lieu d'être fier. »

C'est surtout au début du XXIe siècle, à l'occasion notamment du centenaire de l'affaire et de ses rebondissements judiciaires, qu'une série de publications, romans et essais, renouvelle l'intérêt pour la fin tragique du docker havrais. Avant *Les Quais de la colère* de Philippe Huet, natif de la ville, Émile Danoën, qui comme Salacrou a passé sa jeunesse au Havre et collaboré à la presse communiste, auteur d'une dizaine de romans et lauréat en 1951 du prix du roman populiste, s'est intéressé à l'affaire Durand. Le « grand roman populaire » qu'il en tire, *L'Affaire Quinot*, ne trouve pas d'éditeur de son vivant, mais est publié une décennie après sa disparition, en 2010, par les éditions CNT-Région parisienne. De son côté, le militant anarchiste et havrais Patrick Rannou écrit en 2010 une brochure sur l'affaire qu'il complète trois ans plus tard, notamment en dépouillant la presse, pour en faire un livre.

À l'occasion du centenaire de l'arrêt de la Cour de cassation cassant la condamnation à mort de Jules Durand par la cour d'assises de Rouen est créée, en août 2012, l'association « Les Amis de Jules Durand », notamment par Jean-Pierre Castelain, anthropologue et auteur d'un ouvrage sur la sociabilité des travailleurs du port dans lequel il évoquait déjà l'affaire Durand[7], et Marc Hédrich, juge d'instruction au tribunal de grande instance du Havre. Dès septembre 2013, l'association met en ligne des documents et des textes sur son site (https://www.julesdurand.fr). Le rôle des chercheurs au sein de l'association est à mettre en rapport avec l'intérêt manifesté pour l'affaire au sein de l'université du Havre inaugurée au milieu des années 1980. L'historien John Barzman, spécialiste du travail et des mouvements sociaux portuaires, auteur d'une thèse sur les mouvements sociaux du Havre[8] qui évoque largement l'affaire Jules Durand et ses suites, dirige alors le laboratoire IDEES-Le Havre (UMR 6266 du CNRS et de l'université du Havre) qui, à partir de 2013, organise des « journées Jules Durand » destinées aux universitaires et aux étudiants, mais ouvertes à l'ensemble de la population et largement fréquentées par les dockers. Elles allient une approche militante à des démarches de recherche, comme, pour les « troisièmes journées » en novembre 2016, un colloque où des chercheurs de cinq pays étudient la solidarité internationale et ses réseaux « face à la répression dans les ports et en mer ». L'intérêt des chercheurs pour Jules Durand n'est pas nouveau et, dès 1974, une notice biographique lui est consacrée dans le tome 12 du *Dictionnaire biographique du mouvement ouvrier français*, le « Maitron », rédigée par l'historien Henri Dubief, auteur d'un ouvrage de référence sur le syndicalisme révolutionnaire. Elle est en ligne depuis novembre 2010 et modifiée en fonction de l'évolution de l'historiographie (http://maitron-en-ligne.univ-paris1.fr/spip.php ?article111708).

C'est alors que la notoriété de l'affaire sort véritablement de l'agglomération portuaire et des milieux proches du syndicalisme révolutionnaire. Une notice biographique de l'encyclopédie en ligne Wikipédia est créée fin juin 2005, puis modifiée pas moins de 230 fois en quatorze ans, modifications qui ne sont pas significatives de l'existence d'enjeux politiques ou historiographiques. Ses contributeurs, ayant parfois suivi des études supérieures, sont nombreux, souvent passionnés par le maritime ou la politique, les affaires judiciaires, l'histoire de la Normandie. Les médias – du *Figaro* à *Alternatives économiques* – consacrent des articles ou des émissions à l'affaire, comme en mars 2014 le documentaire d'Anaïs Kien et Françoise Camar, *Mort d'un Renard. Enquête sur l'affaire Jules Durand*, diffusé sur France Culture dans « La Fabrique de l'histoire » ou, le 1er mai 2015, lorsque Jean Lebrun reçoit Jean-Pierre Castelain sur France Inter dans son émission « La Marche de l'histoire » consacrée à « Jules Durand, ouvrier, anarchiste et martyr ». Un siècle après la réhabilitation, le 18 juin 2018, un colloque sur la condamnation à mort de Jules Durand et sa réhabilitation se tient à Paris, dans la Grand-Chambre de la Cour de cassation, à l'initiative de Marc Hédrich, désormais conseiller à la cour d'appel de Caen, et de Denis Salas, qui préside l'Association française pour l'histoire de la justice. Des extraits de la plaidoirie de René Coty sont lus par son arrière-petit-fils, l'écrivain Benoît Duteurtre.

L'affaire devient alors un thème d'inspiration pour les artistes. En 2016, le roman graphique de Roger Martin et Mako, *Les Docks assassinés. L'affaire Jules Durand*, sort en librairie. Sylvestre Meinzer lui consacre un film en 2017 et Ernest Pignon-Ernest illustre du portrait de Durand la publication de ses lettres en 2018. La chanson *Sauvons Durand*, écrite en 1910 par un ouvrier coiffeur syndiqué, est redécouverte. Ces manifestations s'accompagnent d'une seconde vague d'inscription dans l'espace. Même l'université, d'habitude plus prompte à célébrer ses grandes figures, y participe en baptisant en novembre 2014 un de ses amphithéâtres du nom du syndicaliste docker. Cette année-là, son monument funéraire est restauré. Le 22 juin 2017, en présence de dockers havrais et du drapeau de leur syndicat, un square Jules-Durand est inauguré dans le 14e arrondissement de Paris. Le 15 juin 2018, le buste du syndicaliste par Hervé Delamare est dévoilé au Havre, quai Colbert, là où l'on déchargeait le charbon au temps de Durand.

Il n'y a pas une, mais des mémoires de Jules Durand et de l'affaire. La mémoire locale est demeurée prégnante, portée notamment par la toponymie. La mémoire corporative s'inscrit dans la durée, celle des commémorations et de la présence de la fanfare du syndicat des dockers aux cérémonies. La combinaison des deux est forte, au point que Durand est devenu un personnage emblématique des dockers du Havre. Si la mémoire du crime judiciaire ressurgit au début du XXIe siècle, elle est désormais étayée par des recherches, la création d'une université et d'un laboratoire de sciences sociales expliquant en partie comment, parce que des chercheurs sont désormais havrais, la mémoire locale de Durand s'est incarnée dans le monde de la recherche. Mais son émergence ne relativise pas les deux mémoires antérieures qui perdurent, celle des Havrais et celle des dockers.

Bibliographie sélective

Barzman John et Castelain Jean-Pierre (dir.), *Jules Durand. Un crime social et judiciaire*, Paris, L'Harmattan, 2015.

Colombier Roger, *Jules Durand : une affaire Dreyfus au Havre (1910-1918)*, Paris, Syllepse, 2016.

Danoën Émile, *L'Affaire Quinot*, Paris, Éditions CNT-Région parisienne, 2010.

Durand Jules, *Lettres de prison, septembre 1910-février 1911*, édition préparée par Christiane Marzelier et Jean-Pierre Castelain, Paris, L'Harmattan, 2018.

Huet Philippe, *Les Quais de la colère*, Paris, Albin Michel, 2005.

Rannou Patrick, *L'Affaire Durand*, Paris, Éditions Noir et Rouge, 2013.

Salacrou Armand, *Boulevard Durand. Chronique d'un procès oublié*, Paris, Gallimard, 1960.

Scoff Alain, *Un nommé Durand*, Paris, JC Lattès, 1984.

11

L'énigme des servantes aux mains sanglantes. L'affaire des sœurs Papin (Le Mans, 1933)

par Frédéric CHAUVAUD

Reconstitué, le crime peut s'accommoder de zones d'ombre, mais ne doit pas laisser de place au doute. Une belle affaire peut conserver un côté mystérieux, mais il serait insupportable que l'incertitude s'immisce dans les esprits. La culpabilité doit s'imposer aux jurés, puis à l'opinion publique, sinon le spectre de l'erreur judiciaire brillerait d'une « lueur sinistre ». Toutefois, l'erreur judiciaire – celui ou celle qui a été jugé(e) et condamné(e) n'est pas coupable – a le mérite d'apparaître comme une option à la vérité judiciaire. L'enquête a fait fausse piste, le verdict n'a fait qu'entériner l'erreur, le véritable coupable a échappé aux rets de la justice répressive. L'affaire des sœurs Papin, qui, en 1933, a fait l'effet d'une véritable déflagration, ne laisse pas, en apparence, de place au doute. Elle possède tous les atours de la simplicité, elle ne déroute pas les adeptes de certitudes judiciaires. La culpabilité des deux sœurs Christine et Léa ne saurait être remise en cause, elles reconnaissent être les auteures du double crime : « Oui, c'est nous qui avons tué. » En février 1933, rue Bruyère, au Mans, dans la maison des époux Lancelin – lui, René Lancelin, ancien avoué et administrateur des Mutuelles du Mans, elle, Léonie, âgée de 53 ans, appartenant au « meilleur de la société mancelle » –, les deux sœurs ont énucléé leurs patronnes, la mère et sa fille Geneviève. Elles ont fracassé le crâne, puis ont procédé au saccage du corps et sont ensuite parties se réfugier dans leur chambre, à l'étage. Elles furent trouvées couchées dans leur lit, les vêtements ensanglantés roulés en boule au pied du lit, non loin d'une des armes du crime : un marteau. L'œil humain découvert au bas de l'escalier, les deux cadavres gisant sur le parquet du premier étage disent l'atrocité du crime et la stupeur des contemporains confrontés à ce drame macabre. Maurice Garçon ne cherche pas à percer le mystère, il se contente de souligner qu'« on demeurait confondu devant l'énormité et la cruauté de ce forfait incompréhensible[1] ». Avec les sœurs Papin, l'énigme réside ailleurs, à la fois dans les logiques du passage à l'acte et dans la personnalité des deux sœurs, qui ne ressemblent pas à leur crime. Lors de l'enquête et du procès, les préjugés et les partis pris ne manquèrent pas. André Salmon, qui avait fait ses premières armes de chroniqueur judiciaire avec l'affaire Landru, auteur d'innombrables et « copieux » articles, donne son point de vue sur les sœurs Papin et confie dans ses *Mémoires* que « c'est dans une extrême confusion que l'on juge le plus souvent[2] »; et d'ajouter : « L'accusé a été reconnu coupable. Il a avoué. Il a tué. Pourquoi a-t-il tué ? Pourquoi est-il cet homme qui pouvait tuer ? » La justice se réduit à « une sorte de salubrité publique[3] ». Parmi les contemporains des sœurs Papin, seule une minorité partage ce sentiment. La majorité se contente d'un jugement net, sans scories, aux angles impeccables. La « bonne grosse vérité » suffit. Les deux sœurs ont tué et elles méritent le châtiment le plus sévère. Et pourtant, le dossier de l'affaire présente une surface non pas lisse, mais granuleuse. À l'intérieur, le contenu s'avère « spongieux » et de nombreuses zones d'ombre subsistent[4].

La scène de crime

Depuis la fin du XIXe siècle et l'invention de la criminalistique, les recommandations semblent se multiplier : il convient de protéger la scène de crime, d'interdire aux badauds de s'approcher et de faire en sorte que les acteurs de l'enquête ne la piétinent pas. Il convient également de prêter attention à chaque élément du décor, indices matériels, traces et empreintes, emplacement des meubles et disposition des cadavres. Mais, disent sur place les enquêteurs, avec les sœurs Papin il n'y a pas de mystère. Les auteures du crime sont connues, à quoi bon prendre des précautions particulières et préserver de toute pollution des espaces qui n'ont rien de mystérieux ? Le plan dressé sur les lieux, les photographies réalisées et l'interrogatoire de Christine et Léa le soir même suffiront à l'enquête. La justice pourra ainsi disposer de la preuve orale – l'aveu étant encore considéré comme la reine des preuves – et de preuves matérielles, constituées par les armes du crime : un marteau, un pot d'étain et un couteau à la lame émoussée. Une autre arme blanche a manifestement été utilisée pour taillader les corps des victimes, mais elle n'a pas été retrouvée et n'intéressera plus personne.

Cependant, les clichés des cadavres, qui seront ensuite retirés du dossier d'instruction pour gagner le dossier personnel du greffier Bouttier, sont en eux-mêmes une entorse à la vérité[5]. Les jupes des deux malheureuses avaient été relevées, laissant apercevoir leur intimité mise à nu. Les clichés, en fonction de la pudeur et de la bienséance, ne pouvaient pas fixer une telle scène. Elles ont été rabattues afin d'offrir une image plus décente. Il n'était pas nécessaire, pensaient ceux qui découvrirent cet « horrible tableau », d'ajouter de l'impudeur à l'atrocité. Le commissaire Namur, dans un procès-verbal minimaliste, décrit néanmoins les cadavres mutilés, celui de Geneviève, couché sur le ventre, le « pantalon baissé, les fesses et les mollets striés d'entailles » ; celui de la mère, couché sur le dos, « les yeux ont disparu, la bouche n'existe plus[6]... ». Mais cette scène macabre ne sera pratiquement plus évoquée dans le détail. Si la question de la cruauté, voire du sadisme, est abordée, l'autre dimension de la mise en scène des cadavres est laissée sous silence. Le médecin légiste, le docteur Chartier, qui mettra presque trois mois pour rédiger son rapport tant il ne veut pas faire l'objet de la moindre critique, note qu'il a trouvé des traces de sang sur « la face interne des cuisses » de Mme Lancelin, laissées par l'apposition de mains ensanglantées ; quant au corps de Mlle Lancelin, toutes les plaies profondes, sur les fesses et « la face postérieure des jambes », sont couvertes de plaies horizontales. Que le crime possède une dimension sexuelle ne fait aucun doute, mais jamais, ni lors de l'instruction ni au moment du procès, les deux sœurs ne seront interrogées sur ces aspects. Personne ne cherchera à comprendre pourquoi elles se sont ainsi acharnées sur les dépouilles mortelles et quel sens elles ont voulu donner à leurs gestes. Rendant compte des audiences, un journaliste à l'esprit affûté insiste auprès de ses lecteurs sur le fait qu'« on trouve des traces qui ne laissent aucun doute sur la hantise érotique des meurtrières. De tout ceci nulle trace[7] », comme s'il n'était pas possible d'aborder de tels sujets.

D'autres « bizarreries », pour reprendre un mot utilisé par de nombreux observateurs, témoins, faits-diversiers et chroniqueurs judiciaires, sont remarquées, mais sans plus. L'une des plus singulières concerne l'éclairage. Le 2 février 1933, la scène de crime est plongée dans l'obscurité la plus complète. Lorsque les policiers Ragot et Vérité, alertés par M. Lancelin, parviennent à entrer dans la maison de la rue Bruyère, l'électricité ne fonctionne pas. C'est à la lueur de lampes torches qu'ils éclairent l'escalier et les pièces. La fée électricité a largement fait la conquête des habitudes, aussi, immergés dans la pénombre, les contemporains sont désorientés : où vont-ils poser les pieds ? Dans la cour, sur un sol tourbeux ? Plus loin, sur un plancher imbibé de sang noirâtre ? Or la question de l'absence d'éclairage électrique s'avère ici centrale. Quelle en est l'origine ? Comment expliquer ce brusque passage de la clarté à l'obscurité ? L'instruction judiciaire ne s'y intéresse pas véritablement et les débats du procès l'ignorent. Et pourtant, pour comprendre le déroulement du massacre et la logique du geste, cette panne électrique est primordiale – le fer à repasser qui a disjoncté est-il à l'origine du drame ? C'est en grande partie la version de Christine et Léa. En colère, envahie par des idées noires, ruminant des pensées, Christine est descendue de la pièce à repasser et, sur le palier du premier étage, elle est passée à l'acte. Or, le jour du crime, une employée de commerce chez deux électriciens, la maison Bouchery proche de la maison des Lancelin, a indiqué au commissaire qu'une des bonnes était venue la voir pour faire réparer un fer à repasser. Mais laquelle ? Dans un interrogatoire, Christine répond que c'est elle, dans un autre, elle déclare que c'est sa sœur. Confusion de la pensée ? Trouble d'identité ? Toujours est-il que le 9 février, le commissaire central Alban Dupuy veut en avoir le cœur net. Il fait vérifier les fusibles : ils sont en état de marche, mais mal emboîtés. Sur place, des chemises déjà repassées et des mouchoirs attendant de l'être. Mais personne ne va plus loin. René Fève, un journaliste de *L'Ouest-Éclair*, journal républicain du matin, a beau écrire : « Depuis le soir du crime, on a cherché le mobile de cette tragédie. Qui l'a trouvé ? Personne. » D'autres éléments, non expliqués, ont été remarqués, mais sans plus. Une chaise au premier étage, qui semblait inamovible depuis des années, n'était pas à sa place, des couteaux ont été manifestement manipulés, nécessitant, de la part d'une des sœurs Papin, un déplacement du rez-de-chaussée au premier étage, mais ils n'ont pas fait l'objet d'investigations plus poussées. Quatre jours après le crime, Léa, interrogée une nouvelle fois, confie que c'est elle qui s'est rendue en bas de la maison, avec une bougie soigneusement posée sur une assiette, afin de ne pas faire de taches sur le parquet. Elle a laissé, dit-elle, des traces de sang sur la poignée d'un tiroir, sur des enveloppes et sur un journal qui entourait des couverts. Mais cette confidence reste consignée, puis oubliée, alors qu'elle renseigne sur les phases du crime et la distribution des rôles. Le massacre s'est-il véritablement produit à la lueur d'une bougie unique ?

L'enquête judiciaire

L'enquête s'appuie sur les propos consignés dans les interrogatoires, sur les dépositions des témoins et sur des objets matériels, ces « témoins muets » que sont les armes du crime, photographiés et médiatisés, prenant place notamment dans les colonnes du journal *Détective*, créé en 1928. Avec l'affaire des « brebis enragées », le périodique présenté comme le premier magazine de faits divers connaît un beau succès. À la gare du Mans, les numéros disponibles s'envolent en quelques minutes. Quant au juge d'instruction Hébert, il ne recherche pas la notoriété et encore moins la gloire. Mais il a pressenti que l'affaire mancelle allait attirer tous les journalistes et devenir une affaire nationale. Aussi veut-il prendre toutes les précautions possibles. La première est de s'assurer de la « sanité » d'esprit des deux sœurs. Le lendemain du crime, un reporter photographe se trouvait au palais de justice. Les clichés publiés donnent l'impression immédiate que Christine et Léa sont hagardes, vieillies prématurément, et que brusquement, en l'espace d'une nuit, des rides profondes se sont incrustées sur leur visage et dans leur cou. En peignoir, elles ressemblent, disent certains, à deux folles. L'article 64 du Code pénal précise bien qu'« il n'y a ni crime ni délit, lorsque le prévenu était en état de démence au temps de l'action, ou lorsqu'il a été contraint par une force à laquelle il n'a pu résister ». Le 3 février, le magistrat instructeur nomme un premier expert pour examiner l'état mental des deux sœurs : le docteur Schutzenberger, médecin-chef de la maison de santé départementale de la Sarthe. Puis, le 3 avril, il lui adjoint le docteur Baruck, auteur d'une monographie sur un asile d'aliénés, et le docteur Truelle, médecin-chef de l'asile clinique de Sainte-Anne, souvent diligenté par la justice dans de « grandes affaires ». Trois experts doivent garantir et donner une certitude. Dans les faits, seul le premier a réellement examiné les deux sœurs. Ses collègues se contentent, après les avoir vues deux fois au maximum – et encore ce n'est pas certain – pendant une poignée de minutes, de signer le rapport d'expertise[8]. Or les experts concluent à leur pleine responsabilité : elles ne sont ni folles ni demi-folles[9], même si un procureur général s'était exclamé qu'elles avaient le « cerveau étroit ». Le rapport consigne les observations sur l'apparence physique, le passé médical et l'état mental. La cause est entendue et pourtant, des événements du passé proche sont minimisés ou écartés. Le plus significatif est assurément l'épisode de la mairie. Au cours de l'été 1931, Christine s'était rendue à l'hôtel de ville pour demander l'émancipation de sa sœur, mais, maladroite avec les mots, ne sachant formuler clairement sa requête, elle avait bredouillé, s'était énervée, avait provoqué un esclandre et était passée pour une folle. Deux ans plus tard, il aurait fallu s'interroger : comment interpréter cette scène ? S'agit-il d'un simple moment de fureur passagère ou bien est-ce l'indice d'une fêlure plus profonde ? L'expertise et la justice passent rapidement, puisque, pour elles, le discernement des deux sœurs n'a pas été altéré et qu'aucune anomalie mentale n'a pu être décelée.

Mais pour le juge d'instruction, aux preuves concrètes ont pu s'ajouter des preuves « morales », c'est-à-dire les aveux et l'expertise psychiatrique. Ce refus de croire Christine folle va plus loin encore. En prison, le 11 juillet, elle traverse le dortoir en courant, saute par-dessus des lits et parvient à atteindre une fenêtre située en hauteur. Accrochée aux barreaux, elle aperçoit par la fenêtre sa sœur suspendue à un arbre. Pour l'expert, il ne s'agit pas d'une hallucination, mais d'une mise en scène soigneusement préparée pour ne plus être séparée de sa sœur. Une autre fois, Christine est aperçue agenouillée, la tête appuyée sur le sol, versant des larmes. Mais, toujours pour l'expert, il s'agit de simagrées : elle veut susciter la pitié et se donne à dessein en spectacle. Il ne constate nulle trace de folie dans ce comportement. Le refus de voir des troubles mentaux interroge sur la conduite de l'enquête judiciaire, sur le procès et sur la décision judiciaire. Or dès la fin du XIXe siècle, un certain nombre de voix discordantes se font entendre. Les experts nommés par un magistrat penchent, le plus souvent de manière inconsciente, du côté de l'accusation. Pour eux, la personne à examiner est non seulement suspecte, mais coupable. Les simulateurs sont nombreux ; ils veulent se jouer de la justice et refusent d'endosser la responsabilité de leurs actes. En 1933, les psychiatres ne retiennent pas non plus la catégorie de demi-fous pour expliquer le drame. André Lorulot, qui fut médecin-chef des asiles d'aliénés du département de la Seine, avait écrit qu'il existait des tarés, des cinglés, mais aussi des criminels endurcis et que trop souvent les magistrats penchent en faveur de « la théorie de la responsabilité atténuée[10] ». Mais au Mans, le juge d'instruction se range à l'avis des experts qu'il a choisis.

Reste une question non résolue : que s'est-il vraiment passé sur le palier du premier étage ? Plusieurs versions ont été données par les sœurs Papin. S'il ne fait guère de doute que Christine a été à l'initiative du massacre, son déroulement reste confus. Qui s'est jetée sur Léonie Lancelin, qui a frappé la première Geneviève Lancelin ? Est-ce Christine qui a demandé à Léa d'énucléer sa patronne ? Qui a été à l'initiative des blessures *post mortem* ? Quelle est la part de chaque sœur dans le crime ? L'acte d'accusation se contente de la version donnée le 12 juillet à la suite d'un « rappel de mémoire » : il n'existe aucun mobile, Christine était énervée et c'est elle qui a attaqué Mme Lancelin. Léa apparaît comme une comparse, elle a certes participé au crime, mais elle s'est contentée de suivre les ordres donnés par sa sœur.

Le procès et la postérité

Un procès d'assises est l'occasion de refaire toute l'instruction[11]. L'acte d'accusation résume l'affaire, l'interrogatoire de l'accusé permet de mettre en évidence sa personnalité et d'éclairer tel ou tel aspect, les témoins entendus concourent à la manifestation de la vérité judiciaire. Le réquisitoire et la plaidoirie s'adressent directement aux jurés, au nombre de douze. Composé uniquement d'hommes, le jury, en effet, doit se prononcer sur la culpabilité. Si la réponse s'avère positive, il lui est dévolu de statuer sur l'existence de circonstances atténuantes. Lorsque les sœurs Papin sont jugées, la législation de la cour d'assises a changé depuis peu. Désormais, les jurés sont toujours seuls pour prononcer leur verdict sur la culpabilité, mais la loi du 5 mars 1932 précise que le jury délibère avec la cour sur l'application de la peine.

Les avocats de la défense sont Germaine Brière, première femme à être inscrite au barreau du Mans, et Pierre Chautemps, avocat à Tours et frère de Camille Chautemps, plusieurs fois ministre et président du Conseil en novembre 1933. La première défend Christine, le second Léa. Ils s'accordent sur le fait qu'il faut juger des êtres et non des actes. Ils demandent aussi que le procès soit ajourné pour permettre une véritable expertise psychiatrique nécessitant une observation de longue durée. Quand le geste est extraordinaire, tout avis péremptoire ne peut avoir une force convaincante. Plus le crime est démesuré et plus le besoin de certitude croît. Mettre à nu deux âmes nécessite du temps. L'avocat de la partie civile, maître Moulière, a le beau rôle. Ancien bâtonnier et ancien député, il défend la mémoire des victimes. Il charge les deux sœurs et surtout il argue du fait que, malgré l'horreur du crime, elles ne sont pas folles. Responsables, elles peuvent donc être condamnées à la peine capitale. Il donne une version un peu trop simple, un peu trop frappante, mais terriblement efficace. De la sorte, disent quelques voix, le procès se trouve déséquilibré. Les propos de l'avocat de la partie civile redoublent ceux du procureur. Ce n'est pas une plaidoirie, mais un second réquisitoire. Faut-il d'abord punir ou d'abord comprendre ?

Les frères Tharaud, princes de la chronique judiciaire, écrivent dans *Paris-Soir* (le plus important quotidien des années 1930, dont les chiffres de vente suscitent l'admiration et la jalousie : près de 1,5 million d'exemplaires) : « Nous voici à la veille du procès et l'on se demande encore comment on peut expliquer un drame tout ensemble si simple et si ténébreux[12]. » Les audiences laissent dans l'ombre de nombreux aspects. L'itinéraire des deux sœurs est relativement bien retracé, cependant rien n'est dit sur la troisième sœur, l'aînée. À lire les dossiers, le lecteur comprend qu'elle a été victime d'inceste et que son entrée au couvent l'a éloignée définitivement de sa famille, étouffant le scandale. Le divorce des parents de Christine et Léa trouve-t-il ici son ressort ? Le juge d'instruction ne la sollicite pas, elle ne figure pas non plus dans la liste des témoins à entendre. La plupart des tribunaliers qui se sont rassemblés sur le banc de la presse ignorent même son existence. Quant aux victimes, elles n'intéressent guère la justice. Un président d'assises l'avait ouvertement dit et consigné dans ses mémoires[13] et l'on sait qu'il faudra attendre la fin de la Seconde Guerre mondiale pour que la parole victimaire soit progressivement prise en considération dans le procès pénal. En 1933, les seules informations données sur Geneviève, la fille cadette des époux Lancelin, concernent son âge : 28 ans, le même âge que Christine. La fille aînée de René et Léonie Lancelin n'est pas non plus interrogée, ni pendant l'enquête ni lors du procès. Aucun témoignage n'est recueilli sur Mme Lancelin, figure pourtant centrale pour essayer de comprendre le crime : qui était-elle ? Une partie de la presse la présentera en deux lignes comme une bourgeoise autoritaire et méchante, une autre comme une épouse effacée et même timorée. Sa personnalité aurait permis de mieux comprendre les liens tissés entre elle et les deux sœurs Papin. C'est à elle qu'était dévolue l'organisation de la maison et il lui appartenait de donner les consignes sur la cuisine, la tenue des chambres, les activités domestiques. Les Lancelin, même si parfois la presse parisienne se gausse de l'univers étriqué des provinciaux, ne vivaient pas reclus, ils recevaient une fois par semaine pour le dîner. Les invités n'étaient pas toujours les mêmes et quelques-uns auraient pu être entendus. Seul Raoul Lancelin, le frère de René, est sollicité. Si le procès doit permettre au jury de se faire une conviction, il a pleinement joué son rôle. S'il doit faire advenir la vérité, il a laissé un grand vide dans les consciences et le procureur Riegert ne peut cacher sa satisfaction. Pour lui, dans la mesure où le crime fut atroce, son auteure principale ne mérite aucune indulgence. Les tribunaliers notent que les deux sœurs n'ont pratiquement rien dit, leurs paroles, dans un filet de voix, étaient inaudibles et, le plus souvent, elles semblaient répondre par monosyllabes, l'une gardant pratiquement en permanence les paupières fermées, l'autre fixant un point imaginaire.

La logique de l'effroyable geste échappe aux demandes vibrantes de compréhension. L'une des pistes suggérées, qui figure en bonne place, est celle des amours incestueuses entre Christine et Léa. Lors du procès, le président Beucher a déclaré : « Il faut en effet noter que vous êtes unie à votre sœur par une affection très tendre.

Vous avez sur elle beaucoup d'ascendant[14]. » Et puis, peu après, comme pour lever toute ambiguïté et obtenir une réponse nette : « On peut se demander si votre affection pour elle est un sentiment purement familial. Il faut tout dire ici[15]. » À plusieurs reprises, René Lancelin, qui est celui qui, avec sa femme et sa fille, côtoyait le plus souvent les deux sœurs, a confié : « Nous n'avons jamais rien remarqué d'anormal dans leur vie privée ni dans les relations qu'elles pouvaient avoir entre elles[16]. » Et pourtant, une explication qui ne repose sur aucun élément tangible hasarde que les deux sœurs auraient été surprises en pleins ébats par leurs patronnes revenues trop tôt. Si cette thèse de l'amour charnel n'est pas retenue par la justice, elle est en revanche colportée à plusieurs reprises, même si elle n'est pas crédible, par Paulette Houdyer, auteure mancelle, en 1966[17], ou par le cinéaste Jean-Pierre Denis en 2000[18].

Existe-t-il une rationalité dans le crime commis ? *Détective* et *L'Humanité* y voient la revanche des déshérités et l'inscrivent dans les antagonismes de classe. L'accumulation depuis six ans d'une rancune féroce aurait débordé. Le journaliste René Fève, dans *L'Ouest-Éclair*, propose une explication à laquelle d'autres auteurs se rallieront. Celle de la révolte des humiliées, de la protestation de celles qui sont méprisées et exploitées. Enfermées, elles ne connaissent qu'une « maturation de la haine en vase clos » et ne trouvent aucune échappatoire. La souffrance sociale de la condition des déshéritées trouve avec le crime un exutoire. Il souligne que certes, Christine ne « s'est pas répandue en acrimonies », mais que « ses patronnes étaient très distantes. Elles ne lui parlaient jamais ». De la sorte, par glissement, à un rythme lent mais soutenu, Christine « amassa en son cœur – si l'on peut employer ce mot pour un pareil monstre – un monceau de haine et de rancune. Souffrant de la manie de la persécution, elle a voulu en finir, et c'est là vraisemblablement ce qui l'a poussée à tuer[19] ». Cependant, d'après le journaliste, ce n'est pas Christine, mais Léa qui éprouvait depuis longtemps une « forte haine » contre Mme Lancelin. Un jour, cette dernière l'aurait pincée à un bras pour lui faire ramasser un papier tombé dans l'escalier[20]. L'épisode, avec des variantes, se retrouve dans de nombreux périodiques. La scène se serait déroulée plutôt dans une pièce, une chambre, le papier serait tombé d'une corbeille pour être abandonné sur un tapis, Léa saisie avec une grande force à l'épaule aurait été obligée de s'agenouiller pour le ramasser. Par la suite, l'épisode a été oublié, mais il relève d'une forme d'assujettissement insupportable. Les deux sœurs en auraient parlé, puis l'auraient oublié. Et pourtant, écrivent Jean et Jérôme Tharaud, « le souvenir de cette scène n'était-il pas resté quelque part profondément en elles, dans ces régions où s'agitent tant de choses de nous-même qui ne sont pas celles de la conscience claire[21] » ?

L'hérédité morbide permettrait-elle de mieux comprendre le passage à l'acte ? Un ménage désuni et des parents divorcés, une mère spirite, un père alcoolique, un cousin germain fou, une sœur aînée qui aurait été violée par son père ? De la possibilité de l'inceste comme de celle d'un héritage biologique défaillant, rien n'est retenu. L'hystérie et l'épilepsie, un temps évoquées, sont vite abandonnées.

Que reste-t-il ? Est-il même possible de comprendre le passage à l'acte ? *L'Ouest-Éclair* le dit à sa manière. Le 30 septembre 1933, un article signé par la rédaction revient sur les pistes explorées par le juge d'instruction Hébert. Il a cherché, peut-on lire, « à démêler ce qui fut le mobile. Il s'est heurté à deux femmes qui ont dit ce qu'elles savaient. Mais, au-delà, rien ! Que du vide et du mystère ! ».

Il reste une dernière interprétation, mais qui ne sera pas réellement prise en considération. La défense avait sollicité le docteur Logre, aliéniste célèbre, auteur d'une étude clinique sur les anxieux. Il n'a pas été autorisé à se rendre auprès des accusées et a dû se contenter, par la force des choses, du seul dossier. Lorsqu'il prend la parole, dans un silence hostile de la part de ses confrères et attentif de la part du public de la cour d'assises, il désigne le véritable coupable. Ce n'est ni Christine ni Léa, mais le couple psychologique qu'elles forment. Ce troisième personnage qui est plus que la réunion des deux sœurs est l'authentique auteur du crime. Dans le périodique *Allô Police*, il se confie et insiste sur l'effet d'entraînement du crime à deux : « Il y a toujours un sujet actif et un sujet passif. » À la fin de l'année 1933, Jacques Lacan, qui a soutenu sa thèse de doctorat sur la paranoïa, livre au public un article devenu célèbre, en reprenant et en complétant l'interprétation donnée par Joseph Benjamin Logre, car il ne croit pas à la contagion du crime, mais penche pour la simultanéité du délire : « Motifs du crime paranoïaque. Le crime des sœurs Papin. »

L'affaire des sœurs Papin, avec celles de Violette Nozière et de Désiré Landru, est l'une des plus célèbres de l'entre-deux-guerres, mais aussi des périodes suivantes. Elle fait partie des « belles affaires », car le crime a sidéré et ému la France entière. Elle conserve sa part de mystère et les contemporains se sont longuement interrogés sur un crime « sans motif » et sur la personnalité des deux sœurs, qualifiées tantôt de « mauvaises brebis », tantôt de « brebis enragées ». Lors de leur procès, elles semblent étrangères aux débats. Le mystère des sœurs Papin, au-delà des différents contextes qui l'éclairent, est celui de la part d'ombre de l'humanité. Comment deux jeunes filles considérées comme de véritables « perles », aux économies substantielles, pouvant à tout instant quitter leur place pour se faire embaucher ailleurs, ont-elles pu commettre « ce massacre sauvage ? ». Pourquoi le procès a-t-il délaissé des témoins potentiels jamais sollicités, comme la sœur de Mme Lancelin ? Louis Martin-Chauffier résume en quelques mots incisifs l'impression d'incomplétude qui se diffuse parmi la quarantaine de journalistes envoyés suivre les débats judiciaires : « Toutes les questions essentielles sont demeurées sans réponse [...] parce qu'elles n'ont pas été posées[22]. » Les contemporains se sont passionnés pour le crime des deux sœurs. Les surréalistes, en particulier Paul Éluard et Benjamin Péret, leur ont consacré un texte magnifique, publié bien avant le procès ; Jean-Paul Sartre les fait figurer dans la nouvelle *Érostrate* qui prendra place dans le recueil *Le Mur* (1939). Après la guerre, bien qu'il s'en défende, Jean Genet met en scène *Les Bonnes* et le public y voit une réactualisation du crime du Mans. Le cinéma n'est pas en reste. Niko Papatakis ouvre en 1963 la série. Deux sœurs, Michèle et Marie-Louise, sont au service de propriétaires viticoles. Ruinés, ne payant pas les gages de leurs employées, ils sont contraints de vendre leur domaine. Les deux servantes ne le supportent pas et décident de se venger. Le film suscite un véritable scandale et le contexte politique, celui de la fin de la guerre d'Algérie, n'y est pas étranger. Plus tard, si la dimension sociale reste prégnante, l'accent est mis sur les personnalités. Claude Chabrol, dans *La Cérémonie* (1995), fait jouer non pas deux sœurs, mais deux amies incarnées par Sandrine Bonnaire et Isabelle Hupert, qui, dans une ronde sanglante et destructrice, tuent toute une famille. En 2000, Jean-Pierre Denis suit de plus près le crime, à partir du roman de Paulette Houdyer, et porte sur les écrans Sylvie Testud et Julie-Marie Parmentier dans *Les Blessures assassines*. Un court métrage se situe dans un autre registre. Gilles Cousin peut présenter en 1979, alors qu'il est étudiant à l'Institut audiovisuel de Paris, *La Ligature*. Manceau d'origine, il choisit l'affaire des sœurs Papin et Pierre Bellemare accepte de prêter son concours pour la voix *off*. Dans un autre registre, la télévision accueille un documentaire fouillé : celui de Claude Ventura. En 2000, celui-ci retrouve Léa, malade et muette, qui meurt peu après, sans avoir donné soixante-dix ans plus tard sa version. Depuis, émissions de radio, romans policiers, bandes dessinées nourrissent l'affaire et perpétuent dans l'imaginaire social du XXIe siècle le mystère du crime et le caractère insondable des âmes humaines.

Bibliographie sélective

CHAUVAUD Frédéric, *L'Effroyable Crime des sœurs Papin*, Paris, Larousse, 2010.

GOURMEL Gérard, *L'Ombre double. Dits et non-dits de l'affaire Papin*, Le Mans, Éditions Cénomane, 2000.

HOUDYER Paulette, *Le Diable dans la peau*, Paris, Julliard, 1966.

12

L'attentat de l'Étoile : la Cagoule entre en scène (11 septembre 1937)

par Éric PANTHOU

Soixante-quatorze ans, jour pour jour, avant les événements survenus le 11 septembre 2001 aux États-Unis, une organisation terroriste française détruisit entièrement les sièges de deux grandes organisations patronales à Paris, tuant deux policiers en faction. C'était le 11 septembre 1937 et la Cagoule venait de précipiter l'action judiciaire aboutissant bientôt à son démantèlement.

L'année précédente, en mai 1936, le pays se dotait pour la première fois d'un gouvernement dirigé par un socialiste, Léon Blum. Une vague de grèves avec occupation paralysait l'industrie et les commerces. Les mois suivants furent marqués par une série de meurtres, provocations, sabotages et d'attentats orchestrés par une organisation clandestine d'extrême droite. Ce que la presse puis l'opinion publique ont immédiatement désigné sous le terme de « la Cagoule » (un sobriquet que l'on doit à Maurice Pujo) se nommait en réalité l'Organisation secrète d'action révolutionnaire nationale (OSARN, souvent appelée par erreur le CSAR). Ce groupe clandestin, formé en partie par des dissidents de l'Action française, fédérait, armait et dirigeait un ensemble de sociétés secrètes organisées dans la plupart des provinces françaises. C'est au nom de la lutte contre le danger communiste que cet ensemble complexe, fort sans doute de quelques milliers d'hommes, anciens membres des ligues d'extrême droite pour la plupart, entendait renverser le gouvernement et instaurer un régime autoritaire, si possible militaire. Pour cela, il récolta des fonds très importants auprès du patronat, se dota d'un arsenal militaire et terroriste, participa à la campagne d'intoxication de l'opinion annonçant un prochain putsch communiste, planifia et organisa toute une série d'actions criminelles.

Au nombre des groupes d'autodéfense clandestins rattachés à l'OSARN figurent « Les Enfants d'Auvergne », à Clermont-Ferrand. L'association rassemble près de 300 hommes, fortement armés, principalement des salariés de chez Michelin, plusieurs membres jouant un rôle très important au sein de la Cagoule nationale. François Méténier, figure locale des Croix-de-Feu, patron d'une société de caoutchouc puis d'une société de TSF, est le collecteur de fonds pour l'OSARN dans laquelle il est en charge des relations avec l'étranger ; Pierre Michelin, codirigeant de la manufacture de pneus, nouveau patron de Citroën depuis 1935, en est sans doute le principal bailleur de fonds ; Pierre Locuty, ingénieur chez Michelin, est le poseur de la bombe meurtrière[1].

Le parcours d'un terroriste d'occasion

Le parcours de ce dernier, avant les attentats, permet d'éclairer les origines de l'engagement de ces hommes et la mise en place des réseaux au niveau national, bientôt chapeautés par l'OSARN.

Pierre Locuty est né le 28 novembre 1910 à Champigneulles, en Meurthe-et-Moselle. Élève brillant tout au long de sa scolarité, il obtient un diplôme d'ingénieur à l'Institut chimique de Nancy, puis soutient une thèse[2]. Le 1er novembre 1935, il est embauché comme ingénieur par la Manufacture Michelin à Clermont-Ferrand. Ses chefs louent bientôt son intelligence, sa mémoire prodigieuse. Fervent catholique, il a adhéré dès ses années d'études aux Jeunesses patriotes, une ligue d'extrême droite fondée par le bonapartiste Pierre Taittinger. Puis, à son arrivée à Clermont-Ferrand, il s'inscrit aux Volontaires nationaux, une structure relevant des Croix-de-Feu, l'association de masse d'anciens combattants dirigée par le colonel de La Rocque, classée à l'extrême droite. Après la dissolution de cette dernière en juin 1936, il rejoint l'organisation qui lui succède, le Parti social français (PSF).

C'est aussi en juin 1936 que Locuty adhère au groupe d'autodéfense créé clandestinement au même moment par plusieurs cadres Michelin, eux aussi anciens Croix-de-Feu. La plupart sont des chefs de services ou des cadres qui, sous l'autorité de la direction, en particulier de Pierre Michelin, se sont organisés pour s'opposer physiquement à l'occupation du siège des usines lors des grèves de juin. Dès lors, Pierre Michelin abandonne le soutien accordé jusque-là par sa famille au PSF du colonel de La Rocque pour privilégier celui à l'activisme du groupe d'autodéfense et bientôt de l'OSARN.

Malmené par des ouvriers à l'occasion de ces grèves de juin 1936 et de l'occupation de la préfecture par des centaines de contre-grévistes en septembre 1936 – il a été frappé et on lui a craché au visage –, Locuty est fanatisé par sa haine du communisme. Il se rapproche d'autres collègues subissant le même sort. Cet engagement aux côtés du patron et ses qualités professionnelles lui valent d'être promu en 1937 contrôleur du service R (dit secret), un service stratégique et important. « Dans mon esprit, déclarera-t-il, notre organisation avait pour seul but de nous défendre d'une attaque possible du parti communiste. » Menacés, « nous avons alors constitué un groupement de fait en vue de notre défense. Mais, très vite, la nécessité d'être armés nous est apparue. C'est alors que, par l'intermédiaire de Méténier, je me suis affilié à l'OSARN ». C'est son ami et collègue Vauclard qui le présente audit François Méténier fin 1936, celui-ci étant déjà un des principaux dirigeants de l'OSARN. Locuty prête serment en juin ou juillet 1937, jurant de conserver le silence sous peine de mort. Il est l'un des 13 Clermontois figurant sur la liste des « abonnés », liste d'environ 2400 cagoulards, très majoritairement de la région parisienne, établie par Aristide Corre, dit Dagore, qui fait office de secrétaire de l'OSARN.

Décrit parfois comme un propagandiste, Locuty est aussi parmi les plus actifs pour récupérer des armes pour le groupe. Il est ainsi soupçonné d'avoir participé, début 1937, à un vol de mitraillettes à la caserne des Gravanches à Clermont-Ferrand. En juillet, avec Henri Vogel, ingénieur Michelin et fondateur du groupe d'autodéfense, il va chercher près de Chambéry des fusils Beretta et des cartouches provenant d'Italie. Il avoue aussi être allé à Paris en septembre de la même année pour récupérer des grenades. La police le suspecte de surcroît d'avoir récupéré des armes chez un garagiste de Lausanne représentant Michelin.

Les attentats du 11 septembre 1937 à Paris

Ces attentats sont l'action la plus connue de la Cagoule après l'assassinat le 9 juin 1937 des antifascistes italiens Carlo et Nello Rosselli. Ils frappent d'autant plus l'opinion que ce sont les aveux de Locuty consécutifs à son arrestation qui permettent de dévoiler l'ampleur et la dangerosité des actions menées par la Cagoule. Le réquisitoire du juge Béteille y revient en détail, de même que le long interrogatoire de Pierre Locuty par le juge Barrué en février-mars 1939.

Le 10 septembre, Méténier convoque Locuty à Paris le lendemain « pour prendre des renseignements sur les communistes ». Arrivé par le train de nuit, ce dernier retrouve Méténier et Jean Filiol, le tueur de la Cagoule, au petit matin dans un bar. Les deux hommes évoquent la menace d'un prochain coup par les communistes et c'est seulement chez Méténier que Locuty est informé du « coup à faire » et qu'il accepte de le superviser, puis de déposer le colis explosif. Il est ensuite conduit au 64, rue Ampère (17e arrondissement), un dépôt d'armes de l'organisation secrète. Là, sous la direction de Moreau de la Meuse, chef du 4e bureau de l'OSARN, et d'un grand jeune homme non identifié, peut-être Gabriel Jeantet[3], il bourre deux caisses avec de la cheddite et un autre explosif (sans doute de la dynamite) ; il règle la minuterie d'une des deux caisses contenant de 5 à 6 kilos d'explosifs après avoir fixé les contacteurs et établi les connexions nécessaires avec les fils, l'homme inconnu procédant de même pour la seconde caisse. Six hommes sont présents.

Méténier revient vers 17 h 30, calme les dernières appréhensions de Locuty en disant qu'il y a peu de chances qu'il y ait des victimes, et ordonne de programmer les engins pour une explosion à 22 heures. C'est bel et bien Locuty, sur ordre de Méténier, qui dépose la caisse au siège de la Confédération générale du patronat français (CGPF), 4, rue de Presbourg, vers 18 heures, la présentant comme une commande de tissus du vice-président de la CGPF. Et Jean Macon, dit Léon, dépose l'autre au siège du Groupe des industries métallurgiques mécaniques et connexes de la région parisienne, 45, rue Boissière. Il est récupéré en voiture par un dénommé Jacques, possiblement Jakubiez, un des principaux responsables de l'OSARN. Les bombes détruisent les deux immeubles, tuant deux gardiens de la paix en faction. Locuty reprend le train dès 21 heures pour Clermont-Ferrand.

Le lendemain et les jours qui suivent, la presse nationale fait ses grands titres sur cet événement spectaculaire. Si *L'Humanité* titre sur « la monstrueuse provocation » et désigne le fascisme comme responsable, une partie de la presse et de la police s'interroge. À droite, même si certains restent prudents, la tendance est bien de faire un lien entre ceux qui sont à l'origine des troubles sociaux dans le pays depuis un an et les auteurs des attentats contre un symbole du patronat. *L'Action française* fait le lien entre l'attentat et un article de *L'Humanité* du 10 septembre dénonçant le refus du président de la CGPF de céder aux revendications de la CGT. Le même jour, la CGPF diffuse un tract avec la photo de son siège détruit en s'en prenant aux organisations ouvrières et aux récentes lois sociales.

Dès le 12 septembre, on fait le rapprochement avec plusieurs explosions récentes en pays catalan et les événements d'Espagne (la guerre civile y a débuté l'année précédente, en juillet 1936). Les explosifs sont puissants, pas faciles à se procurer en France. Une puissance étrangère – l'Allemagne, l'Italie peut-être – est-elle derrière ? S'agit-il de réfugiés politiques, comme le pointe le président du Conseil, Camille Chautemps, renforçant la défiance de l'opinion à l'égard des étrangers ? Quatre cents enquêtes sont diligentées, tandis que des dizaines de lettres de dénonciation sont reçues. On arrête deux Italiens en lien avec les anarchistes espagnols, bientôt innocentés. Si cette campagne pointant la responsabilité des organisations ouvrières ne débouche sur aucune inculpation, la publicité qu'elle reçoit permet sans doute aux cagoulards de penser qu'ils ont réussi leur « coup de semonce[4] ».

Dès le 18 septembre 1937, une lettre anonyme informe la police que l'attentat est le fait d'une association secrète ayant des liens dans l'armée. Mais ce n'est qu'une piste parmi d'autres. Un rapport sur les investigations, en date du 21 décembre, n'évoque la Cagoule que dans une page sur 40 : c'est dire si l'arrestation de Locuty et ses aveux, quelques jours plus tard, sont décisifs.

C'est vers le 8 décembre 1937 que la police soupçonne Méténier – arrêté le surlendemain –, Macon et Jeantet, en fuite, d'avoir préparé et exécuté les attentats de l'Étoile. Locuty, peut-être dénoncé par un indicateur, Thomas Bourlier, un cadre de l'OSARN, ou la secrétaire de Méténier[5], est soupçonné le 4 janvier 1938. Arrêté le 10, il avoue tout. Il renouvelle ses aveux l'après-midi même, puis le lendemain, avant d'être inculpé le 12 janvier 1938.

Une stratégie de la tension

Certains ont émis l'hypothèse que ces attentats visaient à intimider le patronat pour son prétendu manque d'enthousiasme à financer l'OSARN. Un cagoulard rapporte que le président de la CGPF aurait compris l'avertissement du 11 septembre et accepté de verser « les deux unités », c'est-à-dire une contribution à deux chiffres. Un autre cagoulard écrit : « Voyant que les milieux industriels n'avaient plus peur, [le cofondateur de la Cagoule Eugène] Deloncle décidait de leur rappeler qu'il y avait toujours pour eux un certain danger[6] », ce qui fut fait avec l'attentat. Nous ne croyons pas à cette explication et à un attentat conçu comme une menace directe.

En revanche, avec cette action ciblant le grand patronat, les bailleurs de fonds potentiels ne pouvaient qu'être renforcés dans leur crainte d'une prise du pouvoir par les ouvriers et le PCF et donc dans leur volonté de financer la seule organisation se disant prête à prendre les armes pour s'opposer à ce coup d'État. Il s'agit bien d'une « stratégie de la tension », d'une provocation visant à faire accuser les communistes. Quelques minutes après les attentats, selon le témoignage du journaliste Pierre Lazareff présent sur les lieux, Claude-Joseph Gignoux, président de la CGPF, aurait déclaré : « Ça y est. Les communistes passent à l'action[7]. » Or, Gignoux est considéré par les services de renseignements comme un « des hommes de Deloncle ». Le fait que le bâtiment ait été vide amène la presse de gauche, en particulier du PCF, à s'interroger sur les éventuelles collusions entre poseurs de bombes et victimes[8]. Une réunion qui devait avoir lieu à 18 heures rue de Presbourg ce 11 septembre et qui aurait pu se prolonger plus tard a été annulée après que, selon Angelo Tasca, les dirigeants du patronat eurent été avertis que l'immeuble allait sauter. Quant aux deux concierges et leurs familles, ils se sont absentés opportunément ce soir-là. Pour Annie Lacroix-Riz, la proximité totale entre la Cagoule et certains des principaux leaders patronaux (Gignoux, de la CGPF, et Petiet, du Comité des Forges en tête) de même que les échanges qu'ils ont pu avoir le lendemain des attentats (rencontre de Gabriel Jeantet avec André Daussin) laissent peu de doute sur la complicité des deux parties dans cette affaire[9].

Quand Locuty voit de nouveau Méténier en novembre 1937, celui-ci lui assure qu'il n'a rien à craindre et que « cet attentat avait été fait pour être mis sur le dos des communistes » et effrayer ainsi l'opinion publique. Gabriel Jeantet, interrogé plusieurs décennies après, ajoute : « Le but recherché était, en mettant cette affaire au compte des communistes, d'obtenir de nouveaux crédits des bailleurs de fonds[10]. »

Le meilleur connaisseur de la Cagoule, Philippe Bourdrel, estime que si la provocation parut d'abord atteindre son but, elle ne reçut pas l'assentiment de tous les dirigeants de l'OSARN. En fait, si Méténier semble avoir joué un rôle moteur, à peu près tout l'état-major a participé directement ou indirectement à cette action. Le juge Caillau déclara : « Les attentats de l'Étoile ne sont donc pas dus à l'initiative personnelle de Méténier ou d'un des autres inculpés, mais ils ont fait partie du plan de terrorisme de l'organisation. »

Angelo Tasca qui, au ministère de l'Information à Vichy, côtoya nombre de cagoulards estimait que Deloncle voulait par cet acte tenir en haleine ses partisans « gonflés à bloc », nourrir une poussée d'anticommunisme en attribuant le crime au PCF et « secouer le patronat » en le poussant à verser de nouveau de l'argent. Il affirma que Deloncle croyait à l'imminence d'un putsch communiste et qu'il espérait par cet attentat accélérer ce putsch, ouvrant ainsi l'issue à la réaction de l'armée soutenue par l'OSARN.

Intoxiquer l'opinion publique en accréditant l'idée d'une prochaine prise du pouvoir par les communistes devait susciter une réaction du grand patronat, mais plus encore de l'état-major militaire, au sein duquel la Cagoule avait de nombreuses ramifications – largement occultées dans l'enquête. Les cagoulards ne sont pas les seuls à véhiculer un tel discours en cette fin d'année 1937. La presse de droite et d'extrême droite, La Rocque et le PSF, Jacques Bardoux, grand-père de Valéry Giscard d'Estaing, et d'autres politiciens multiplient depuis l'été 1936 les déclarations fracassantes annonçant la proximité d'un tel coup d'État ; nombreux sont ceux qui demandent la dissolution du PCF. L'attentat de l'Étoile a donc pu être conçu comme élément tangible de cette prétendue volonté de déstabilisation initiée par les communistes.

Pour nous, ces attentats doivent être compris dans une stratégie globale dont l'échéance décisive aurait dû être la tentative de contre-putsch orchestré par l'OSARN dans la nuit du 16 au 17 novembre 1937, tentative finalement annulée au dernier moment[11].

Bien qu'il se déclare par moments bouleversé par son acte et totalement inconscient d'en être l'auteur, donc dénué de remords, Locuty ne cesse pas pour autant d'agir après l'attentat. Il revoit deux fois Méténier à Paris, dont une fois pour récupérer des grenades. Le 15 novembre 1937, il sollicite en vain deux propriétaires de TSF pour transmettre des ordres à la direction de l'OSARN concernant un prétendu putsch communiste. Son entourage est alors interrogé et il subit une première perquisition début décembre.

Ce sont ses aveux, très détaillés, largement repris par la presse, au grand dam des avocats des cagoulards, qui désignent l'OSARN comme responsable des attentats de l'Étoile, mais aussi d'autres actions, notamment les meurtres des frères Rosselli et de l'économiste russe Navachine. Lors des interrogatoires et confrontations, il apparaît comme un homme influençable et effrayé par les actes qu'il a commis. Il avoue avoir été un « instrument dans les mains de Méténier qui avait pris un grand ascendant sur lui » ce 11 septembre. Il dit avoir « agi pour obéir au serment par lui prêté à l'OSARN et parce qu'à force d'entendre parler d'attentats communistes possibles, avec ses camarades, il s'était familiarisé avec l'idée de guerre civile et de gestes violents ». En avouant, Locuty évite la peine de mort, mais il prétend avoir comme seul souci de libérer sa conscience et de dire la vérité.

Pourquoi Locuty ?

Locuty reconnaît qu'on a fait appel à lui parce qu'il est ingénieur chimiste et qu'il a donc déjà manipulé des détonateurs et des cartouches de cheddite et de dynamite durant ses études. Pourtant, il n'a eu qu'à surveiller et activer le mécanisme d'une bombe dont les éléments avaient été réunis par d'autres. De façon surprenante, l'artificier Locuty prétend ne pas connaître la nature des explosifs et ses explications comportent des « lacunes et imprécisions inexplicables » et « inadmissibles » selon les experts.

Méténier savait, en faisant appel à lui, qu'il disposait d'un chimiste compétent, mais aussi d'un homme influençable et en même temps discret, animé par une forme de fanatisme. Le fait que Locuty ait été appelé la veille pour le lendemain peut aussi accréditer l'hypothèse selon laquelle il avait dû remplacer quelqu'un. La Cagoule, en effet, n'avait pas eu besoin de lui quand elle eut recours à des mécanismes avec détonateurs (meurtres des Rosselli et sabotage d'avions à destination de l'Espagne républicaine). Malgré les tueurs et hommes de main disponibles chez les cagoulards parisiens, on était bel et bien allé chercher cet ingénieur clermontois à l'air inoffensif.

Locuty est inculpé de complot contre la sûreté de l'État, de destruction d'édifice et d'assassinat. L'ensemble des personnes interrogées et même inculpées ont presque systématiquement refusé de reconnaître leur appartenance au groupe d'autodéfense ou à l'OSARN : Méténier a nié toute participation à cet attentat, se créant plusieurs alibis. Il en est de même pour Moreau de la Meuse, Corre, Macon et Jeantet. En passant des aveux complets, y compris sur des actions auxquelles il n'avait pas participé, Locuty est une exception au sein d'un groupe où celui qui parle risque la mort. Il met en cause Méténier, « l'âme damnée de la bande », la responsabilité de la Cagoule dans les attentats et des assassinats, reconnaît les liens importants entre l'organisation et l'armée. Bien que le juge se concentre uniquement sur l'attentat et le trafic d'armes, délaissant de façon surprenante la recherche des noms des comparses, la structure et le fonctionnement du groupe d'autodéfense ou ses bailleurs de fonds, Locuty est très bavard. Il détaille notamment les liens entre le groupe et des officiers du régiment installé à Clermont-Ferrand, explique qu'il devait se placer sous les ordres des officiers à la tête de la 13e Région militaire en cas de troubles graves, notamment de tentative de coup d'État.

Locuty après la Cagoule

En juillet 1940, c'est Raphaël Alibert, ex-cagoulard, nommé garde des Sceaux par Pétain, qui demande de ne pas s'opposer à la mise en liberté provisoire des détenus de la Cagoule, mesure dont bénéficient notamment Méténier et Locuty. Le premier arrive alors à Vichy où il est nommé à la tête des Groupes de protection, police supplétive de Pétain, avant de travailler pour un proche de Doriot[12].

Le second, l'artificier terroriste Locuty, aurait été affecté dans un office chargé de collaborer avec les Allemands à la gestion et la fabrication d'explosifs après avoir été nommé en 1941 commandant du Service des poudres à Châtelguyon (Puy-de-Dôme)[13] ! En septembre 1941, il est recruté par la société Ferembal (emballages en fer) à Nancy. Il se marie le 8 septembre 1942 avec Marie, une assistante sociale, et ils ont bientôt une fille. Dans une lettre à son avocat, Locuty déclare avoir perdu, depuis 1941, « absolument tout contact avec les membres du SCAR [*sic*] désapprouvant totalement la politique suivie par Deloncle ». Selon la police de Nancy, il aurait appartenu au PPF, l'organisation fasciste de Jacques Doriot[14]. Le fait d'avoir soi-disant été en relation avec deux chefs de la Résistance de La Vezouze depuis 1942 n'en fait pas pour autant un résistant. En août 1944, il est avec sa femme et sa fille à Herbéviller quand les Alliés approchent de Nancy. Il ne peut regagner cette ville que le 8 décembre. Il affirme avoir été requis pour acheminer à pied jusqu'en Alsace et sous la garde de soldats allemands des troupeaux de bestiaux réquisitionnés. Après avoir repris son travail à la société Ferembal en janvier 1945, il est arrêté et incarcéré le 9 novembre 1945 à Nancy : la justice rattrapait les cagoulards encore vivants et non en fuite.

Il délivre de nouveaux aveux, notamment sur le financement de la Cagoule : « Je me souviens qu'en 1937 environ, Méténier m'a dit à Paris qu'il venait d'obtenir 1 million de Pierre Michelin destiné je pense à l'organisation centrale à Paris ; en tout cas, nous n'avons rien perçu de cette somme à Clermont-Ferrand. » En attente du procès, il est mis en liberté provisoire le 27 novembre 1947. Ce qui lui permet de fuir juste avant le procès de la Cagoule, qui se tient en novembre 1948. Il fait partie des sept condamnés à mort à l'issue de celui-ci, tous par contumace.

Après avoir pris la fuite, il serait passé en Suisse en 1948 grâce à l'appui du conseiller national zurichois Paul Zigerli, du Parti évangélique populaire, connaissance d'un ancien patron de Locuty chez Ferembal. Là, il fait carrière dans l'entreprise d'emballages Hoffmann à Thoune et devient un spécialiste des boîtes de conserve. Inventeur de nouveaux procédés, il accède au poste de directeur du département recherche et développement de l'entreprise[15].

Si une de ses peines fut prescrite en 1968, sa demande de grâce reçut un avis défavorable en 1970, le procureur estimant que les chimistes faiseurs de guerre civile constituaient « une engeance nuisible, qui doit être neutralisée ». Selon Luc Van Dongen, il semble qu'il n'ait jamais pu faire lever son interdiction de séjour en France.

Tout en réussissant parfaitement au niveau professionnel dans son pays d'accueil, Locuty a connu une certaine reconnaissance grâce à sa passion pour les… cactus. Une passion qui a débuté en pleine guerre, en 1942. À partir de 1948 et pendant de nombreuses années, il a présidé la Société suisse des amateurs de cactées, mené des recherches dont certaines furent publiées au niveau international. On lui doit notamment la création d'un terreau idéal pour cactus[16]. Au moment de sa retraite, il s'installe à Fregiécourt et, en 1980, offre la majeure partie de sa collection au jardin botanique de Porrentruy. Jusqu'à sa mort, survenue le 10 décembre 2000 à Porrentruy, on loue régulièrement ce bienfaiteur du musée des Sciences naturelles[17].

C'est ainsi qu'un homme qui avait prêté serment à une organisation se donnant pour but de renverser le gouvernement, qui confectionna et déposa une bombe ayant tué deux personnes en 1937, condamné à mort par contumace en 1948, jamais gracié, put s'installer en Suisse à quelques kilomètres de la frontière française, y connaître une grande réussite professionnelle et devenir une personnalité reconnue et honorée en raison de son amour des cactus…

Bibliographie sélective

Ouvrages

Bernadac Christian, *Dagore. Les Carnets secrets de la Cagoule*, Paris, Éditions France-Empire, 1977.

Bourdrel Philippe, *La Cagoule : histoire d'une société secrète du Front populaire à la Ve République*, Paris, Albin Michel, 4e éd., 1992.

Gerber François, *Mitterrand, entre Cagoule et Francisque (1935-1945)*, Paris, L'Archipel, 2016.

Lacroix-Riz Annie, *Le Choix de la défaite. Les élites françaises dans les années 1930*, Paris, Armand Colin, 2e éd., 2010.

Panthou Éric, « De l'opposition aux grèves au financement de la Cagoule : Michelin et le groupe d'autodéfense à Clermont-Ferrand, 1936-1937 », *Quaderni del Circolo Rosselli*, n° 2-3, 2017, p. 204-226.

Péan Pierre, *Le Mystérieux Docteur Martin, 1895-1969*, Paris, Le Livre de Poche, 1993.

Vial Éric, *La Cagoule a encore frappé ! L'assassinat des frères Rosselli*, Paris, Larousse, 2010.

Bande dessinée

BRUGEAS Vincent, HERZET Emmanuel, *La Cagoule : un fascisme à la française*, Grenoble, Glénat, 2019.

Films

BLUWAL Marcel, *À droite toute*, Compagnie des phares et balises, 2008, 208 minutes (série télévisée).

KAREL William, *La Cagoule, enquête sur une conspiration d'extrême droite*, Arte, Dokumenta, 1996, 52 minutes (documentaire).

13

Le tueur en série et les commissaires : l'affaire Weidmann (1937)

par René Lévy

République française
Préfecture de Seine-et-Oise
Cabinet du Préfet

Versailles, le 10 décembre 1937

Le Préfet de Seine-et-Oise
à Monsieur le Ministre de l'Intérieur
(Direction générale de la Sûreté nationale)

Un article ayant les apparences de communiqué de presse, paru hier soir dans le journal *Le Temps*, tend à accréditer l'opinion que le mérite de la découverte et de l'arrestation de l'assassin WEIDMANN reviendrait au commissaire BELIN, chef de la première section de la Police criminelle de la Sûreté nationale, qui aurait confié – après vérification – les indications qu'il aurait reçues concernant le criminel, au commissaire PRINBORGNE, sous-chef de la Sûreté de la Police d'État de Seine-et-Oise.

D'après les renseignements qui me sont donnés, cette allégation ne répond pas aux circonstances exactes de l'enquête qui fut entièrement menée par le commissaire PRINBORGNE, pour rechercher le meurtrier de l'agent de location LESOBRE de Saint-Cloud.

Ce fonctionnaire, avec une sûreté de méthode et une ténacité que je tiens à souligner, avait, en effet, été amené à interroger un sieur WEBER, oncle de l'une des victimes de Weidmann, qui, inquiet de la disparition de son neveu, avait, sur les conseils d'un ami, été trouver M. BELIN pour lui faire part de ses soupçons, le 3 décembre courant.

Or, M. PRINBORGNE s'étant rendu chez Weber de sa propre initiative, le lendemain 4 courant, apprit de celui-ci l'audience que lui avait accordée M. BELIN. Avant de l'entendre par procès-verbal il rendit visite à ce dernier, qui, loin de se mettre à sa disposition, ne lui communiqua qu'avec difficulté les renseignements recueillis, dont il aurait été souhaitable qu'il mît – au contraire – le plus grand empressement à les lui fournir. M. PRINBORGNE dut même faire observer à M. BELIN qu'en cas de refus de sa part de lui communiquer le témoignage de Weber, il entendrait ce dernier à titre de témoin, en vertu de la commission rogatoire que lui avait donnée le juge d'instruction.

Ce n'est d'ailleurs qu'après en avoir référé à M. MONDANEL que M. BELIN consentit à donner à M. PRINBORGNE les indications – qui n'étaient à vrai dire que des soupçons – fournies par Weber, lesquelles n'ayant été, à ce moment, l'objet d'aucune vérification, furent contrôler [*sic*] par mon collaborateur et le conduisirent à La Celle-St-Cloud, au domicile de Weidmann.

Cet aspect de l'enquête m'a semblé devoir être précisé pour que soit nettement établi le mérite d'un fonctionnaire de la Police d'État qui a fait preuve, dans une enquête difficile, d'une clairvoyance et d'une ténacité qui ne se sont pas démenties malgré des réticences de services qui se devaient, au contraire, de lui faciliter sa mission.

En rendant ce témoignage à un fonctionnaire de police de qualité, je me permets de vous indiquer combien de tels incidents peuvent être nuisibles à la bonne marche de services où la liaison et l'intérêt des affaires doivent, *me semble-t-il*, primer les sentiments d'intérêt personnel et un goût trop ostensible de publicité.

Par ailleurs, je me plais à reconnaître l'aide la plus loyale et la plus absolue qu'a apportée la Direction de la Police Judiciaire de la Préfecture de Police à mes services de Police d'État, et telle que leurs efforts conjugués et leur liaison constante ont permis de confondre Weidmann et d'obtenir ses aveux.

Le Préfet de Seine-et-Oise,
Robert BILLECARD[1].

Ce courrier d'une très grande fermeté – par lequel le préfet de Seine-et-Oise Robert Billecard prenait sans équivoque position en faveur d'un de ses subordonnés, le commissaire Prinborgne, pour son rôle dans l'identification et l'arrestation, deux jours auparavant, le 8 décembre 1937, de l'assassin en série Eugen Weidmann – met en lumière la rivalité, voire la compétition qui régnait entre les différents services de police civile à la fin de la IIIe République.

L'affaire Weidmann est l'une des nombreuses affaires criminelles qui ont marqué les esprits avant guerre et elle est demeurée dans les mémoires, tant par l'horreur des crimes commis que par son issue, puisque ce criminel eut le triste privilège d'être le dernier condamné à mort exécuté publiquement le 17 juin 1939[2]. Certains excès de la foule présente lors de l'événement et la publication par la presse de photos très explicites conduisirent le gouvernement à décider de mettre un terme à la publicité des exécutions.

C'est que l'affaire avait connu un retentissement médiatique considérable en France comme à l'étranger, retentissement dans lequel le magazine *Détective* se distingua particulièrement, lui consacrant de nombreuses unes et des dizaines d'articles illustrés de très nombreuses photographies[3]. La personnalité étrange de Weidmann – personnage séduisant, velléitaire, sentimental, perdu dans une fantasmagorie d'enrichissement rapide qui l'amena à assassiner très froidement six personnes dans des conditions qui ne pouvaient aucunement satisfaire ses espérances – impressionna nombre d'intellectuels : en premier lieu Colette – qui chroniqua le procès –, Jean Genet et Georges Bernanos, mais également Jean-Paul Sartre, Albert Camus et même Michel Tournier, dont les œuvres conservent la trace de l'événement[4]. Le procès qui se tint à Versailles du 10 au 31 mars 1939 fut un véritable événement mondain, comme en témoignent les nombreuses demandes d'invitation adressées par diverses personnalités au tribunal et conservées dans les archives[5]. Pour autant, mis à part les quelques travaux d'histoire littéraire ou les médias évoqués, l'affaire n'a pas donné lieu à des études approfondies[6]. Parmi les écrits de journalistes, le travail de très loin le plus sérieux est celui de Roger Colombani (1989), qui consulta les archives publiques[7] et eut accès aux archives personnelles des défenseurs de Weidmann[8]. S'il est utile par sa reconstitution assez complète de l'affaire et de son contexte politique et historique, l'ouvrage pèche néanmoins par un certain flou chronologique, notamment dans le récit des crimes, et surtout par l'imprécision de ses sources, l'auteur n'hésitant pas à faire dialoguer les protagonistes ou à leur prêter des réflexions dont la véracité est incertaine[9]. Quant aux très nombreux articles de presse, la fiabilité de leurs informations laisse à désirer et celles-ci sont difficiles à recouper, voire carrément fantaisistes[10].

L'affaire présente encore une autre particularité qui est d'avoir impliqué quelques-uns des « grands flics » de l'époque, notamment les commissaires Marcel Sicot et Jules Belin, qui en ont fait un récit dans leurs souvenirs respectifs ; nous aurons l'occasion d'y revenir[11].

Les crimes imputés à Weidmann

À l'issue de l'enquête, six assassinats ont été attribués à Weidmann et à ses trois complices, dont l'implication diffère selon les cas, comme en témoigne la synthèse publiée ci-dessous qui figure au dossier d'assises[12]. Le principal complice est Roger Million, qui fut également condamné à mort pour sa participation active à deux assassinats, puis gracié par le président Lebrun. Jean Blanc et Colette Tricot n'étaient que des comparses : le premier, qui s'était rapidement éloigné de Weidmann, fut condamné à une peine légère et la seconde acquittée.

Récapitulatif du dossier du procès Weidmann
(sources : AD Yvelines 2U905).

CRIMES	AUTEUR	COMPLICE(S)	RECEL
23 juillet 1937 Assassinat de la danseuse Jean DE KOVEN	WEIDMANN Seul meurtrier	MILLION Aida Weidmann dans sa tentative de soutirer de l'argent à la famille de la victime	TRICOT Reçut le sac à main et la montre de Jean de Koven
7 septembre 1937 Assassinat du chauffeur COUFFY	WEIDMANN Seul coupable	néant	néant
4 octobre 1937 Assassinat de Mme KELLER	WEIDMANN « tueur »	MILLION « aide »	TRICOT & MILLION ont touché le mandat de 1300 francs volé à la victime TRICOT a reçu les vêtements et la bague de Mme Keller

CRIMES	AUTEUR	COMPLICE(S)	RECEL
16 octobre 1937 Assassinat de l'imprésario Roger LEBLOND	MILLION « tueur » (mais il accuse Weidmann)	WEIDMANN « aide »	Partage du butin : WEIDMANN & MILLION
20 novembre 1937 Assassinat du jeune Allemand FROMMER	WEIDMANN (mais il nie maintenant)	néant	néant
27 novembre 1937 Assassinat de l'agent de location LESOBRE	WEIDMANN Seul coupable (mais il nie maintenant)	néant	néant
8 décembre 1937 Tentative d'assassinat des inspecteurs POIGNANT & BOURQUIN	WEIDMANN	néant	néant

N.B. Les accusations ci-dessus sont contestées en tout ou partie par la défense.

Ce tableau est trompeur en ce qu'il donne à penser que ces assassinats ont été découverts successivement. Or ce ne fut pas le cas : au moment de l'arrestation de Weidmann, seuls les cadavres de Couffy, Leblond et Lesobre avaient été retrouvés. Ce n'est que consécutivement à cette arrestation que l'on découvrit ceux de De Koven, Frommer et Keller. Cette circonstance ainsi que la dispersion géographique des homicides, entraînant la saisine de plusieurs services de police, contribuèrent aux tensions auxquelles nous avons déjà fait allusion.

La première victime connue était un chauffeur de grande remise, Joseph Couffy, tué selon toute apparence d'une balle dans la nuque par son client, et abandonné, sans sa voiture, au bord d'une route près de La Motte-Beuvron (Loir-et-Cher), le 7 septembre 1937. L'enquête, sous la direction d'un juge d'instruction de Blois, chevauchant plusieurs ressorts judiciaires, fut conduite conjointement par les commissaires Delgay (1re brigade mobile [BM], Paris), Niverd (5e BM, Orléans) et Chenevier, collaborateur du commissaire Belin au Contrôle général des recherches judiciaires de la Sûreté nationale, sans qu'aucun parvienne à identifier l'assassin[13].

La deuxième victime fut Roger Leblond, dont on découvrit le cadavre abandonné dans sa propre voiture à proximité du cimetière de Neuilly, le 17 octobre 1937. Il avait été tué de deux balles dans la nuque. On apprendra ultérieurement qu'il avait été tué à « La Voulzy » – la villa louée par les malfaiteurs à La Celle-Saint-Cloud – le 16 octobre, par Million et Weidmann, qui se chargea du coup de grâce. Cette fois, c'est le sous-chef de la 1re BM, le commissaire Delgay, qui conduisit l'enquête, qui n'aboutit pas non plus.

C'est la découverte d'un troisième corps, le 28 novembre 1937, qui allait mener non seulement à l'identification des auteurs de ces crimes, mais encore à la découverte des trois autres assassinats. Le cadavre était celui de l'agent immobilier versaillais Raymond Lesobre. Sa secrétaire, inquiète de ne pas l'avoir vu revenir la veille alors qu'il était parti faire visiter plusieurs villas à un client potentiel, alerta la police, qui se mit à sa recherche. On retrouva le corps dans la cave de l'une des villas ; lui aussi avait été tué d'une balle dans la nuque[14].

Dans cette enquête – conduite par le commissaire Marcel Sicot, chef de la sûreté de la police d'État de

Seine-et-Oise et son sous-chef, le commissaire Émile Prinborgne[15] –, le principal indice laissé par le meurtrier était une carte de visite au nom d'Arthur Schott, qu'il avait fait passer pour sienne. Ayant appris par la presse qu'on le recherchait, Schott se présenta spontanément le 29 novembre au commissaire Albert Englinger, chef de la sûreté de Strasbourg, un ami de Sicot, qui prévint aussitôt ce dernier. Schott avait indiqué au commissaire avoir remis plusieurs de ses cartes à son neveu, Fritz Frommer, un jeune réfugié allemand antinazi récemment arrivé en France après avoir purgé une peine de prison en Allemagne pour ses activités politiques. Puis, le 1er décembre, il signala à Englinger, qui s'empressa d'en informer Sicot, qu'il avait reçu une lettre des amis de son neveu s'inquiétant de la disparition de ce dernier depuis le 22 novembre. Interrogée, la gérante de l'hôtel parisien où résidait Frommer confirma la disparition et indiqua aux enquêteurs l'existence d'un deuxième oncle, nommé Hugo Weber, qu'elle avait du reste déjà alerté[16]. C'est autour de ce dernier que se nouèrent les rivalités policières évoquées.

Si Schott avait mis les enquêteurs sur la piste de Frommer, dont le lien avec les assassinats était encore obscur, Weber possédait deux informations absolument décisives qui faisaient de lui le témoin clé de l'affaire : il savait que son neveu fréquentait depuis peu un de ses anciens codétenus nommé Sauerbrey, *alias* « Karrer », et que ce dernier résidait à Saint-Cloud ou à La Celle-Saint-Cloud[17].

Ces informations permirent de localiser rapidement la villa « La Voulzy » à La Celle-Saint-Cloud ; les inspecteurs Émile Bourquin, de la 1re BM, et Ange Poignant, de la police d'État de Seine-et-Oise, se rendirent sur place et procédèrent à une arrestation assez mouvementée de Karrer, au cours de laquelle ils faillirent être tués.

Karrer révéla sa véritable identité (Eugen Weidmann) et, interrogé en allemand par le commissaire Sicot, passa rapidement aux aveux, dénonçant ses complices et avouant avoir, le 23 juillet précédent, également assassiné Jean de Koven, une jeune touriste américaine portée disparue, ainsi que Fritz Frommer, le 22 novembre. Leurs cadavres furent retrouvés sous le perron et dans la cave de la villa. À partir de documents trouvés à « La Voulzy », les enquêteurs identifièrent une sixième victime, Janine Keller, que Weidmann admit avoir tuée le 4 octobre avec la complicité de Million.

La disparition de Janine Keller était passée inaperçue, mais pas celle de Jean de Koven. Sa tante, Ida Sackheim, avec laquelle elle était venue à Paris visiter l'Exposition internationale, signala rapidement sa disparition à la police parisienne, qui ne la prit pas au sérieux. Même lorsque Weidmann et Million, après l'assassinat, tentèrent de lui extorquer une rançon, le caractère dérisoire de celle-ci – 500 dollars – conforta l'incrédulité initiale du commissaire André Roches de la PJ parisienne du 36, quai des Orfèvres, qui penchait plutôt pour une fugue amoureuse[18]. Finalement, après deux vaines tentatives de remise de l'argent surveillées par les policiers, et l'encaissement d'une série de traveller's checks au nom de la victime par une femme lui ressemblant, la PJ clôtura l'enquête par un constat de vaines recherches le 30 novembre 1937, quelques jours avant l'arrestation de Weidmann[19].

Rivalités policières

« J'ai fait arrêter Weidmann, Eugène Weidmann dont le nom, aujourd'hui, a pris place dans la galerie des monstres à côté de Désiré Landru et de Jack l'éventreur », proclame le commissaire Jules Belin dans ses *Mémoires* publiés en 1950[20]. Dans le récit qu'il fait de l'affaire, il indique que c'est le 30 novembre 1937 qu'il a recueilli les déclarations de l'oncle de Fritz Frommer, Hugo Weber, évoquant Sauerbrey et indiquant qu'il était censé loger dans une villa à La Celle-Saint-Cloud. Mais malgré son insistance auprès de son supérieur, l'inspecteur général Antoine Mondanel, il n'obtint pas de ce dernier l'autorisation de poursuivre l'affaire en raison de l'actualité brûlante du démantèlement du complot de la Cagoule dont il était déjà chargé. « Je dus me borner, écrit-il à regret, à rédiger un rapport pour la police d'État de Seine-et-Oise, et ce fut donc mon ami Sicot [...] à qui échut la satisfaction de mettre fin aux crimes de Sauerbrey-Weidmann, de commander son arrestation et, bien servi de sa connaissance de la langue allemande, de le faire avouer [...][21]. » Treize ans après les événements, Belin maintenait donc la thèse que démentait vigoureusement la lettre du préfet Billecard et que l'on retrouve non seulement dans l'article incriminé du *Temps*, mais aussi dans d'autres quotidiens, comme *Le Populaire* ou *L'Intransigeant*[22].

Les deux récits, celui du préfet, corroboré par Sicot, et celui de Belin, s'accordent sur un point : tous deux avaient bénéficié des confidences décisives de Weber. Et ils diffèrent sur deux points : la chronologie des dépositions de Weber et l'impact de la note de Belin sur l'issue de l'enquête.

Nous savons (a) que Sicot a appris l'existence de Frommer le 29 novembre et sa disparition le 1er décembre et (b) qu'il a eu connaissance de l'existence de Weber au plus tard le 3 décembre[23]. En voulant l'interroger le 4 décembre, il découvre que celui-ci s'est déjà confié à Belin la veille, comme l'indique la note préfectorale. De son côté, Belin, qui, rappelons-le, n'était nullement saisi de cette affaire, affirme avoir reçu Weber le 30 novembre. Une assertion démentie par la note de renseignement que, sur l'insistance de Sicot, son supérieur lui intima de transmettre à ce dernier le 4 décembre et qui était datée – peut-être pour sauver la face – de la veille, 3 décembre. Cette note commence ainsi : « D'une source strictement anonyme, il vient d'être porté à ma connaissance les faits suivants. » Elle évoque ensuite la disparition de Frommer, sa rencontre avec Sauerbrey-Karrer et le fait que ce dernier exercerait la profession d'agent immobilier « à La Celle St Cloud ou à St Cloud », et enfin le lien familial entre Frommer et Schott dont la carte de visite avait été en possession de l'assassin. En conclusion, Belin insiste de nouveau sur le caractère très récent des renseignements « qui viennent de [lui] être communiqués », ce qui paraît, là encore, contredire ses *Mémoires*[24].

La reconstitution de cette chronologie permet donc également de battre en brèche le caractère prétendument décisif de la note en question. Sicot constate ironiquement à ce sujet que la note « nous eût été d'un immense secours. Mais fort heureusement, l'enquête et les renseignements fournis par la police de Strasbourg nous avaient déjà conduits jusqu'au témoin principal et l'information reçue de Belin fut de la sorte tardive et superfétatoire[25] ».

Rivalités policières sous la IIIe République

On a vu que dans cette affaire complexe, jusqu'à l'arrestation de Weidmann, les différents volets de ce qui allait devenir « l'affaire Weidmann » relevaient de services de police distincts : la brigade spéciale du 36, quai des Orfèvres (brigade criminelle de la préfecture de police), dirigée par le commissaire André Roches, dans le cas de Jean de Koven ; la 1re BM et son sous-chef, le commissaire Marcel Delgay, pour Leblond et Couffy, conjointement avec la 5e BM et l'appui du commissaire Charles Chenevier, adjoint de Belin au Contrôle général des services de recherches judiciaires pour cette affaire ; et, bien entendu, la Sûreté de la police d'État de Seine-et-Oise, dirigée par Sicot et Prinborgne, pour les affaires Lesobre et Frommer. La 1re BM était aussi impliquée dans l'enquête sur Lesobre, les policiers versaillais ne pouvant instrumenter seuls à Paris (d'où les actes accomplis par l'inspecteur Émile Bourquin et sa participation à l'arrestation de Weidmann). Plusieurs autres services de police et de gendarmerie en province collaborèrent également à l'enquête, à la requête des enquêteurs en titre ou parce qu'ils avaient recueilli des informations potentiellement utiles à l'enquête (comme dans le cas strasbourgeois). Quant à Belin, son intervention tourna court, comme on l'a vu, et il n'eut aucun rôle effectif dans les enquêtes. Postérieurement à l'arrestation de Weidmann, l'ensemble de l'affaire fut confié au commissaire Delgay et à la 1re BM. Cette intrication des services était évidemment de nature à susciter une certaine émulation génératrice de frictions, de rétention d'informations, etc.

Dans le cas présent, les frustrations de certains policiers furent peut-être exacerbées par la manière dont les autorités récompensèrent les différents protagonistes de l'affaire. La promotion de 1938 de la Légion d'honneur distingua particulièrement les policiers ayant œuvré à l'arrestation de Weidmann et ceux qui avaient démantelé la Cagoule. Parmi les premiers, Prinborgne et Sicot furent faits chevaliers. Leur collaborateur, l'inspecteur-chef Poignant, blessé lors de l'arrestation de Weidmann, obtint cette distinction par la suite, mais dans l'immédiat il reçut la médaille d'or de la police nationale, tout comme l'inspecteur Bourquin, tandis que l'inspecteur Védrenne, troisième membre de l'équipe, reçut une lettre de félicitations du ministre. « On n'avait jamais assisté à pareille distribution », commenta Sicot[26]. Mais si l'on en croit *Détective*, qui protesta vigoureusement, Poignant et Bourquin ne devaient initialement recevoir qu'une médaille d'argent et le magazine s'indigna à plusieurs reprises que le « remarquable » commissaire Delgay fût le grand oublié de cette promotion[27].

Les ambitions personnelles jouent donc pour beaucoup et Belin n'en fait du reste pas mystère : « Il y avait déjà trente ans que j'étais policier. J'arrivais à la fin de ma carrière. Je pensais donc que j'allais la terminer par un beau coup : l'arrestation d'un monstre. » D'où son dépit : « Bien qu'il soit d'usage constant que le policier qui obtient personnellement des indications sérieuses sur une affaire criminelle importante fasse lui-même l'enquête et recueille le bénéfice de l'arrestation du coupable, mon chef m'enleva ma chance[28]. » C'est que, comme l'a formulé bien plus tard Dominique Monjardet, « l'ennemi public n° 1 fait le premier flic de France[29] » et nombreux sont ceux qui aspirent à ce titre à toutes les époques, si l'on en croit la profusion des *Mémoires* de « grands flics ». Cette explication reste cependant insuffisante. Pour saisir les enjeux de ces rivalités personnelles, il faut prendre en compte les conditions structurelles de leur déploiement.

À l'époque de l'affaire Weidmann, la police d'État de Seine-et-Oise était une institution récente et encore en cours d'organisation. Elle se substituait à un ensemble disparate de polices municipales dont l'insuffisance faisait l'objet de critiques depuis plusieurs décennies. Depuis le début des années 1890, diverses tentatives de réforme avaient échoué en raison de la résistance des maires jaloux de leur autorité, relayés par le Sénat. Elle fut finalement instituée par les décrets-lois du 31 octobre 1935 dans 161 communes du département, mais son organisation ne fut complétée qu'en 1938, car, écrit Sicot, « la période d'incubation fut longue et la réalisation retardée[30] ». Le service de la sûreté, réparti géographiquement en 5 brigades, comportait 82 fonctionnaires, dont 5 commissaires ayant compétence sur l'ensemble du département. Son chef, le commissaire divisionnaire Marcel Sicot, n'avait lui-même pris ses fonctions qu'au début de 1937[31]. Responsable à la fois de la PJ et des renseignements généraux dans son vaste ressort, il dut affronter une situation très troublée, marquée par des tensions internationales, des grèves avec occupation d'usines, des barrages de péniches sur la Seine et l'Oise et le démantèlement du complot de la Cagoule ; l'affaire Weidmann constituait sa première véritable affaire criminelle et représentait donc un enjeu très important[32].

Ce nouveau et relativement puissant service de PJ exerçait ses compétences sur une partie importante du territoire d'un autre service beaucoup plus ancien et presque légendaire, tout auréolé du prestige de sa création par Clemenceau : la 1re brigade régionale de police mobile. Celle-ci, l'une des 15 existant en France à l'époque, mais de loin la plus importante, avait compétence sur les départements de la Seine, de la Seine-et-Oise, de la Seine-et-Marne, de l'Eure-et-Loir et de l'Oise ; son siège se trouvait à Paris, sauf entre 1924 et 1929 où il fut transféré à Versailles[33]. Le Contrôle général de recherches judiciaires de la Sûreté nationale, qui constituait l'échelon supérieur des BM, et ses cadres, comme Belin, en étaient issus. Tout comme la préfecture de police de Paris voyait d'un très mauvais œil la 1re BM enquêter à Paris, il est vraisemblable que cette dernière ne voyait pas favorablement l'émergence d'un nouveau service de PJ sur son territoire.

Inversement, la Sûreté versaillaise et la PJ parisienne paraissent avoir fait bon ménage face à un rival commun, comme en témoigne la lettre du préfet ; Sicot se loue d'ailleurs dans ses *Mémoires*, à propos d'une autre affaire, de « l'esprit de collaboration confraternelle » du commissaire Roches[34], alors qu'au contraire – tout en se félicitant de ses bonnes relations avec l'inspecteur général Mondanel, qui dirigeait le Contrôle général des recherches judiciaires –, il pensait ce dernier « agacé par les succès remportés par un service qui échappait, somme toute, à son autorité ». Il estimait aussi que les policiers du Contrôle général « étaient un peu jaloux de la Sûreté de Seine-et-Oise, ce service nouveau qui se permettait de traiter des affaires sensationnelles dont les grands as de la rue des Saussaies auraient dû avoir l'exclusivité[35] ! ».

Concluant son récit, Sicot écrivait en 1959 de l'affaire Weidmann : « Elle a toujours été présentée de manière fantaisiste. » Trois quarts de siècle après l'événement, il est assez cocasse de constater que les anciennes rivalités policières persistent. Dans un ouvrage écrit à la gloire de la police judiciaire versaillaise (la 1re BM et son héritier, le SRPJ) par deux anciens policiers, la narration, d'ailleurs assez approximative, de l'affaire Weidmann magnifie le rôle de Belin, du commissaire Delgay et de ses collaborateurs de la 1re BM, tandis que Prinborgne se voit réduit à un rôle d'exécutant et que Sicot n'est même pas mentionné[36].

Bibliographie sélective

Belin Jules, *Trente ans de Sûreté nationale,* Paris, Bibliothèque France-Soir, 1950.

Berlière Jean-Marc, « Les “Brigades du Tigre” : la seule police qu’une démocratie puisse avouer ? Retour sur un mythe », dans Baruch Marc-Olivier et Duclert Vincent (dir.), *Serviteurs de l’État. Une histoire politique de l’administration française (1875-1945)*, Paris, La Découverte, 2000, p. 311-321.

—, *Policiers français sous l’Occupation*, Paris, Perrin, coll. « Tempus », 2009 (1re éd. 2001).

—, *Polices des temps noirs. France 1939-1945*, Paris, Perrin, 2018.

Bianchi Nicolas, « Les mains du tueur Weidmann », *Criminocorpus* (en ligne), *Détective*, histoire, imaginaire, médiapoétique d’un hebdomadaire de fait divers (1928-1940), Communications, mis en ligne le 18 décembre 2018, consulté le 22 décembre 2018. URL : http://journals.openedition.org.inshs.bib.cnrs.fr/criminocorpus/5370

Chenevier Charles, *De la Combe aux fées à Lurs. Souvenirs et révélations*, Paris, Flammarion, 1962.

—, *La Grande Maison*, Paris, Presses de la Cité, 1976.

Englinger Albert, *L’Organisation de la police administrative. Les villes à police d’État*, thèse pour le doctorat d’État (sciences politiques et économiques), université de Strasbourg, 1939.

Jardin-Birnie Renée, *Les Pas du proscrit*, Paris, Nouvelles Éditions latines, 1965.

—, *Le Cahier rouge d’Eugène Weidmann*, Paris, Gallimard, « NRF », 1968.

Marcandier Christine, « Genet et l’Éros détective : Pilorge, Weidmann », *Criminocorpus* (en ligne), *Détective*, histoire, imaginaire, médiapoétique d’un hebdomadaire de fait divers (1928-1940), Communications, mis en ligne le 18 décembre 2018, consulté le 2 mai 2019. URL : http://journals.openedition.org.inshs.bib.cnrs.fr/criminocorpus/5321

MONJARDET Dominique, *Notes inédites sur les choses policières, 1999-2006*, Paris, La Découverte, 2008.

PICARD Nicolas, *Le Châtiment suprême. L'application de la peine de mort en France (1906-1981)*, Paris, Institut universitaire Varenne, 2018.

SICOT Marcel, *Servitude et grandeur policière. Quarante ans à la Sûreté*, Paris, Les Productions de Paris, 1959.

TAÏEB Emmanuel, *La Guillotine au secret. Les exécutions publiques en France, 1870-1939*, Paris, Belin, 2011.

THIÉRY Danielle, TOURRE Alain, *Police judiciaire. 100 ans avec la Crim' de Versailles*, Paris, Jacob-Duvernet, 2012.

WALKER David H., « Literature, history and factidiversiality », *Journal of European Studies* 25 (1995), p. 35-50.

WATTS Philip, « Saint Weidmann ». *L'Esprit créateur* 35, n° 1 (1995), p. 11-19. URL : https://doi.org/10.1353/esp.1995.0030.

14

L'assassinat de Marx Dormoy : questions autour d'un attentat politique (Montélimar, juillet 1941)

par Jean-Marc Berlière

En juillet 1941, l'assassinat d'un ex-ministre de l'Intérieur est une première en France.

Au lendemain de la défaite de 1940, Marx Dormoy, successeur en novembre 1936 de Roger Salengro, incarne une figure haïe du Front populaire. Arrêté sur ordre du gouvernement de Vichy en vertu de la « loi » du 3 septembre 1940 comme un certain nombre de personnalités de gauche – Léon Blum, Vincent Auriol, Jules Moch, etc. – qui cristallisent la haine des « nouveaux messieurs » qui ont colonisé les ministères et l'administration de l'État français, le sénateur de Montluçon a été interné successivement à Pellevoisin et à Vals-les-Bains, avant d'être astreint à résidence à Montélimar le 20 mars 1941[1]. Il y prend pension au Relais de l'Empereur, place d'Aygu, où il occupe la chambre n° 19, au 2e étage. Ouvertement menacé par les partisans de la Révolution nationale qui appellent au châtiment des responsables de la défaite et déplorent la mollesse du régime à leur encontre, l'ancien ministre, dénué de toute protection, constitue une cible d'autant plus facile que sa présence à Montélimar a été abondamment signalée dans la presse.

L'enquête policière pour retrouver les assassins s'annonce difficile.

Bien des hommes proches du nouveau pouvoir avaient en effet des comptes à régler avec un ministre qui ne les avait pas ménagés. Les coupables potentiels ne manquent donc pas. En premier lieu, les hommes de la Cagoule (OSARN, Organisation secrète d'action révolutionnaire nationale), dont la Sûreté nationale a démantelé l'organisation en novembre 1937. Leur chef, Eugène Deloncle, qui dirige désormais le Mouvement social révolutionnaire (MSR), un parti ouvertement collaborationniste, et qui est l'un des cinq chefs du Rassemblement national populaire (RNP) de Marcel Déat, n'a jamais caché sa volonté d'éliminer ceux qui ont fait échouer sa tentative de coup d'État. Une autre piste tout aussi crédible mène au Parti populaire français (PPF) dont le chef, Jacques Doriot, destitué de son mandat municipal à Saint-Denis par le ministre de l'Intérieur en mai 1937, a exprimé à l'époque des menaces explicites contre Dormoy : « Qu'il ne se fasse pas d'illusion, j'aurai sa peau. » Le 10 juillet 1940, à Vichy, après le vote des pleins pouvoirs à Pétain auxquels Dormoy s'est opposé, « le grand Jacques », désormais en position de force, a récidivé : « Nous aurons ta peau, tu entends, Dormoy, ça ne tardera pas[2] ! » On ne saurait non plus – comme pour l'assassinat de Georges Mandel[3] – écarter la piste allemande : sinon pourquoi un commando nazi aurait-il, en janvier 1943, libéré par la force les assassins ?

Si les pistes ne manquent pas, toutes sont délicates à suivre dans le contexte de 1941, surtout si elles conduisent dans les cercles proches du pouvoir ou, pis, dans les milieux collaborationnistes parisiens protégés par l'occupant.

C'est sur cette enquête, les points obscurs qui demeurent, le devenir et le destin des assassins, que nous allons revenir, à l'aide d'archives policières et judiciaires dispersées dans de nombreux dépôts[4].

L'attentat : premières constatations

Il est près de 2 heures du matin dans la nuit du 25 au 26 juillet 1941 quand une forte déflagration se produit au 2e étage de l'hôtel Le Relais de l'Empereur à Montélimar. L'explosion, d'une grande violence, a eu lieu dans la chambre occupée par l'ancien ministre de l'Intérieur. Le spectacle offert aux premiers témoins puis aux enquêteurs est difficilement soutenable : Marx Dormoy gît décapité au milieu de la chambre dévastée, sa matière cérébrale projetée au plafond.

La bombe a été placée dans le matelas éventré à hauteur de la tête :

> De l'examen des divers débris retrouvés sur les lieux, il résulte qu'il s'agissait d'une bombe "à temps" pourvue d'un mouvement de montre et d'un système de mise à feu électrique alimenté par une pile; le tout était disposé dans une boîte rectangulaire en bois jaune de 30 cm sur 20 et 5 cm d'épaisseur paraissant avoir primitivement contenu un jouet d'enfant [...]. Sous le lit on trouva des débris de la bombe consistant en des morceaux de bois blanc teinté d'une couleur tango auxquels adhéraient des fragments de paraffine ainsi que des morceaux de papier multicolores semblables à ceux qu'on utilise pour les jouets d'enfants. On découvrit aussi des débris de pile électrique et d'une montre, objets qui sans aucun doute avaient été adaptés à la charge explosive pour provoquer la déflagration à une heure choisie.

Ces indices matériels, les auditions des témoins orientent les enquêteurs sur la piste d'une femme et de trois hommes remarqués à Montélimar et au Relais de l'Empereur le jour de l'attentat. La femme – jeune, blonde, séduisante – inscrite sous le nom de Florence Gérodias, profession mannequin, domiciliée à Paris, a séjourné deux fois à l'hôtel. La première du 20 au 22 juin : elle en est partie précipitamment vers 3 heures du matin en compagnie d'un homme que les témoins reconnaîtront pour être un de ses « admirateurs » du 25 juillet. Elle s'est fait remarquer au point de susciter la méfiance – ou l'intérêt – de Marx Dormoy, qui a demandé au barman de l'hôtel, Louis Chervet, de se renseigner sur elle. Revenue au Relais de l'Empereur le 25 juillet à 5 heures du matin par l'express de Nice, elle a insisté auprès du veilleur de nuit pour avoir une chambre au 2e étage, au prétexte que celle de juin, située au 1er, ne l'avait pas satisfaite. Ce même jour, vers 20 h 30, alors qu'elle dînait dans la salle du restaurant, deux hommes portant une gerbe d'œillets et de glaïeuls ont demandé « Mlle Florence » à la réception. Apparemment surprise et flattée, elle a invité ses admirateurs à monter dans sa chambre alors que Marx Dormoy terminait son dîner dans la salle à manger. Elle a quitté l'hôtel vers 21 h 30, prétextant vouloir prendre le train de 22 h 28 pour Lyon.

Alors que les enquêteurs de la 10e brigade mobile de police judiciaire de Lyon[5], saisis par le parquet de Grenoble, continuent leurs investigations, le secrétaire général pour la police, Chavin, signe un avis de recherche largement diffusé à l'encontre de la prétendue Florence Gérodias – « paraissant âgée de 28 à 30 ans, grande, mince, bien faite, démarche souple, teint bronzé, allure générale d'une demi-mondaine… porta[n]t une jupe couleur rouge "coq de roche", une chemisette bleu marine et des sabots fantaisie sans lanière sur le talon » – et de ses complices, « âgés de 25 à 30 ans… à l'allure générale de souteneurs ».

Entre-temps, de brefs communiqués de presse ont annoncé « la mort » de Marx Dormoy. Les ultras se réjouissent ouvertement de ce qu'ils considèrent comme un acte de salubrité publique qui en appelle d'autres. Tandis que Brasillach salue dans *Je suis partout* la mort du « satyre barbu », le « seul acte de justice accompli depuis l'armistice », aux États-Unis le *New York Times* annonce la nouvelle en 1re page avec une photographie et, à Londres, *La France* du 28 juillet, dans un article intitulé « Un crime », désigne les coupables : « Le crime est signé. Ce sont les hommes de main de la Cagoule qui, avec le concours des nazis, ont exercé des représailles, supprimé l'ancien ministre qui connaissait tous leurs secrets et les agissements en France des agents du Führer, fait disparaître l'homme d'action qui était capable, demain, de jouer un grand rôle[6]. » Le 3 août 1941, sous le titre « Justice immanente », Deloncle salue l'assassinat dans le *Rassemblement national* que dirige son ami Jean Fontenoy. Un mois plus tard, il exige le régime politique pour les tueurs emprisonnés.

L'enquête

Commencée à 3 heures du matin, la nuit du crime, l'enquête prend dès le lendemain une ampleur justifiée par la gravité des faits, le mode opératoire, la personnalité de la victime. L'autopsie à laquelle procède un médecin légiste confirme que la mort a été instantanée : boîte crânienne éclatée, colonne cervicale et une partie de la colonne dorsale détruites, éclatement des poumons, du cœur et du foie. Le docteur Edmond Locard, directeur du laboratoire municipal de police technique de Lyon, a été commis pour examiner les débris de l'engin explosif. Les auditions des nombreux témoins permettent très vite de découvrir que trois hommes ont occupé une chambre à l'Hôtel de la Place d'armes le matin du crime. Ils y sont revenus vers 15 h 30 en compagnie d'une jeune femme blonde. Mme Lurol, l'hôtelière, et sa fille Raymonde ont jeté un œil pendant leur absence à la valise qu'ils avaient laissée dans la chambre : elles y ont remarqué la présence d'un « jouet d'enfant constitué par une boîte teinte avec étiquette de diverses couleurs portant l'inscription "jeu de construction" » et Raymonde a également vu « un paquet de forme cylindrique plié dans du papier journal ». L'inspection de cette chambre après l'attentat a permis de retrouver un éclat de bois couleur tango. Le docteur Locard confirme le 29 juillet que ce débris est de même nature que ceux provenant de la boîte qui contenait l'explosif : même peinture, même couleur, même composition.

Les témoins ont permis quant à eux de reconstituer les différentes phases de l'opération et l'emploi du temps des membres du commando dont les rôles semblent clairs : ceux qui ont surveillé la victime depuis juin, notamment la femme blonde, la mise en scène finale au Relais de l'Empereur, le départ des protagonistes pour Lyon par le train de 22 h 28.

La diffusion des signalements, les recherches et vérifications dans les fichiers et les hôtels ne donnent rien. Mais, comme c'est parfois le cas, la chance va permettre une avancée décisive de l'enquête. Dans la nuit du 14 au 15 août, dans les jardins Albert-Ier à Nice, vers 23 heures, trois hommes sont tués par l'explosion accidentelle de la bombe qu'ils transportaient, apparemment destinée à commettre un attentat. Les circonstances, la nature et le mécanisme de l'engin explosif font immédiatement penser à l'affaire de Montélimar. Rapidement identifiés, les trois hommes – Lucien Guyon, Horace Vaillant et Maurice Marbach, respectivement âgés de 27, 32 et 29 ans – présentent un profil semblable : des militants d'extrême droite, antisémites[7], anciens des Groupes de protection (GP) de Marseille et du Centre d'information et d'études (CIE) jusqu'aux dissolutions respectives de ces deux organismes[8]. Les perquisitions, notamment à Toulon chez Marbach, permettent de découvrir des armes, des engins explosifs, des détonateurs et une très grande quantité de tolite et de cheddite. Dans les archives de la police d'État de Marseille, les enquêteurs découvrent que Guyon et Vaillant ont été interpellés le 7 avril précédent alors qu'ils badigeonnaient des inscriptions antijuives sur les trottoirs et les vitrines de la Canebière. Cette nuit-là, ils opéraient en compagnie d'un certain Moynier.

L'enquête, désormais confiée à la 9e BR de Marseille – qui travaille en étroite collaboration avec le commissaire Kubler de la 10e BR de Lyon, Achille Perreti, commissaire de la 18e BR de Nice, et le commissaire Chenevier de l'Inspection générale des services de PJ de la Sûreté nationale à Vichy –, aboutit très vite à l'identification des auteurs de l'attentat de Montélimar et de leurs complices : un groupe de « patriotes fervents », d'« idéalistes exaltés », de jeunes sportifs fréquentant les « Bains catalans » et le gymnase de Longchamp. Tous étaient d'Action française, voire camelots du roi avant guerre, et, après leur démobilisation, ont adhéré au PPF et à l'Amicale de France.

Yves Moynier est arrêté avec Ludovic Guichard à Allauch, au domicile de Roger Mouraille, un ancien camelot du roi, entrepreneur de transports à Marseille qui emploie Moynier depuis octobre 1940. Guichard, dont la présence, à deux reprises – du 15 au 17 juin et du 8 au 15 juillet – au Relais de l'Empereur avait été remarquée, avait été interrogé par les policiers de la 10e BM. Dans un premier temps, il nie toute participation à l'affaire, à l'inverse de Moynier. « Avec une loyauté qu'il convient de souligner[9] », écrit le commissaire Mercuri dans un rapport qui présente Moynier comme une « sorte d'ascète [qui] ne vit que pour son idéal national et [dont] le relèvement de notre pays est [l']obsession », ce dernier passe des aveux détaillés, exposant la préparation et la réalisation de l'attentat tout en insistant sur ses motivations idéologiques.

Des aveux très (trop) circonstanciés

> Je me nomme Moynier Yves, Alexandre, Léon, Marie, né le 22 mars 1914 à Marseille, postier en disponibilité, jamais condamné, célibataire, j'appartiens à la classe 1932, titulaire de la croix de guerre 1939-1940.
>
> Devant les précisions que vous m'apportez en ce qui concerne les éléments de l'enquête effectuée au sujet de l'assassinat de Marx Dormoy à Montélimar, je ne puis faire autrement que de reconnaître ma participation à cette affaire. Je vous indiquerai par la suite dans quelles conditions j'ai décidé de jouer un rôle actif dans la suppression de l'ancien ministre de l'Intérieur du Front populaire dont l'action politique a été plus que néfaste aux intérêts de la France [...]. De tout cœur j'ai approuvé la Révolution nationale. J'ai cru au châtiment rapide des hommes responsables de la défaite. Malheureusement, j'ai constaté que la justice était trop lente. J'ai pensé que pour créer un esprit véritablement révolutionnaire, il fallait frapper et suppléer la justice. Le relèvement de notre pays étant à ce prix.

Il raconte alors, avec une bonne volonté qui enchante les policiers et le juge d'instruction, la genèse et la réalisation de l'opération. Cette profusion de détails lui permet en fait de taire beaucoup de choses.

Ayant appris par les journaux la présence de Dormoy au Relais de l'Empereur, à Montélimar, Moynier dit avoir décidé Marbach, Guyon et Vaillant – avec lesquels il a participé à un attentat contre la synagogue de Marseille, rue de Breteuil, « entre 23 heures et minuit, à une date qu['il] ne peu[t] préciser » – de monter une expédition punitive. Le plan est d'assassiner l'ancien ministre en utilisant une bombe que fabriquera Marbach. Vers la mi-juin, un ami de collège, Guichard, ancien du CIE, qui partage les mêmes opinions, a été envoyé à Montélimar espionner les faits et gestes de Dormoy. À son retour, il préconise l'envoi d'une femme en raison du penchant de l'ancien sénateur pour le sexe féminin. Moynier enrôle alors « Annie » – dont il refuse de donner l'identité, mais dont il précise qu'« elle partageait [leurs] idées » –, qui se rend à son tour au Relais de l'Empereur où elle s'inscrit sous la fausse identité de Florence Gérodias. Lors de leur passage à Montélimar, le 22 juin, de retour d'un congrès du PPF à Lyon, avertis par « Annie » des difficultés d'exécution du plan prévu, les quatre hommes décident de surseoir à l'opération. Début juillet, renvoyé sur place, Guichard, après avoir séjourné quelques jours au Relais de l'Empereur, revient sans information nouvelle. Le groupe décide alors de passer à l'action. Le 25 juillet, Moynier, Vaillant et Marbach quittent Marseille avec la bombe par le train de 0 h 15 qui arrive à Montélimar à 4 h 30. « Annie », qui a voyagé dans le même train, se rend au Relais de l'Empereur où elle prend une chambre au même étage que celle de Dormoy, tandis que les trois hommes attendent à la gare. Vers 7 h 30, Vaillant va louer une chambre à l'Hôtel de la Place d'armes où Moynier et Marbach le rejoignent. Après le déjeuner, ils retournent à leur hôtel où « Annie » vient les retrouver. Au prétexte de jouer aux cartes, ils s'enferment dans la chambre où Marbach règle le mécanisme de la bombe pour 2 heures du matin. Tandis qu'Annie retourne au Relais pour le dîner, vers 20 h 30 Vaillant et Moynier, qui ont laissé Marbach dans un jardin public, se rendent à l'hôtel avec un bouquet de fleurs acheté un peu plus tôt et la bombe. Ils demandent à voir « Mlle Florence », que le réceptionniste va quérir dans la salle du restaurant. Vaillant présente Moynier – un « admirateur » – à la jeune femme, qui manifeste une grande joie et invite les deux hommes à la suivre dans sa chambre au 2e étage. Pendant qu'elle fait le guet, ils pénètrent dans la chambre de Dormoy. Moynier éventre le matelas à la hauteur de la tête et, aidé de Vaillant, place la bombe dans la cavité. Après avoir tout remis en ordre, ils rejoignent Marbach tandis qu'Annie va terminer son dîner. Vers 21 h 30, sans aucune précipitation, elle quitte l'hôtel après avoir donné son bouquet à la propriétaire et rejoint les trois hommes à la gare. Le groupe prend le train pour Lyon. À Valence, les hommes reprennent un train en direction de Marseille tandis qu'« Annie » continue vers Lyon. « C'est en passant à Montélimar vers 2 h 25 que nous avons appris la réussite de notre mesure d'exécution. Nous nous sommes séparés à Marseille. Quant à “Annie”, je ne l'ai plus rencontrée. »

C'est à son retour d'un voyage à Paris, du 7 au 15 août, qu'il apprend la mort de ses camarades à Nice. Il confie alors à son employeur, Roger Mouraille, qui « professe les mêmes idées nationales », avoir « peur d'avoir des ennuis avec la police ». Ce dernier lui donne asile à son domicile marseillais puis dans sa propriété d'Allauch, où Moynier est arrêté par les policiers alors qu'il devait quitter Marseille le lendemain pour, prétend-il, s'engager dans la Légion des volontaires contre le bolchevisme.

Quelques jours plus tard, la jeune femme blonde est identifiée. C'est son engagement comme conductrice dans les sections sanitaires automobiles féminines, sa citation à l'ordre du 54e régiment et sa croix de guerre qui ont mis les policiers sur la piste d'Anne-Félicie Mourraille – aucune parenté avec Roger Mouraille –, divorcée Pascal. C'est une artiste dramatique connue sous le nom de scène « Anie Morène ». Elle est arrêtée le 26 août à Vichy par le commissaire Chenevier, à l'issue d'une représentation de *Ces dames au chapeau vert*.

« Non seulement elle me précisa son rôle dans l'affaire, mais elle me révéla certaines compromissions dans l'entourage de Pétain », écrira le policier dans ses *Mémoires*[10].

Des commanditaires ?

Les auditions d'Anne Mourraille – qui ne sont pas exemptes de variations, contradictions, rétractations – donnent quelque consistance au soupçon de complot qui plane autour du crime de Montélimar.

> — Comme je vous l'ai déjà dit, mes amis Moynier, Guyon, Vaillant, Guichard et Marbach étaient de grands patriotes, très antisémites et très anti-Front populaire. Ils estimaient que c'étaient les gens d'extrême gauche qui étaient la cause de la guerre, de notre défaite. Malgré tout, je ne crois pas que ce soit Moynier qui ait été l'instigateur de l'attentat car, à plusieurs reprises, il m'a laissé entendre que lui et ses amis étaient commandés par un chef résidant à Vichy ou recevant ses directives de Vichy [...]. J'ai d'ailleurs vu cet homme à Lyon lorsque

au mois de juin j'ai retrouvé Moynier et ses amis. Il est venu à la Brasserie Georges et je lui ai été présentée [...]. Après son départ, les autres m'ont dit qu'il s'agissait de leur chef dont ils m'avaient d'ailleurs souvent parlé à mots couverts. J'avais compris que c'était cet homme qui leur transmettait les ordres et leur apportait de l'argent afin de couvrir les frais de l'expédition. J'ai entendu parler de 40 000 Fr. C'est d'ailleurs cet homme qui d'après ce que m'a dit Moynier a fourni la carte d'identité au nom de Gérodias Florence. Il s'agissait d'une carte d'identité cartonnée, pliée en deux, sur laquelle était collée une photographie me ressemblant très vaguement. J'ai examiné ce document d'assez près j'ai constaté qu'il était revêtu d'un cachet noir portant la mention “Sûreté nationale, Vichy”. J'ai restitué cette carte à Marbach dans le train.

– N'est-ce pas le nommé Marchi dont nous vous présentons la photographie ?

– Il me paraît que cette personne est bien Marchi quoiqu'il avait une tenue plus convenable et un aspect plus correct [...] lorsque Marchi nous eut quitté mes camarades m'ont dit : “Il est au courant de tout, il se tient en relation avec Vichy.” Je savais qu'il y avait un intermédiaire entre mes camarades et certaines personnes de Vichy, mais j'ignorais qui était cet intermédiaire. [...]

– D'après les renseignements que j'ai de Vichy, la personne à laquelle vous faites allusion ne serait-elle pas le nommé Jeantet ?

– En effet, j'ai entendu parler de Jeantet par mes camarades et du fait que Marchi était allé voir Jeantet au sujet de l'affaire Dormoy pendant les préparatifs de l'affaire, c'est pour cela que mes camarades m'ont dit que Vichy voulait que l'affaire se fasse, je ne crois pas que Jeantet soit la seule personne au courant et qui ait été vue par Marchi. [...] On avait dû – à Vichy – c'est du moins ce que mes camarades m'ont dit – promettre à Marchi un gros appui dans le cadre de la Révolution nationale en cas de réussite de l'affaire Dormoy. Cet appui aurait été un appui matériel, leur permettant de poursuivre presque officiellement leur œuvre de nettoyage. Ils auraient formé ainsi une sorte de groupement ou d'équipe qui aurait travaillé en collaboration avec le gouvernement. [...]

– Que savez-vous d'un voyage fait à Paris par Marchi, Mouraille et Moynier ?

– Lorsque, après l'affaire, je suis passée par Marseille, le 8 août au soir, j'ai rencontré Vaillant avec qui j'ai bavardé pendant une demi-heure environ. Vaillant m'a dit comme je lui demandais où se trouvait Moynier que celui-ci était monté à Paris avec Mouraille et Marchi. Marchi était très mécontent de l'attitude prise par les gens de Vichy qu'il connaissait, lesquels semblaient vouloir lui laisser ainsi qu'à ses camarades l'entière responsabilité de l'affaire et ne leur donner aucun des avantages prévus...

Fort de ces indications, le commissaire Chenevier arrête Marchi – ex-chef des GP de Marseille – à sa descente d'avion au retour de Corse, puis il interroge « longuement J[eantet] à Vichy ». Mais il ajoute : « L'entourage de Pétain s'étant ému devant la proportion que prenait cette affaire fit mettre fin à une audition qui promettait d'être sensationnelle. [...] Je reçus l'ordre de Pucheu ministre de l'Intérieur de rendre mon dossier au juge d'instruction et de réserver mon activité pour d'autres affaires[11]. »

Les soupçons concernant Marchi, intermédiaire entre le commando et de mystérieux commanditaires haut placés, ne tiennent pas uniquement aux confidences d'Anne Mourraille, mais également à la présence constante quoique discrète du personnage à plusieurs étapes de l'affaire : Guichard a reconnu que c'est sur les indications de Marchi qu'il s'était rendu à Montélimar pour surveiller les habitudes de Dormoy ; Marbach, qui ne devait pas accompagner les exécutants à Montélimar, a révélé à Anne Mourraille qu'il s'était décidé à y aller sur les conseils de Marchi. Mais c'est surtout le séjour à

Paris du 7 au 14 août que ce dernier a fait en compagnie de Moynier et Roger Mouraille – qui s'étaient tous bien gardés de révéler ce détail aux policiers – qui intrigue. Les trois hommes sont descendus dans le même hôtel, rue Buffon. Mouraille aurait vaqué à ses affaires, Moynier affirme qu'il est allé se renseigner sur les conditions d'un engagement à la LVF auprès d'un responsable du recrutement de la légion au MSR, un certain « André » que Mouraille reconnaît comme un ancien volontaire du camp franquiste en Espagne et qui n'est autre que Raymond Hérard, ancien de l'OSARN à Marseille, proche de Filiol, membre du service de renseignements du MSR et agent de l'Abwehr III/F (service allemand de contre-espionnage offensif chargé de la lutte contre la Résistance). Ce qui donne quelque consistance aux pistes menant au MSR et aux Allemands, d'autant que des « correspondants », hélas anonymes, du SR du docteur Martin[12] laissent entendre que Marchi est en réalité allé à Paris voir Deloncle et Doriot pour se plaindre que les autorités de Vichy l'avaient abandonné à ses responsabilités. Interrogé à ce sujet par le juge Marion, le 1er octobre 1941, Marchi nie : « C'est du roman », ou refuse de répondre : « Cela me regarde. »

Cette possible implication de responsables politiques fut au centre des enquêtes à la Libération. Mais l'absence de preuves tangibles, les dénégations de Moynier[13], celles de Marchi, le revirement d'Anne Mourraille lors de sa confrontation avec Marchi à Montélimar en août 1942[14] ne permettent aucune certitude[15].

Un procès sans cesse différé par Vichy

Ayant reconnu les faits, les inculpés furent placés sous mandat de dépôt et emprisonnés au secret à Valence. L'information allait durer plus d'un an : l'enquête sur le rôle de Marchi, sa disparition à la faveur d'une mise en liberté provisoire, les nécessaires confrontations après une nouvelle arrestation expliquent en partie ce délai, mais d'autres problèmes se posaient pour que la justice suive son cours. Le premier d'entre eux touchait à la juridiction concernée : tribunal d'État ou cour d'assises ?

Le procureur général de Grenoble penchait pour saisir le tribunal d'État. Joseph Barthélemy, le garde des Sceaux, soumit l'affaire au Conseil des ministres, qui décida de laisser la cour d'assises statuer, décision notifiée au procureur général à Grenoble par une note qui précisait : « En cas de renvoi devant la cour d'assises, vous voudrez bien ne fixer la date des débats qu'après avoir examiné l'opportunité des circonstances et consulté, si besoin est, les services de ma chancellerie[16]. » Cet intérêt du gouvernement pour une affaire délicate n'allait jamais se relâcher et « l'opportunité des circonstances » pour tenir ce procès ne se présenta jamais.

Les inculpés, qui étaient au secret depuis leur arrestation, supportant de plus en plus mal leur situation[17], Anne Mourraille multiplia les courriers aux autorités de Vichy, à ses amis politiques, à Deloncle : « Mes camarades et moi sommes et avons toujours été d'ardents patriotes, des ennemis déclarés du communisme et de la juiverie, et ce, à une époque où il fallait se cacher pour chanter *La Marseillaise* ! Sous les gouvernements d'extrême gauche les nationaux furent mieux traités que nous ne le sommes[18]. »

Conformément aux instructions reçues, le procureur général soumit à la chancellerie, en juillet 1942, le projet de règlement de la procédure. Barthélemy, saisi de la proposition de renvoi des inculpés devant la chambre des mises en accusation, répondit : « Le chef du gouvernement ne veut pas que cette affaire vienne pour le moment. » Les choses avaient l'avantage d'être claires. En conséquence, le garde des Sceaux invita le 14 août 1942 le procureur général « à faire surseoir au règlement de la procédure suivie dans cette affaire jusqu'à nouvelles instructions de [s]a part ». Il ajoutait : « Vous voudrez bien, en outre, prendre toutes les dispositions utiles aux fins de transfèrement des inculpés Moynier, Guichard et Anne Mourraille à la maison d'arrêt de Largentière [Ardèche] », ce qui fut fait le 28 août.

Comme le craignait l'avocat de la sœur de Dormoy, à Largentière « leur évasion ne constituera[it] [plus] qu'un jeu d'enfant ». De fait, les trois inculpés tentèrent, le 19 octobre, de s'évader avec l'aide extérieure d'un complice qui jeta dans la cour scies à métaux et corde à nœuds. Le 26 janvier 1943, pour « tentative d'évasion avec bris de prison et complicité », les trois prévenus furent condamnés à un an d'emprisonnement par le tribunal correctionnel de Largentière. Les inculpés n'assistaient pas à l'audience, et pour cause : ils avaient été libérés la veille par un commando allemand.

Dans une lettre adressée depuis la prison de Valence au docteur Faraud, un ami niçois proche de la Cagoule, Anne Mourraille avait ouvertement posé la question : « Les Allemands ne peuvent-ils rien faire ? » Manifestement, ils pouvaient : le 25 janvier, vers 16 heures, une douzaine de soldats en armes, dirigés par un officier et un sous-officier accompagnés de trois civils jamais identifiés – Chenevier évoque Gessler, le représentant de la

Sipo-SD (pour *Sicherheitsdienst*, le service de renseignements de la SS) à Vichy, et Batissier, un « policier français félon » –, sous la menace de faire exploser la porte de la maison d'arrêt, ont libéré le trio. « J'ajoute, précise le substitut du procureur de Largentière dans son rapport, que la gendarmerie, alertée de la prison par téléphone, n'intervint pas, ayant paraît-il des instructions dans ce sens. »

Qui a mis sur pied cette expédition ? Confirme-t-elle le rôle de l'occupant dans l'attentat et la complicité bienveillante de Vichy ? Les questions ne s'arrêtent pas là.

D'autres complices ? Une ou deux bombes ?

Un rapport – cité par Jean-Raymond Tournoux[19] – sème un premier doute. Adressé, en septembre 1944, par un adjudant-chef de la LVF au « 2e Bureau » et au commissaire Sertillange de la 7e section des RG, il fait état d'une conversation à laquelle l'auteur aurait assisté, en Ukraine, en novembre 1941, entre un sergent de la Légion et Doriot. Le sergent « Delers » aurait expliqué ce matin-là au chef du PPF être l'auteur, « avec un camarade et deux femmes », de l'attentat contre Marx Dormoy, sous l'oreiller duquel, grâce à la complicité d'un garçon d'hôtel, ils avaient posé une bombe. Le problème tient à ce que les deux hommes – Jacques Delerse, né en 1920, qui a combattu dans le camp nationaliste pendant la guerre d'Espagne, membre de la section du XVIIe arrondissement du PPF, engagé dans la LVF en août 1941, matricule 539, et Jules-Maurice Muyard, né en 1905 à Givry, membre de la fédération du PPF de Saône-et-Loire[20] – ont été tués en Ukraine « par accident » [*sic*] les jours suivant cette discussion. Dans son journal inédit cité par Tournoux, Doriot fait effectivement allusion à l'affaire : « Cette nuit, je suis allé à la 7e compagnie saluer la dépouille de Jacques Delers [*sic*]… C'était un beau garçon énergique, issu du groupe des terroristes marseillais, à qui l'on doit l'exécution de Dormoy[21]. » Certes, on peut voir dans ce récit l'effet de la concurrence MSR/PPF ou la vantardise de deux légionnaires du PPF, mais on peut aussi imaginer que Moynier – qui parle beaucoup pour taire plus encore – a eu d'autres complices que ses trois camarades morts à Nice, les seuls qu'il cite…

Et il se trouve qu'il pourrait bel et bien y avoir eu deux bombes dans la chambre 19. C'est du moins ce qui ressort du rapport du commissaire-chef de la 10e brigade de police mobile adressé le 28 juillet 1941 à l'inspecteur général des services de police judiciaire à Vichy (Mondanel), rapport que l'on retrouve dans l'acte d'accusation du procès de 1948 :

> Vers 13 heures, M. Dormoy descend de sa chambre et pénètre à son tour dans la salle du restaurant. À peu près à ce même moment, la femme Gérodias se lève, quitte la salle et s'engage dans les escaliers conduisant aux chambres, suivie presque immédiatement par le barman Chervet qui se rend dans les étages pour aller quérir le valet de chambre Ceccheto qu'il a appelé, mais en vain, du rez-de-chaussée. Parvenu au 2e étage, il surprend la femme Gérodias accoudée à la fenêtre contiguë à la porte donnant accès à la chambre de M. Dormoy. […] En voyant l'employé, elle quitte aussitôt la fenêtre et se dirige vers sa chambre, tandis que le barman redescend au rez-de-chaussée après avoir trouvé son collègue. Vers 13 h 30, le valet de chambre Ceccheto pénètre dans la chambre de M. Dormoy pour procéder à son nettoyage et refaire le lit. Il constate la présence entre le matelas et le sommier, à la tête du lit, d'un paquet de forme rectangulaire aux dimensions approximatives de 30 par 20 par 5 enveloppé d'un

> papier d'emballage de couleur grisâtre. Comme M. Dormoy lui avait recommandé de ne jamais toucher à ses notes et à ses papiers et s'imaginant que celui-ci avait voulu soustraire à la vue des documents confidentiels, il s'abstint d'enlever ce paquet et de parler à qui que ce soit de sa découverte.

L'acte d'accusation de 1948 précise : « D'après les dires des accusés, Vaillant aurait trouvé dans le lit l'objet aperçu au début de l'après-midi par le valet de chambre Ceccheto : c'était une autre bombe pareillement réglée sur deux heures qui aurait été placée là par des inconnus. L'engin aurait été désamorcé dans la chambre d'Anne Mourraille et remis ultérieurement à Marbach… »

Une autre bombe, « placée par des inconnus », réglée à la même heure, la même nuit ?

La coïncidence est trop énorme, mais si l'hypothèse d'autres complices – une deuxième équipe – que Moynier se serait bien gardé d'évoquer n'est pas totalement à écarter, il existe une autre explication : comme elle en fut soupçonnée et comme elle s'en serait vantée à Deloncle, Anne Mourraille pourrait avoir posé cette autre bombe à 13 heures quand le barman l'a surprise au 2e étage. Cette bombe – celle qu'a vue Raymonde dans la chambre de l'hôtel de sa mère ? – lui aurait été confiée par ses complices. Mais craignant que Dormoy ne la découvre, Moynier et Vaillant lui auraient substitué la leur à 20 h 30 et Marbach l'aurait d'autant plus facilement désamorcée qu'elle était également de sa fabrication.

Cette hypothèse permet de poser la question du rôle exact joué par Anne Mourraille. Ni Moynier – qui cherche systématiquement à la couvrir – ni, bien sûr, l'intéressée n'évoquent cet épisode dans des auditions qu'ils ont eu tout loisir de mettre au point[22]. Quant à

Vaillant et Marbach, morts le 14 août à Nice, ils n'ont pu être interrogés à ce sujet.

Destins ultérieurs

Le procès des assassins de Marx Dormoy n'eut jamais lieu, mais l'assassinat fut évoqué à l'audience du 8 novembre 1948 de celui de la Cagoule.

Marchi, qui attendait « cette minute depuis quatre ans pour protester avec toute la force de [s]a conscience », y laisse exploser sa haine contre Anne Mourraille dont on vient de rappeler les accusations : « Comment peut-on accepter les accusations d'une femme comme Anne Mourraille ?, s'écrie-t-il. Une prostituée qui se disait "artiste lyrique", une folle qui dialoguait avec les morts, et qui travailla avec la Gestapo ! » L'homme des corps francs s'étonne : « J'aurais accepté d'envoyer cette femme pour placer une bombe sous le lit d'un homme qui dort ? Si je l'avais fait, j'aurais au moins le courage de ma lâcheté ! » Brillamment défendu par maître Isorni, il est acquitté[23]. Roger Mouraille, qui a pu produire nombre de témoignages en sa faveur, qui nuancent fortement le portrait du « chasseur de juifs » que l'on trouve systématiquement à son propos, est innocenté du chef de complicité pour l'attentat de Montélimar, mais condamné à trois ans de prison pour recel de criminels. Moynier, Anne Mourraille et Guichard, déjà condamnés à la peine de mort en 1946, le sont de nouveau, toujours par contumace : ils ont disparu depuis 1944.

Qu'étaient devenus les acteurs de l'attentat depuis leur « libération » par les Allemands ? Guichard et son épouse ont gagné Marseille où ils ont « travaillé » dans le service antijuif installé 68, rue de Rome et dirigé par Lachapelle

(« Marchal »). C'est avec Roger Mouraille et un ordre de mission de Senner, représentant du SD au consulat allemand de Marseille, qu'ils ont gagné l'Espagne et Madrid en juin 1944.

Moynier et Anne Mourraille – ils se sont mariés le 9 août 1943 à Gattières – ont été employés par le SD. Sous le nom de Gilbert Magicier, Moynier a accompli des missions en Suisse pour le compte de Senner et de l'Amt VI (section du contre-espionnage du SD), tout en animant un trafic de montres en or. Quant à Anne Mourraille, elle a travaillé pour le service de renseignements du PPF de Lebrun[24] et également pour le service VI (CE) du SD, boulevard Flandrin à Paris[25]. En août 1944, le couple disparaît. Il a gagné l'Espagne, sans doute *via* Bruxelles. Interné à Miranda, il en est libéré en janvier 1946 et vit un temps à l'Hôtel Regina à Barcelone où résident nombre d'exilés compromis avec le nazisme. Là, il semble avoir collaboré avec les « réseaux Vicente », du nom d'un dirigeant phalangiste qui « travaille » sur la France et l'Afrique du Nord.

Une demande d'extradition formulée par le gouvernement français est refusée par l'Espagne, le 17 avril 1947 : « Le délit à l'occasion duquel est sollicitée l'extradition de Ludovic Guichard, Yves Moynier et Anne Mourraille constitue un délit politique. Conformément aux prescriptions de l'article 3 de la Convention hispano-française du 15 décembre 1877 […] il n'est pas possible de donner à cette requête une suite favorable. » Les intéressés décident néanmoins et par prudence de s'éloigner de l'Europe et émigrent au Venezuela, que préside le général Marcos Pérez Jiménez, qui refusera les demandes d'extradition formulées par « un pays où ils risquent la peine de mort ». Ludovic Guichard devenu Euchiard, et le couple Moynier – qui a eu deux enfants nés à Barcelone en 1947 et 1948 – s'y retrouvent en pays de connaissance (« André » *alias* Raymond Hérard et d'autres activistes s'y trouvent aussi). Le couple, établi dans l'île de Margarita, dans l'État de Nueva Esparta, y aurait un temps exploité un restaurant.

Après une vie aventureuse – ses descendants laissent entendre qu'elle aurait travaillé pour les services américains –, Anne Mourraille est décédée à Monterey (Californie) en 1984. Yves Moynier est mort – sous le nom de Magicier – deux ans plus tard.

Bibliographie sélective

Berlière Jean-Marc, *Polices des temps noirs. France 1939-1945*, Paris, Perrin, 2018.

Bourdrel Philippe, *Les Cagoulards dans la guerre*, Paris, Albin Michel, 2009.

Touret André, *Marx Dormoy (1888-1941) : maire de Montluçon, ministre du Front populaire*, Saint-Just-près-Brioude, Éditions Créer, coll. « Biographie », 1998.

15

Meurtre en Françafrique : l'assassinat d'Outel Bono (Paris, 26 août 1973)

par Jean-Pierre Bat

Paris, quartier de la Bastille. Dimanche matin 26 août 1973, 9 h 30. Les rues sont relativement désertes dans ce secteur. Un homme sort de son immeuble rue Sedaine et traverse la chaussée. Au premier croisement, il tourne sur sa gauche, rue du Commandant-Lamy. Puis il tourne au croisement suivant et s'engouffre dans la rue de la Roquette. La veille, il y a garé sa voiture, une DS 21, qu'il va maintenant chercher. L'homme s'empare de ses clés, ouvre la portière côté conducteur et s'installe au volant pour démarrer. À peine est-il assis que surgit un individu armé d'un pistolet. Ce dernier lui tire une balle dans la joue et une autre dans la nuque, presque à bout portant. La victime s'effondre sur son siège. Le tueur se retourne et court jusqu'à sa voiture garée quelques mètres derrière la DS 21, le long du même trottoir. Il démarre sa 2CV, fait demi-tour dans la rue de la Roquette et remonte à contresens la rue Popincourt pour disparaître. Les choses sont allées tellement vite que les rares témoins n'ont pas pu relever la plaque minéralogique de la 2CV : ils n'ont pu recueillir que quelques éléments fragmentaires pour décrire plus tard l'assassin à la police. Dans l'édition du 15 septembre 1973 de *Jeune Afrique*, le journaliste tchadien Saleh Kebzabo publie un article intitulé « Le Dr Bono ne gênera plus. » Il s'ouvre, de manière fracassante, par des propos attribués à François Tombalbaye, président de la République tchadienne, qui datent de 1972 : « Le jour où le Dr Outel Bono s'engagera à lutter contre mon régime dans une organisation déclarée, je n'hésiterai pas à le faire fusiller. » Pour l'opinion publique, l'affaire Outel Bono est aussitôt comparée à l'affaire Ben Barka.

Qui est Outel Bono, la victime ?
Paris, Seine (France) – août 1973

La mort d'Outel Bono intervient à un moment très particulier : le 24 août 1973, il a fait adresser à la presse un document de 31 pages, le manifeste du Mouvement démocratique de rénovation tchadienne (MDRT), un parti d'opposition qu'il est en train de créer et dont il doit assurer le lancement officiel par une conférence de presse annoncée dans les jours qui suivent la diffusion de son manifeste. À N'Djamena, le soir même de l'assassinat, le président de la République tchadienne, François Ngarta Tombalbaye, annonce sur les ondes de la radio nationale l'ouverture le 25 août 1973 du congrès constitutif de son nouveau parti : le Mouvement national pour la révolution culturelle et sociale (MNRCS)… le nouveau nom du parti-État qu'il construit par étapes depuis l'indépendance proclamée en 1960. L'assassinat de Bono intervient donc dans un agenda politique très précis – contrairement aux premières orientations de l'instruction qui privilégient la piste du crime passionnel.

Outel Bono est un enfant de son temps : né en 1934 au Tchad, il gagne la métropole coloniale en 1946 pour y mener ses études et s'inscrit en médecine à l'université de Toulouse en 1953. Étudiant, il milite dans les rangs de la célèbre Fédération des étudiants d'Afrique noire en France (FEANF), creuset de la jeunesse contestataire anticoloniale et pro-indépendantiste, à une époque où l'empire colonial vacille : la chute de Diên Biên Phu résonne aux oreilles de ces militants indépendantistes qui voient dans l'Algérie le nouveau front de lutte anticoloniale. Outel Bono devient une personnalité remarquée de la FEANF ; en 1958, il prend la tête de l'Association des étudiants tchadiens de France, branche tchadienne de la FEANF. Il ne cache pas son intérêt pour l'expérience maoïste (il fera d'ailleurs un voyage en Chine avec la FEANF). En 1957, il adhère au Parti africain de l'indépendance (PAI). De retour au Tchad colonial le temps des vacances universitaires de 1957, il prononce des conférences et distribue des tracts anticoloniaux appelant à l'indépendance. De 1959 à 1961, il effectue son internat de médecine à Sousse (Tunisie). Il noue des liens avec des nationalistes algériens et appartient aux réseaux anticoloniaux de ce qui ne s'appelle pas encore la « Tricontinentale », mais qui est en gestation : en janvier 1960, il participe à la deuxième Conférence des Peuples africains qui se tient à Tunis. Au terme de ses études, il rentre au Tchad en juillet 1962.

Tombalbaye, de son côté, veut transformer en parti unique son Parti populaire tchadien (PPT), affilié au Rassemblement démocratique (RDA) de Félix Houphouët-Boigny – pilier central de la Françafrique. Fin manœuvrier, il convie Outel Bono et d'autres jeunes diplômés revenus de France (surnommés les « Jeunes Turcs ») à contribuer aux travaux préparatoires du congrès d'Archambault de janvier 1963, censé refonder le PPT en parti unique. Outel Bono a beau être élu au bureau national, il comprend qu'il a été manipulé pour consacrer l'hégémonie de Tombalbaye : s'il opte dans un premier temps pour la collaboration et la réforme de l'intérieur, il en découvre rapidement les limites et ne cache pas ses opinions. À peine deux mois plus tard, en mars 1963, il est arrêté pour « complot ». Condamné à mort, il fait l'objet d'une campagne d'opinion internationale portée par le PCF qui obtient que sa peine soit commuée en détention à perpétuité. En août 1965, il est libéré à l'occasion du cinquième anniversaire de l'indépendance.

En mai 1969, il est de nouveau arrêté et condamné en juin à cinq ans d'emprisonnement pour « diffamation, propos excitant à la sédition, atteinte à la sûreté intérieure et extérieure de l'État ». En août suivant, il est pourtant de nouveau libéré et reprend ses fonctions de directeur de la Santé publique. La situation politico-militaire se dégrade gravement au Tchad en cette année 1969 : la menace rebelle est telle que, après une première intervention française à l'été 1968 (passée inaperçue dans l'opinion publique du fait des événements de Mai 68), Tombalbaye obtient que l'armée française effectue au Tchad sa première grande opération extérieure depuis la fin de la guerre d'Algérie. C'est l'opération « Limousin » (1969-1972), qui a pour mission de repousser militairement le Front de libération nationale du Tchad, ou Frolinat – faute de quoi le régime de Tombalbaye risque de tomber. Outel Bono, pour sa part, marque autant ses divergences avec le régime qu'avec le Frolinat, rejetant dos à dos leurs violences et exactions respectives.

En juillet 1972, il profite de ses vacances pour venir en France… et y rester, tant le climat politique au Tchad est devenu délétère. Les rumeurs les plus folles courent alors entre Paris et N'Djamena : pour les uns, Bono serait prêt à prendre la tête de la branche politique du Frolinat ; pour les autres, Jacques Foccart, le « Monsieur Afrique » de l'Élysée, s'apprêterait à jouer la carte Bono pour remplacer Tombalbaye. Officiellement, il suit des cours de recyclage à l'hôpital de la Pitié-Salpêtrière à Paris entre l'été 1972 et l'été 1973, mais il néglige très vite sa formation pour se consacrer à son projet politique : constituer un parti d'opposition. Il fait la rencontre de Georges Diguimbaye, un compatriote tchadien qui dirige la Banque du développement, et élabore avec lui le projet d'une « troisième voie » entre le régime de Tombalbaye et le Frolinat. C'est le projet du MDRT, qui fait directement concurrence au MNRCS de Tombalbaye. Une fois qu'Outel Bono est parvenu à faire venir sa femme et ses trois enfants du Tchad, il se sent libre de ses mouvements et de ses prises de position. Sa famille est en sécurité à Castelsarrasin dans le Tarn-et-Garonne, d'où est originaire sa femme Nadine. Il procède donc à la diffusion du manifeste du MDRT le 24 août 1973 et prépare sa conférence de presse. Il est assassiné le surlendemain.

Ce mois d'août 1973 est d'ailleurs extrêmement riche en événements pour Outel Bono. Il est entouré de camarades tchadiens qui l'accompagnent pour la création du MDRT, au premier rang desquels Julien Maraby. Il fait également l'objet d'une attention toute particulière de la part d'un certain Henri Bayonne. Ce dernier lui a été présenté par Georges Diguimbaye. Bayonne est un ancien des Forces françaises libres qui a servi au Bureau central de renseignements et d'action (BCRA), les services secrets de la France libre, à qui il est resté lié, même s'il est délicat de définir la nature et le degré de cette proximité. Bayonne prend littéralement en charge Bono. Il présente à l'opposant tchadien toute une série de personnalités à Paris. Il l'accompagne dans la rédaction du manifeste du MDRT : plusieurs sources évoquent même une réunion au domicile de Bayonne le 22 août 1973 au cours de laquelle aurait été rédigé et/ou discuté le manifeste. Le 25 août, les deux hommes déjeunent ensemble. Ils ne semblent plus se quitter. Les démarches de Bayonne se font tellement insistantes en ce mois d'août 1973 que se forge la rumeur que le Service de documentation et de contre-espionnage (SDECE), voire Jacques Foccart lui-même l'auraient mandaté pour approcher et « tamponner » Outel Bono. Dans quel but : accompagner son projet pour disposer d'une solution de rechange à Tombalbaye ? Mieux le surveiller ? Mieux le compromettre ? Mieux le neutraliser ? Et quels liens exacts Bayonne entretient-il avec le monde du renseignement, aussi bien tchadien que français ? Ses intentions restent obscures. Toujours est-il qu'il demeure un acteur central de cette affaire au lendemain de l'attentat : lorsque Nadine Bono monte de Castelsarrasin à Paris, c'est le couple Bayonne qui l'accueille et la prend en charge, la coupant littéralement de tout contact extérieur lors de sa semaine à Paris. À noter que le porte-document de son mari a disparu et que son appartement de la rue Sedaine a été perquisitionné en son absence. Le 3 septembre, une cérémonie a lieu au Temple de la maison fraternelle en hommage à Outel Bono, et le lendemain la dépouille prend la route de Castelsarrasin pour une cérémonie familiale et un enterrement dans le caveau de la famille de son épouse. Malgré la pression des époux Bayonne, Nadine Bono a toutefois réussi à entrer en contact avec maître Kaldor, l'avocat historique d'Outel Bono et un ténor du barreau connu pour son militantisme au sein du PCF. Ce dernier s'engage dans un combat judiciaire pour que toute la vérité soit faite sur cette affaire. Lorsqu'il est interrogé par la police judiciaire, Bayonne semble orienter l'enquête dans une fausse direction, comme une manœuvre de diversion. Alors que l'enquête s'enlise, des événements tchadiens la relancent au premier semestre 1975. Le 9 mars, Tombalbaye accuse publiquement Mahamat Ousmane, Georges Diguimbaye et Henri Bayonne d'être les assassins d'Outel Bono. Bayonne est qualifié de « cerveau » de l'opération.

Qui est Camille Gourvennec, le commanditaire présumé ?
Secteur de Zoui, Tibesti (Tchad) – avril 1975

La captivité de Pierre Galopin, commandant de l'armée française venu négocier la libération de l'otage Françoise Claustre auprès d'Hissène Habré et de son Conseil de commandement des forces armées du Nord (CCFAN), la branche nordiste du Frolinat, va prendre fin de la pire des manières. Le 2 avril 1975, il a été condamné à mort par le tribunal révolutionnaire. Dans la nuit du 3 au 4 avril, il est soumis à la torture. Le 4 avril, vers 10 heures, il est exécuté par pendaison. Peu avant son exécution, sa confession a été enregistrée. Hissène Habré la fait écouter au journaliste du *Figaro* Thierry Desjardins, venu le rencontrer au Tchad une semaine après l'exécution de Galopin. Ce dernier y confesse la responsabilité des services spéciaux tchadiens dans l'assassinat d'Outel Bono. Cette information relance l'interprétation des événements : Outel Bono a été assassiné sur ordre du pouvoir tchadien dont les services spéciaux sont connus sous le nom de « Coordination ». Galopin en a été le numéro 2, affecté au titre de l'assistance militaire technique française. Il n'a pas été placé là par hasard : officier méhariste rompu au métier du renseignement au Sahel, il a été orienté sur N'Djamena par Maurice Robert, l'historique chef Afrique du SDECE, en 1967. Car à cette date, au terme de plusieurs crises avec le pouvoir tchadien, le SDECE a décidé de fermer son poste de liaison et de renseignement (PLR) – c'est-à-dire sa structure officielle installée à la droite du président tchadien. Dans le vide laissé par le départ du PLR, le service spécial tchadien prospère rapidement sous la houlette de son directeur, le capitaine Camille Gourvennec.

Métis franco-indochinois né à Hanoï en 1923, il est engagé volontaire des troupes coloniales (artillerie coloniale) en 1942 et déployé sur les théâtres d'opérations indochinois et chinois. Il prolonge son engagement volontaire dans la guerre d'Indochine et gagne ses galons de sous-officier pour accéder au rang de sous-lieutenant en 1953. Dès cette époque, il commence à goûter aux questions de renseignement – notamment à travers les services de renseignements opérationnels (SRO). Il opère principalement au Tonkin pendant la guerre d'Indochine et quitte Saigon en 1957, puis poursuit son parcours en Algérie en 1959 après un passage par la métropole. Là encore, il cherche vainement à entrer dans le monde du renseignement. Il obtient finalement une affectation au bureau d'aide militaire de Fort-Lamy où il arrive en novembre 1963. Il est aussitôt affecté comme responsable du Bureau de coordination et de synthèse du renseignement (BCSR). Depuis ce poste d'observation, il a enfin un œil actif dans le domaine du renseignement. En 1964, il suit de près l'affaire des conseillers militaires déployés en préfecture, qui préfigure le maillage territorial du service de renseignements tchadien.

En 1967, lors de la crise qui conduit à la dissolution du PLR, Maurice Robert sait que Gourvennec est devenu incontournable. Le SDECE le fréquente à N'Djamena depuis 1963 et sait aussi qu'il est le premier bénéficiaire de la liquidation du PLR, car elle lui permet d'obtenir le monopole du renseignement au Tchad : le BCSR est devenu un service opérationnel et ne cesse de croître – il prendra en 1970 le nom de Centre de coordination et d'exploitation du renseignement (CCER). Sans doute Gourvennec a-t-il joué sur les deux tableaux, entretenant la méfiance de Tombalbaye envers le PLR et affirmant au SDECE qu'il est son ultime atout au Tchad dans ce contexte. Or, Maurice Robert ne veut pas être écarté des questions de renseignements au Tchad. Sachant qu'il doit désormais passer sous les fourches Caudines de la « Coordination » de Gourvennec, il lui donne un gage en détachant Pierre Galopin comme numéro 2 de la structure dès 1967. Rapidement, Gourvennec et Galopin deviennent des partenaires de confiance dans la lutte contre la rébellion tchadienne, qui s'organise politiquement et militairement depuis le lancement de l'insurrection en 1965. Galopin sert au sein du CCER jusqu'en janvier 1974 comme responsable de l'exploitation, puis comme numéro 2. Il est rappelé sur le dossier tchadien en juin 1974 pour gérer l'enlèvement des époux Claustre.

Gourvennec, quant à lui, fait prospérer son Service : en plus d'avoir assuré la mue du BCSR en CCER, il dote la « Coordination » d'un bras armé pour les opérations de basse police – la brigade spéciale d'intervention (BSI). Elle est confiée à l'adjudant-chef Gelino, ancien coopérant de la gendarmerie française qui s'est rapidement fait remarquer par Tombalbaye pour la répression des manifestations de septembre 1963 autour de la grande mosquée. Comme Gourvennec, Gelino a été débauché pour passer sous contrat tchadien.

À l'aube des années 1970, la petite équipe sécuritaire réunie sous l'autorité de Gourvennec régente littéralement le Tchad. Le chef de la « Coordination » a tressé une toile d'araignée au centre de laquelle il se trouve. On peut le croiser à l'aéroport alors qu'il surveille personnellement l'arrivée ou le départ de tel ou tel voyageur sur le sol tchadien. Il met en place des procédures de surveillance, qui vont de l'informateur aux bulletins de renseignement, directement inspirées des procédures françaises. Bref, il professionnalise le renseignement au Tchad qu'il centralise sous sa main. Alors même que la paranoïa de Tombalbaye ne cesse de croître, Gourvennec n'en devient que plus influent et plus puissant au quotidien. Le CCER et la BSI s'imposent avec violence comme les garants de la sécurité nationale.

Cependant, en 1972, Jacques Foccart considère que la solution militaire en elle-même ne mène nulle part et un terme est mis à l'opération « Limousin ». Tombalbaye prend cela pour une trahison politique de la France. Des campagnes d'opinion sont déclenchées au Tchad en 1973 à travers *Le Canard déchaîné* contre le « Dopelé au cou pelé », un oiseau charognard (sorte de vautour) surmonté du visage de Foccart caricaturé. Parallèlement, Tombalbaye entame sa politique « d'authenticité », inspirée du modèle zaïrois et portée par ses conseillers haïtiens : pour que la décolonisation soit complète, il faut revenir à l'identité africaine « originelle ». La crise de confiance est profonde entre Paris et N'Djamena. Au palais présidentiel tchadien, l'inquiétude monte : et si les sirènes de la « troisième voie » commençaient à se faire entendre ? Ou pis : si elles procédaient à une union avec le Frolinat, contre Tombalbaye ? Dans les deux cas, c'est une solution sans ce dernier qui se dessine. C'est là que se joue la crise de confiance entre les deux capitales :

N'Djamena ne veut pas prendre le risque d'une possibilité politique qui se nommerait Bono. Le pouvoir tchadien opte alors pour la solution la plus radicale : faire assassiner Bono à Paris. Gourvennec planifie cette opération baptisée « Homo ».

Il faudra à la police de trop longs mois pour qu'elle commence à remonter la trace de l'assassin présumé. C'est la publication de l'enquête de Thierry Desjardins *(Avec les otages du Tchad)* qui relance l'enquête en 1975 : il y révèle le nom de l'assassin confessé par Galopin avant de mourir – un certain Léon Hardy. Il ajoute dans l'enregistrement entendu par Thierry Desjardins qu'il était opposé à l'exécution d'Outel Bono. La police judiciaire se met sur la piste de ce Léon Hardy, mais mettra plus de deux ans à le « loger ».

Qui est Claude Bocquel alias *Léon Hardy, le tueur présumé ?*
Isle-sur-Sorgue, Vaucluse (France) – décembre 1977, janvier 1978

Fin 1977, la police judiciaire (PJ) de la préfecture de police de Paris retrouve enfin la trace du fameux Léon Hardy – et surtout sa véritable identité derrière cet *alias*. Longtemps, une confusion orthographique a conduit la police à rechercher un certain Leonardi. Derrière l'*alias* de Léon Hardy se cache un dénommé Claude Bocquel, officiellement identifié comme un « agent commercial », résidant à Nîmes. La police l'auditionne en décembre 1977 et janvier 1978 à son domicile de L'Isle-sur-Sorgue dans le Vaucluse et y procède à une perquisition. Les policiers ne sont pas au bout de leurs surprises : sont découverts de nombreux billets d'avion UTA (la compagnie spécialisée dans les vols vers l'Afrique), une correspondance entretenue avec Camille Gourvennec, une photo d'une 2CV immatriculée 50714 NC qui ressemble en tous points à la voiture dans laquelle le tueur s'est enfui le 26 août 1973 au matin, ainsi qu'une photographie du suspect en uniforme bleu d'officier de République centrafricaine – pays dans lequel la police découvre qu'il était également connu sous le sobriquet de Mario Senze. Les premières impressions de la PJ donnent à voir un aventurier demi-sel, un peu voyou mais pas trop : il est identifié entre la mi-1973 et la mi-1974, soit à l'époque de l'assassinat d'Outel Bono, comme le gérant du Splendid Bar, à la « clientèle de prostituées et de leurs galants ». Mais au cours de son audition, Bocquel confesse avoir été recruté au cours d'une escale à N'Djamena par Camille Gourvennec pour le compte de son CCER, qui lui dit « travailler pour la France ». Pour mieux comprendre la déposition de Claude Bocquel, il convient là encore de remonter le fil de son parcours dans les coulisses de la Françafrique.

Claude Bocquel est un gardien de la CRS 55 de Marseille, qui appartient à la communauté juive pied-noire. Au printemps 1967, il obtient une affectation pour Libreville pour le compte du Service de coopération technique internationale de la police (SCTIP). Alors que le président Léon M'Ba agonise de son cancer à l'hôpital Claude-Bernard à Paris, la succession s'organise au profit de son vice-président, Albert-Bernard Bongo. Bocquel lui est affecté en qualité de garde du corps. Bongo, féru de questions de sécurité et de renseignement, souhaite l'utiliser pleinement et l'envoie en mission confidentielle, notamment en Allemagne fédérale. Mais il est rapidement déçu par son comportement : le jugeant trop peu discret et trop peu efficace, lui reprochant son attitude déplacée ainsi que sa grossièreté à l'égard de hauts fonctionnaires gabonais, soulignant enfin son manque de moralité envers la gent féminine, Bongo écrit en octobre 1967 à Paris pour signifier le renvoi de Bocquel. Jacques Foccart et son bras droit, René Journiac, décident d'écarter ce CRS jugé trop douteux. Mais Bocquel n'entend pas renoncer à une Françafrique si riche de promesses pour peu qu'il sache gagner la confiance d'un chef d'État qui saurait mieux le protéger…

Il part de nouveau pour l'Afrique centrale en 1968, destination Bangui, pour le compte une fois encore du SCTIP. Désigné instructeur de tir à l'école de police centrafricaine, il parvient à se hisser aux côtés de Bokassa. Sa stratégie est simple : instrumentaliser au printemps 1969 la crise entre la délégation SCTIP et le président (depuis 1966), en prenant le parti de ce dernier contre son propre service. Denys, le CRS affecté comme garde du corps de Bokassa (qui s'en est jusqu'alors toujours montré satisfait), fait les frais de cette crise et se voit limogé. Bocquel profite de l'opportunité : il lâche le SCTIP et passe au service personnel de Bokassa. De nouveau, il est garde du corps d'un président… et cette fois il entend bien assurer sa fortune. Jouant sur la crise d'espionnite et de paranoïa du futur empereur, Bocquel se présente comme un expert en matière de sécurité présidentielle, n'hésitant pas à mettre en scène son passage dans l'entourage de Bongo pour faire croire qu'il aurait appartenu à la mythique garde présidentielle gabonaise. Il est bombardé capitaine de l'armée centrafricaine, premier garde du corps de Bokassa et *de facto* chef de la sécurité personnelle du président de Centrafrique. Au sommet de sa gloire dans le second semestre 1969, il est décoré de l'ordre du Mérite centrafricain. Le problème d'un personnage comme Bocquel est épineux pour la France : aux yeux du

SCTIP, c'est un renégat ; le SDECE le considère comme un petit escroc du renseignement ; le conseiller militaire et le 2e Bureau ne peuvent qu'attendre sa déchéance. Tous les services français souhaitent sa mise à l'écart, mais ne peuvent rien tant qu'il est sur le sol centrafricain. Arrêté enfin par la Sûreté française au Bourget lors d'un retour en France, Bocquel parvient à s'évader le 9 juillet 1969 et regagne Bangui *via* Bruxelles et Kinshasa... pour finir par se présenter à l'ambassade de France de Bangui en compagnie de Bokassa aux festivités du 14 juillet 1969 !

Dans le cadre de ses fonctions de chef de la sécurité présidentielle, Bocquel supervise des questions de renseignement. Il s'investit dans des opérations spéciales et trempe dans l'organisation en Centrafrique de camps de rebelles tchadiens du Frolinat. L'affaire dégénère quand, en novembre 1969, la présence de ces deux camps est découverte : l'un est situé au kilomètre 24 de la route de Bouar et confié à un Français nommé Paganini (un ami de Bocquel, que ce dernier a vraisemblablement fait venir à l'été 1969 pour cette mission) ; et l'autre est situé au kilomètre 73 de la route de M'Baïki, confié au Tchadien Youssouf Ali, cadre du Frolinat. Les camps sont autorisés par Bokassa, connus du directeur de la Sûreté Bouba et gérés par Bocquel. Mais le manque de discrétion des activités du Frolinat en Centrafrique met à mal la relation diplomatique entre Bangui et N'Djamena. Bokassa en vient à lâcher les rebelles et donne à partir d'octobre 1969 l'ordre de mettre un terme à leurs activités sur son territoire. Bocquel – avec l'accord de Bokassa ou jouant un double jeu ? – s'efforce de sécuriser l'arrestation et le renvoi de Youssouf Ali, mais ne renonce pas à son projet : un troisième camp est créé au kilomètre 24 de la route de Damara, qui doit cependant être fermé dès le mois de décembre 1969.

Entre la fin 1969 et le début 1970, Bocquel multiplie les faux pas. Il commet en particulier de trop nombreuses erreurs lors d'une mission en Allemagne fédérale en janvier 1970, s'y présentant comme l'envoyé spécial de Bokassa et donnant des conférences de presse à huis clos, alors qu'il a pour mission d'acheter des chiens « et de jeunes hôtesses censées agrémenter une pension que Bokassa a fait construire à Bangui ». Ses soirées festives dans les boîtes de nuit de plusieurs grandes villes allemandes attirent l'attention de la police. À son retour en Centrafrique, sa disgrâce est consommée : Bokassa entend s'en séparer. Aux griefs politiques s'ajoutent des plaintes d'ordre privé : Bocquel est devenu tout particulièrement encombrant pour Bokassa, car il sait tout des intrigues de basse police, des affaires galantes et des trafics de diamants. C'est donc simultanément un franc-tireur des services de sécurité et un ancien complice devenu témoin gênant que Bokassa veut éliminer. « Aussi nous trouvions-nous libérés de Bocquel qui, depuis mon arrivée à Bangui, avait entretenu une ambiance peu favorable à une amélioration de nos relations. Mythomane manipulant les agents de renseignements qui gravitent autour du président de la République, il parvenait à faire croire à ce dernier ce qu'il désirait, et il joua souvent contre l'ambassade de France pour se mettre en valeur », écrit Albert de Schonen, ambassadeur de France à Bangui, soulagé de ce dénouement. Mais l'affaire ne se passe pas aussi facilement qu'une simple expulsion.

Bocquel est arrêté et sa maison fouillée le 11 mars 1970 ; Bokassa assiste en personne à cette perquisition. Le président redoute que ne soient dissimulés des papiers compromettants, qu'il s'agisse d'intrigues de basse politique ou de pièces à conviction de frasques crapuleuses. Bocquel est enchaîné et envoyé en prison – où il semble avoir subi une peine spéciale : il aurait été enfermé dans une cage de tôle brûlante. Il est finalement sauvé par l'ambassadeur de France qui obtient sa libération et lui fait regagner la France par le vol régulier d'Air Afrique du 15 mars 1970. Mais à l'escale de N'Djamena à 11 h 35, les services de sécurité tchadiens ayant appris sa présence dans l'avion procèdent à son arrestation. Il est aussitôt conduit à l'interrogatoire dans les locaux du CCER et questionné sur les camps du Frolinat. Bocquel finit par tout avouer. Au terme d'un interrogatoire musclé, il en vient même à reconnaître que Bokassa lui aurait remis 50 millions de francs CFA pour assassiner Tombalbaye. La part de vérité de ces confessions est difficile à établir tant les réponses ont été, à coup sûr, suggérées par le CCER. Le 19 mars, l'ex-CRS est remis dans un avion à destination de Paris par les autorités tchadiennes.

Cependant, il revient au Tchad du 4 au 8 mai 1970. Il est accueilli et pris en charge par Gourvennec en personne. Officiellement, il s'agit des suites de l'enquête contre les rebelles tchadiens : il doit être confronté aux Tchadiens expulsés de Centrafrique en mars 1970 après son interrogatoire. En réalité, Bocquel a été « retourné » par Gourvennec qui en a fait son agent durant les interrogatoires entre le 15 et le 18 mars 1970. À compter de mars 1970, il est son homme de main en France. Il le dote d'un faux passeport au nom de Léon Hardy. Et si l'ancien CRS n'apparaît plus dans le radar des services de renseignements, il continue à « grenouiller ». Dans le flou qui entoure les services secrets, il veut croire à la version que lui a avancée Gourvennec : il est recruté « pour la France » – à travers des jeux de pare-feu. Mais comment un aventurier tel que Bocquel, qui a franchi tant de lignes jaunes face aux services français, peut-il croire sincèrement à cette version ? Peu importe, c'est l'explication qu'il sert aux policiers venus l'auditionner en 1977 et 1978. Il ajoute même que Gourvennec lui aurait laissé miroiter un recrutement officiel au SDECE. Gourvennec et Bocquel, l'officier traitant et son agent, restent en contact étroit : en témoignent les correspondances saisies par la police à son domicile de L'Isle-sur-Sorgue qui sont signés « Gourvennec » ou plus familièrement « Camille ». C'est cet homme, devenu agent du CCER, qui est identifié comme le tueur d'Outel Bono au terme de l'enquête de police.

Épilogue

La découverte de Léon Hardy par la police intervient bien tard. Force est de reconnaître qu'en cette année 1978, beaucoup d'éléments du contexte géopolitique ont changé. Foccart a quitté l'Élysée avec la victoire de Valéry Giscard d'Estaing en 1974. Tombalbaye a été assassiné lors du coup d'État du 13 avril 1975 – dans lequel Gourvennec a joué un rôle pour le moins trouble. Après avoir survécu de façon éphémère auprès du nouveau régime tchadien, ce dernier a fini par quitter N'Djamena et s'installer pour un temps à Paris vers 1977. En 1978, alors qu'il semblait se préparer à constituer un nouveau « Centre de coordination » pour un autre pays africain, il trouve la mort dans des circonstances restées suspectes. Officiellement, il s'agirait d'une hémorragie provoquée par un cancer de la gorge; Maurice Robert, l'ancien chef Afrique du SDECE, croit pour sa part à un empoisonnement. À cette époque, la France de Valéry Giscard d'Estaing se réengage militairement dans les sables du Tchad avec l'opération « Tacaud », déclenchée en février 1978. On est bien loin du contexte politique du mois d'août 1973.

La procédure judiciaire traîne en longueur en France, malgré les efforts de Nadine Bono et de maître Pierre Kaldor. Finalement, malgré la réunion des différents éléments de l'enquête, un non-lieu est prononcé en 1982. Différentes rumeurs ont survécu à l'affaire, dans une confusion savamment entretenue sur les responsabilités des « services secrets », comme s'il s'agissait d'une main invisible franco-tchadienne et omnipotente. L'enquête aura accumulé les erreurs, jusqu'à la question des empreintes digitales qui auraient pu donner certaines réponses, mais n'ont pas su être convenablement exploitées. Restent des questions toujours en suspens : existe-t-il un seul complot contre Outel Bono ou s'agit-il d'une conjonction de complots aux objectifs distincts et évolutifs qui s'entrecroisent jusqu'à sa mort ? Quelle était la perception du projet d'Outel Bono par Jacques Foccart, et éventuellement l'évolution de sa réflexion sur le sujet ? Quel a été le rôle exact d'Henri Bayonne, le si pressant « parrain » d'Outel Bono qui a isolé Nadine Bono ? Quelle était la nature exacte de ses relations avec les cercles de pouvoir en France ? Était-il en lien avec le projet de Gourvennec (et, le cas échéant, quelles interactions existaient entre eux) ? Dans sa confession, Pierre Galopin a affirmé s'être opposé à l'idée d'assassiner Outel Bono : s'il était au courant, a-t-il entrepris une démarche, et si oui, quelles en ont été la nature et la portée ? Pourquoi Camille Gourvennec n'a-t-il jamais été entendu par la justice française et n'a-t-il jamais été interpellé lors de ses passages en France dans le cadre de l'affaire Outel Bono, avant comme après le départ de Foccart de l'Élysée ? Force est de constater que le virage induit par le départ de Foccart de l'Élysée en 1974, la mort de Galopin et la chute de Tombalbaye en 1975, ou encore le retour en France puis la mort de Gourvennec en 1978 ont été autant d'éléments qui ont éteint politiquement l'affaire… sans que la justice ait pu faire convenablement son œuvre en Françafrique.

Bibliographie sélective

BAT Jean-Pierre, *Le Syndrome Foccart. La politique française en Afrique, de 1959 à nos jours*, Paris, Gallimard, 2012.

DESJARDINS Thierry, *Avec les otages du Tchad*, Paris, Presses de la Cité, 1975.

DINGAMMADJI Arnaud, *Ngarta Tombalbaye. Parcours et rôle dans la vie politique du Tchad, 1959-1975*, Paris, L'Harmattan, 2007.

16

La tuerie d'Auriol : un crime politique au cœur de l'été 1981

par François AUDIGIER

Le 19 juillet 1981, dans la vieille bastide de la Douronne, à Auriol, près de Marseille, un paisible week-end estival bascule dans l'horreur quand un inspecteur de police et cinq membres de sa famille sont sauvagement assassinés. Après les journalistes, la police et la justice, c'est au tour de l'historien d'expliquer pourquoi des militants du Service d'action civique (le SAC), le service d'ordre gaulliste de l'époque, sont passés du contentieux politique au meurtre, en liquidant froidement toute une famille à l'arme blanche.

Au petit matin du dimanche 19 juillet 1981, Marina Massié se rend chez son frère Jacques, qui habite avec sa femme Marie-Dominique et son fils de 8 ans, Alexandre, une bastide sur les hauteurs d'Auriol près d'Aubagne, à une trentaine de kilomètres de Marseille. Elle compte y rejoindre son compagnon, « Jo » (Georges Ferrarini), qui s'est rendu à la Douronne ce week-end-là pour assister à la fête d'anniversaire d'Alexandre, tout comme les grands-parents maternels (le couple Jacquèmes). Arrivée sur les lieux, elle apprend par un voisin qu'un feu se serait déclaré dans la maison. Elle découvre un intérieur dévasté, des meubles calcinés ainsi que des traces de sang à plusieurs endroits. Dépêchés sur place, les enquêteurs du SRPJ de Marseille Roger Giaime et Gérard de Fabritus constatent que le feu n'est pas accidentel. Des bougies ont été installées sur les rebords des fenêtres dans la cage d'escalier, sous les rideaux. Au premier étage, près d'un lit, se trouvent des masques de chirurgien, une chemise ensanglantée et des liens. À 300 mètres de la Douronne, on retrouve la Mercedes des beaux-parents et divers objets, dont la chevalière de Jacques Massié, une paire de lunettes et un briquet. Les enquêteurs observent aussi une tache de sang sur une margelle de trottoir. Parmi les six disparus, un nom n'est pas inconnu des enquêteurs puisqu'il s'agit d'un de leurs collègues, l'inspecteur de police Jacques Massié…

Ce dernier, fils de policier, avait rejoint les CRS au terme de son service militaire. Devenu motard dans la police, il avait dû se reconvertir après un accident de la route. Le brigadier-chef qui rêvait d'intégrer la DST s'était tourné vers une carrière d'inspecteur de police. Fin 1980, le voici stagiaire. Mais le parcours professionnel de l'intéressé se double d'un engagement militant au sein du service d'ordre gaulliste, le SAC. Rapidement, les enquêteurs pressentent que cette sulfureuse organisation n'est peut-être pas étrangère aux événements tragiques de la bastide…

De SAC et de corde

Créé fin 1959, après le retour au pouvoir du général de Gaulle en pleine guerre d'Algérie, le SAC recycle les anciens du service d'ordre du Rassemblement du peuple français (RPF), le parti gaulliste d'opposition sous la IVe République, des durs qui affrontaient les communistes dans les salles de meeting au début de la guerre froide. Souvent issus de la Résistance ou de la France libre, porteurs d'une culture de clandestinité et de tension, ces gros bras reprennent du service à la demande de leur chef, Pierre Debizet, et de son parrain politique, Jacques Foccart, le conseiller de De Gaulle pour les affaires sensibles touchant à l'Afrique, à l'outre-mer et aux services secrets. Si la guerre d'Algérie divise momentanément le mouvement, ce dernier refait son unité en Mai 68 dans un combat commun contre « la subversion marxiste ». La légende noire du SAC, que l'opposition de droite comme de gauche au régime gaullien résume à un ramassis de barbouzes, nervis fascistes et malfrats encartés, est certes exagérée. Le service d'ordre rassemble surtout des militants, sans doute rugueux, mais d'abord prêts à s'engager sur le terrain pour défendre la cause gaulliste. Reste qu'il réunit aussi par endroits des éléments peu recommandables, parfois issus du milieu, et qui, en échange de services rendus lors des campagnes électorales, profitent d'une certaine indulgence de la part de la police. En dépit de purges répétées, cette présence douteuse ne cesse pas et semble forte dans certaines régions comme la Provence.

Après 1974 et la perte de l'Élysée par les gaullistes, les choses se compliquent pour le SAC sur le double plan politique et financier. Pris par ses missions au Gabon comme conseiller sécurité d'Omar Bongo, Pierre Debizet peine à contrôler un service qui se délite. On y trouve de plus en plus des gens violents situés à l'extrême droite, des individus louches issus du gangstérisme, des opportunistes à la recherche d'un appui politique et des personnalités fragiles attirées par la réputation sulfureuse du service d'ordre. Le nouveau parti gaulliste, le RPR chiraquien, lancé fin 1976, continue toutefois de faire appel à ce service de plusieurs milliers d'adhérents pour sécuriser ses meetings et les déplacements de ses cadres dans le contexte de la fin des années 1970 marqué par le retour de la violence militante. C'est ainsi que le SAC assure la protection de Jacques Chirac lors de son déplacement dans les Bouches-du-Rhône les 24 et 25 février 1981, en pleine campagne présidentielle.

Parmi les gros bras mobilisés à cette occasion, un certain Jacques Massié… Ce dernier a rejoint le SAC en septembre 1974. Encarté au RPR, il est devenu responsable départemental adjoint de la fédération SAC des Bouches-du-Rhône en 1977 et dirige en 1979 quatre départements (Bouches-du-Rhône, Alpes-de-Haute-Provence, Hautes-Alpes et Vaucluse) avant que ses nouvelles obligations professionnelles ne l'obligent à se recentrer sur la seule fédération des Bouches-du-Rhône, qu'il supervise aux côtés de son adjoint, Jean-Joseph Maria. Au sein du service, le policier ne semble pas avoir que des amis puisque, au soir du 25 avril 1981, veille du premier tour de la présidentielle, il est pris pour cible sur l'autoroute par deux tueurs à moto qui lui tirent dessus sans l'atteindre. Devant les policiers, Jacques Massié déclare que cette tentative d'assassinat est sans doute liée à ses responsabilités au sein du SAC avant de donner les noms de rivaux qu'il pense impliqués dans cette affaire.

Les premières arrestations

Les enquêteurs du SRPJ se penchent donc sur le SAC marseillais et le rôle qu'y tient Jacques Massié, dont le train de vie ne correspond pas aux revenus d'un inspecteur de police stagiaire. Il se confirme que le SAC local est gangrené par la pègre, que les armes y circulent illégalement, que certains militants sont engagés dans le chantage, l'extorsion de fonds et le racket. Jacques Massié aurait-il pu être victime d'un règlement de comptes interne ? De fait, l'intéressé, qui se sentait menacé, portait toujours une arme sur lui, s'asseyait face à la porte dans les restaurants, fichait les membres du SAC marseillais, photocopiait les documents du service d'ordre et s'était bricolé un attaché-case lui permettant d'enregistrer les conversations…

Le 19 juillet en fin d'après-midi, alors que les policiers se trouvent encore à la Douronne, Jean-Claude Emmery, un membre du SAC local et ami de Massié, se présente pour leur proposer de l'aide. Après un rapide aller-retour dans le Vaucluse pour information, il revient le soir et suggère aux enquêteurs d'orienter leurs recherches vers un instituteur et un ouvrier de l'usine Chambourcy à Mazargues. Les hommes du SRPJ identifient d'autant plus vite les deux individus qu'ils possèdent désormais le registre des adhérents du SAC des Bouches-du-Rhône et les noms donnés par Jacques Massié lors de son dépôt de plainte en avril 1981. Dès le lendemain, ils arrêtent quatre d'entre eux : Jean-Joseph Maria – un entrepreneur en peinture surnommé « Kojak » en raison de son crâne chauve –, Lionel-Marie Collard, un ancien militaire appelé « l'homme à l'oreille coupée » après un accident de parachutisme dans la Légion, Jean-Bruno Finochietti, un jeune instituteur, et Paul Sinibaldi, chauffeur de taxi au chômage. Un nouveau coup de filet dans le SAC marseillais permet d'arrêter trois autres suspects employés des PTT et encartés à la CGT : Ange Poletti, Didier Campana et Jean-François Massoni.

Jean-Bruno Finochietti, très à l'aise lors de la garde à vue, ne semble pas correspondre au profil d'un criminel. Cet enseignant doux et apprécié des parents d'élèves n'a-t-il pas donné des cours de rattrapage au petit Alexandre ? Finalement, après quarante heures d'interrogatoire où la même question revient sans cesse – « y a-t-il encore quelque chose à sauver ? » –, l'instituteur, confronté à ses empreintes trouvées dans la bastide, craque. En pleurs, il fait aux enquêteurs le récit de la tuerie avant d'en rapporter les éléments les plus terribles dans une hallucinante bande dessinée. Si Jean-Bruno Finochietti a parlé, se contentant d'initiales – A, B, C, D et Z – pour désigner les membres du commando et le commanditaire, Lionel Collard et Jean-Joseph Maria se taisent, reconnaissant simplement leur différend avec l'inspecteur Massié, différend partagé selon eux par le secrétaire général du SAC, Pierre Debizet. Reste la question des corps : où se trouvent-ils ? L'instituteur indique avoir enterré la dépouille de Jacques Massié dans un bois au col du Petit Galibier dans le Var. Dépêché sur place, le médecin légiste pourra passer son poing à travers le crâne troué de l'inspecteur, preuve de la brutalité de ses assaillants.

Le scénario du crime

Le commando devait initialement enlever Jacques Massié, le faire parler lors d'un interrogatoire musclé, récupérer des documents compromettants, dont une mallette, pour éviter qu'ils ne tombent aux mains de la nouvelle majorité de gauche, avant probablement de liquider l'inspecteur. Le tandem Collard-Maria avait monté l'opération. Après le vol d'une estafette et le repérage à la jumelle de la bastide le samedi en début d'après-midi, le commando investit les lieux qu'il pense occupés par le seul inspecteur qui est en fait parti rejoindre un ami vers Orange. Équipés d'armes à feu, d'armes blanches et de bombes paralysantes, le visage masqué, les cinq assaillants font irruption vers 17 heures dans la maison et tombent sur Marie-Dominique et « Jo », qu'ils prennent pour l'inspecteur et gazent au lacrymo. Une heure plus tard, les grands-parents et l'enfant, qui rentrent d'une promenade, sont à leur tour attachés puis amenés à l'étage dans l'attente de l'arrivée de Jacques Massié.

Le scénario dérape lorsque Marie-Dominique reconnaît l'instituteur. Soucieux de supprimer des témoins devenus gênants, Lionel Collard ordonne l'exécution des prisonniers. Ne pouvant utiliser des armes à feu de peur d'alerter le voisinage, le commando assassine toute la famille à l'arme blanche, étranglant au lacet, assommant à coups de tisonnier, achevant au poignard, selon un protocole identique consistant à faire descendre chaque prisonnier l'un après l'autre au salon pour une supposée réunion. Mme Massié supplie Finochietti d'épargner son enfant. C'est pourtant l'instituteur qui porte le coup de grâce à Alexandre d'un coup de poignard en plein cœur, alors que l'enfant agonise après avoir reçu des coups d'Ange Poletti. Tandis qu'une partie du commando se débarrasse des corps dans une mine désaffectée près du village des Mayons dans le massif des Maures, à une centaine de kilomètres d'Auriol – ils ne seront retrouvés que le 30 juillet –, les autres attendent le retour de Massié, qui rentre vers 3 heures du matin. Frappé d'un coup de couteau au portail de sa maison, le policier, habitué des sports de combat, parvient à se dégager, mais est rattrapé après une course de 150 mètres par l'instituteur, qui lui fracasse la tête contre le trottoir. Après avoir découvert deux mallettes, Lionel Collard fait incendier la bastide pour effacer les traces. Les membres de la petite équipe se restaurent dans une auberge avant de rentrer à leurs domiciles respectifs.

De l'enquête au procès

Si lors des interrogatoires, le tandem Collard-Maria persiste à nier toute implication, le trio des postiers se montre plus coopératif et désigne le légionnaire Collard comme leur chef. Reste à déterminer les mobiles profonds de la tuerie. Ne sachant si celle-ci se limite à un règlement de comptes isolé entre membres du SAC marseillais ou si l'opération a été décidée à des fins plus politiques par la direction nationale, la magistrate instructeur fait arrêter le 24 juillet le secrétaire général du SAC, Pierre Debizet, et son trésorier, Gérard Daury. Le second est rapidement libéré, mais le premier est écroué à la prison des Baumettes, tandis que l'adjoint RPR du maire d'Aix-en-Provence et ancien responsable régional du SAC, Yves Destrem, est entendu comme témoin. Parallèlement aux policiers et aux juges, les médias mènent l'enquête. Cette affaire hors normes qui surgit en plein été passionne l'opinion et des centaines d'articles de presse paraissent qui explorent plusieurs pistes : trafic d'armes, fausse monnaie, secte templière, loge maçonnique P2, terrorisme corse, assassinat d'opposant africain, etc.

L'enquête de la juge n'est pas facile. Les accusés se réfugient dans le mutisme ou accumulent les fausses pistes ou déclarations mensongères pour se disculper et charger leurs complices. Les familles des accusés et les parties civiles changent souvent d'avocats et ceux-ci utilisent les médias pour orienter une instruction dont le secret n'est pas respecté. La juge, qui doit déjà gérer les pressions du pouvoir, qui veut discréditer l'ancienne majorité, comme de l'opposition, qui crie à la vengeance politique, voit les journaux publier des documents pourtant confidentiels, au point qu'elle fera vérifier si des micros n'ont pas été installés dans son bureau. Parallèlement à l'affaire d'Auriol, le parquet de Marseille prend des réquisitions supplétives concernant la disparition depuis le 15 mai 1981 du trésorier du SAC des Bouches-du-Rhône et délégué CFTC du comité d'entreprise de Chambourcy, Yves Courtois. Le 19 février 1982, on trouve à Signes dans le Var les restes d'un autre disparu du SAC, le restaurateur Claude Castellanos, qui avait quitté son domicile le 16 février 1980. Sa bouche est brûlée au vitriol…

Le procès de la « tuerie d'Auriol » s'ouvre le 22 avril 1985 devant la cour d'assises d'Aix-en-Provence. Entre-temps, une commission d'enquête parlementaire a été mise en place à l'Assemblée nationale dont le rapport a conduit le gouvernement à dissoudre le SAC par décret en juillet 1982. Soucieuse de la séparation des pouvoirs, la chambre d'accusation avertit qu'on ne tiendra pas compte du rapport parlementaire sur le service d'ordre. Cela revient à dépolitiser le procès en disculpant d'emblée la hiérarchie nationale du SAC alors que certains accusés, notamment les trois postiers, se posent en simples exécutants d'ordres « venus d'en haut ». Cela revient aussi à restreindre l'affaire à son seul cadre marseillais. Le procès réunit 150 témoins, une cinquantaine de journalistes, une vingtaine d'avocats. Si l'audition de Pierre Debizet est décevante, on découvre la mythomanie du faux baroudeur Maria dont les exploits guerriers se limitent à son service militaire comme magasinier dans une caserne près de Marseille. Pour les psychiatres appelés à la barre, la peur a joué un rôle central dans la tuerie : peur de voir diffusés les dossiers secrets de Massié – notamment sur le hold-up auquel ont participé les postiers –, peur d'être dénoncés par Marie-Dominique Massié qui a reconnu ses assaillants, peur de Collard qui a menacé de mort ses compères s'ils n'exécutaient pas ses ordres.

Le 17 mai 1985, les jurés rendent leur verdict : trois réclusions criminelles à perpétuité pour Maria, Poletti et Collard, vingt ans pour Finochietti et Campana, quinze ans pour Massoni. Jean-Joseph Maria est décédé d'un cancer en 1996, les autres membres du commando sont aujourd'hui sortis de prison. Lionel Collard vivrait en Roumanie, Ange Poletti et Jean-François Massoni auraient regagné la Corse, tandis que Didier Campana serait resté à Marseille. Après avoir passé treize ans derrière les barreaux puis avoir résidé en Italie et en Biélorussie, Jean-Bruno Finochietti vivote de petits métiers dans les Bouches-du-Rhône.

L'historien face à la tuerie d'Auriol

Pour sortir la tuerie d'Auriol du fait divers et lui faire retrouver sa nature politique, il faut inscrire l'affaire dans une perspective historique et faire jouer des échelles de temps : temps long des héritages et des cultures politiques, temps court des événements. Ce massacre est l'aboutissement d'une longue tradition locale de violence politique, il résulte aussi d'un climat d'extrême tension paranoïaque au sein du SAC marseillais lié à l'alternance de mai 1981. Ce travail sur le temps est propre à l'historien, il diffère de l'approche du journaliste, du policier et du juge, nécessairement plus ancrée dans le présent de la dimension criminelle. Dans cette même logique multiscalaire, mais sur un plan géographique cette fois, on interrogera la relation Paris-province, national-local, qui joue ici un rôle important, puisque les acteurs marseillais se sont d'autant plus perdus dans cette dynamique meurtrière qu'ils pensaient suivre un ordre non écrit « venu d'en haut », c'est-à-dire du siège parisien du SAC.

L'autre spécificité de l'historien consiste à travailler à partir de sources, qu'elles soient écrites ou orales, privées ou publiques, constituées en archives ou non. En la matière, l'affaire d'Auriol pose plusieurs problèmes. *A priori*, le dossier d'enquête figure bien aux Archives nationales, mais la pièce s'avère en réalité manquante et il faut se contenter d'un volumineux dossier de presse. Un dossier de presse, encore plus consistant, est consultable à Sciences Po Paris (rubrique Service d'action civique). Les archives départementales des Bouches-du-Rhône n'offrent pas véritablement d'autre solution. Si les cotes de 2327W9 à 2327W12 renvoient bien aux dossiers policiers et judiciaires de la tuerie d'Auriol, la loi de juillet 2008 réglementant l'accès aux archives publiques en rend la consultation difficile, voire impossible, compte tenu des délais particuliers pour la consultation des documents judiciaires et policiers, la protection de la vie privée des acteurs encore en vie et la sensibilité particulière de l'affaire. Il faut donc essentiellement travailler à partir des enquêtes de terrain menées de l'été 1981 (l'affaire) au printemps 1985 (le procès) par les journalistes qui ont interrogé des acteurs locaux et ont eu accès, de manière illégale, à des pièces du dossier policier et judiciaire.

L'historien retrouve la voie des archives lorsqu'il s'agit de s'intéresser au contexte politique marseillais de l'époque et au fonctionnement du SAC. Concernant le cadre politique local, on exploitera dans les archives départementales des Bouches-du-Rhône certaines archives publiques relevant du cabinet du préfet et des archives privées. Enfin, pour saisir le fonctionnement – s'agissant de l'antenne marseillaise, il s'agit plutôt de dysfonctionnement – du service d'ordre gaulliste, les archives de la commission d'enquête parlementaire sur le SAC sont d'un recours précieux, même si elles ne contiennent rien sur l'affaire d'Auriol puisque le sujet avait été évacué par les députés pour des raisons juridiques. Le fonds Jacques Foccart des Archives nationales s'avère décevant pour tout ce qui touche au SAC, quasiment absent des dossiers consultables.

Le temps long de la violence et de la criminalisation de la vie politique marseillaise

Violence militante, la tuerie d'Auriol ne surgit pas du néant. Cette affaire doit être replacée dans le temps long de la violence politique provençale et de la criminalisation de la politique marseillaise. La cité phocéenne, ville pauvre, populaire et portuaire, a longtemps été marquée par des pratiques clientélistes consistant pour un élu à obtenir le vote d'une communauté ethnique (Corses, Gitans, Italiens, Grecs, Levantins, Juifs, plus tard Arabes, pieds-noirs et Commoriens) et dans une moindre mesure d'un groupe socioprofessionnel (dockers, marins) *via* le recours à des « agents électoraux ». Ceux-ci, souvent issus de la pègre, garantissaient les suffrages bloqués d'une communauté par le recours combiné à la corruption (distribution d'argent, accès privilégié au logement et à l'emploi) et aux menaces. Si cette pratique clientéliste s'observe sur tout l'arc méditerranéen, elle était particulièrement forte dans la principale ville des Bouches-du-Rhône, favorisée par le zonage communautaire à l'image du quartier corse du Panier. Elle s'accompagnait de violences politiques puisqu'il fallait tenir sa communauté et exercer des pressions dissuasives sur le camp d'en face par le recours à des hommes de main pour les campagnes d'affichage et la protection des meetings.

La violence politique à Marseille prend une ampleur toute particulière dans l'entre-deux-guerres avec l'ascension de Simon Sabiani. L'ancien héros de 1914-1918 projette dans la vie politique locale la violence des tranchées. Proche du PCF dans les années 1920, il affronte les socialistes et les nationalistes avec ses nervis issus de la pègre. Élu député en 1928, premier adjoint au maire de 1929 à 1935, il se rapproche des socialistes, qui profitent à leur tour de ses méthodes musclées. Ayant rejoint Jacques Doriot à partir de 1934, il devient le chef local du PPF. Durant la seconde moitié des années 1930, Simon Sabiani s'oppose au maire socialiste Henri Tasso, défendu par les proxénètes Guérini en recourant aux deux parrains Spirito et Carbone et à leurs bandes de dockers, marins et chômeurs – « les phalanges prolétariennes » – qui terrorisent l'adversaire. Après l'Occupation et la Libération, la collusion entre monde politique marseillais et milieu se prolonge. Les Guérini, qui ont fait le choix de la Résistance durant laquelle ils ont sauvé à deux reprises le nouvel homme fort de la SFIO locale, Gaston Defferre, offrent leurs services aux socialistes. L'historienne Anne-Laure Ollivier a étudié cette collaboration efficace et peu discrète qui se met en place entre Defferre et cette famille de malfrats qui élargit alors ses activités dans le jeu, les boîtes de nuit et le trafic de cigarettes. En Provence plus qu'ailleurs, les débuts de la guerre froide voient communistes et gaullistes s'affronter dans un climat d'ultraviolence marqué par des bagarres homériques opposant parfois des dizaines de militants à coups de poing, d'arme blanche et parfois d'arme à feu.

En réaction, le RPF gaulliste constitue sur place un puissant service d'ordre militarisé qui entretient des relations troubles avec certains clans de la pègre locale. Ce SO gaulliste provençal est connu pour avoir la gâchette facile.

Rien d'étonnant donc à ce que l'antenne marseillaise du SAC, qui prend à partir de 1960 la suite du service d'ordre du RPF, soit à son tour influencée par ce modèle de violence et de criminalité. De manière structurelle, la culture politique gaulliste, parce qu'elle a des origines bonapartistes profondes et qu'elle est marquée par les différentes guerres qui l'ont vue émerger, fait une part importante à l'autorité, à la militarité, à la tension, au clandestin et à l'informel, favorisant en cela les dérives vers la violence militante, voire l'activisme. Bien évidemment, le gaullisme ne se réduit pas à ces dérapages localisés et ceux-ci ont surtout été le fait d'éléments issus de la première génération du gaullisme politique, la « génération du feu ». Mais au sein du service d'ordre gaulliste, plus réceptif par sa nature même à cette culture de la tension, des hommes ont pu construire leur engagement militant autour de pratiques et de normes banalisant, si ce n'est valorisant, le recours à la violence. Et ce modèle s'est d'autant plus répandu en Provence et à Marseille que ce territoire était déjà porteur d'une tradition de violence politique.

Rapidement, le SAC provençal se fait donc remarquer par ses dérapages, qu'il s'agisse du recours à la violence militante face à la gauche ou de ses mauvaises fréquentations avec la pègre locale. Charles Pasqua, un ancien du SO du RPF, est nommé au début des années 1960 chargé de mission pour la zone Bouches-du-Rhône, Var et Alpes-Maritimes. Fin 1964, ses fonctions à la direction de Ricard l'amènent à quitter Marseille pour s'installer à Paris, où il entre en 1967 au bureau du SAC comme vice-président. Il laisse alors la conduite du SAC marseillais à un de ses proches, le primeuriste Gérard Kappé, un homme autoritaire et instable, qui entre vite en conflit avec le délégué départemental des Bouches-du-Rhône, Robert Gardeil. Celui-ci prendra sa revanche en rejoignant les giscardiens après les législatives de juin 1968. Lors de cette campagne, le SAC marseillais fait de nouveau parler de lui à la rubrique judiciaire. Candidat gaulliste dans le fief rouge de Clichy-Levallois, Charles Pasqua a fait monter de Marseille une équipe de durs qui s'installe avec armes et bagages dans un hôtel de passe local. L'adjoint de Gérard Kappé, Jean Flosi, et une quarantaine de gros bras sillonnent bientôt les rues jusqu'à ce que l'incident survienne, le 23 juin, quand des militants du SAC tirent sur un chauffeur de taxi et un cheminot du PCF. Parmi les militants gaullistes arrêtés, trois seront impliqués dans les années suivantes dans des affaires de braquages et de meurtres. Le SAC marseillais a si mauvaise réputation que Georges Pompidou, une fois élu président au printemps 1969, exige de Jacques Foccart une épuration sévère de ses membres. Charles Pasqua fait les frais de cette purge. À l'automne 1969, il quitte définitivement le SAC, remplacé par Pierre Debizet, un proche de Jacques Foccart, écarté en 1960 en raison de sa fidélité à l'Algérie française.

Si jusqu'alors la police et la justice avaient souvent fermé les yeux sur les exactions d'une organisation liée au pouvoir, elles se font dans les années 1969-1972 les relais extérieurs et officiels de la purge du SAC provençal décidée en haut lieu. D'autant que les affaires se multiplient. En avril 1969, des armes sont volées sur la base militaire d'Istres. L'enquête permet d'interpeller le responsable régional de l'organisation, Gérard Kappé, et deux de ses proches. Du printemps à l'hiver 1969, une dizaine de braquages violents accompagnés de trois meurtres sont commis dans la région marseillaise. Parmi les malfrats arrêtés en février 1970 figurent sept membres du SAC local, dont Antoine Granato, un des adjoints de Gérard Kappé. L'affaire dite de Puyricard où se trouve impliqué le chef du SAC d'Aix-en-Provence, Sauveur Padovani, puis le procès en mars 1970 révèlent publiquement à quel point le SAC local – « une police parallèle un peu spéciale et particulière », dira le président du tribunal – est vérolé. Une évidence connue depuis longtemps dans les bars du Vieux-Port, les salles de rédaction des journaux marseillais et même à « l'Évêché », où tout le monde savait que des gangsters échappaient aux barrages de police grâce à leurs cartes tricolores. Déstabilisé par ces scandales, le SAC marseillais est par ailleurs déchiré entre clans rivaux opposant Gérard Kappé, Claude Daguet et Gérard Cochinaire.

L'affaire d'Auriol, qui surgit dix ans plus tard, n'est que l'aboutissement d'un processus long qui voit, d'une part, la violence militante jouer un rôle central et quasi admis dans la vie politique locale, et d'autre part la pègre interférer dans cette même vie politique. Le SAC des années 1970 concentre ces deux dynamiques.

Le temps court des tensions croissantes des dernières années du SAC marseillais

La tuerie d'Auriol est aussi le résultat de la déliquescence accélérée de l'antenne marseillaise du service d'ordre gaulliste dans les deux années précédant le crime. Le responsable régional, le notable aixois Yves Destrem, concentré sur sa carrière politique, a négligé le suivi de l'appareil de sécurité. Celui-ci a été confié à Jacques Massié, qui, dès 1979, exerce la direction de l'antenne départementale et même, *de facto*, de la délégation régionale du SAC. Désireux de remplir les caisses d'un mouvement en difficulté financière chronique, le policier oriente le mouvement vers la lucrative sécurité privée pour le compte d'entreprises locales. Mais une fois parti pour la région parisienne, l'inspecteur stagiaire offre à son remplaçant par intérim, Jean-Joseph Maria, la possibilité d'orchestrer une campagne de dénigrement contre lui. On affirme que le policier, qui roule en voiture de luxe et s'est endetté pour acheter la bastide, a encaissé des chèques relevant du SAC, racketté des bars à Marseille et Toulon, détourné des cotisations de militants au stand de tir de la CRS 53 à Allauch. Ces accusations sont-elles fondées ? Dans une enquête publiée à l'automne 1981 dans *Le Monde*, le journaliste Philippe Boggio évoque un responsable pressé par des besoins d'argent qui s'est lié avec des truands, fait chanter des personnalités grâce à des surveillances et filatures, assure la protection de bars et de sociétés intéressées par le bris de grève sans reverser au service d'ordre le montant des contrats. La liste des opérations figurant dans le dossier de la procédure est édifiante. Jean-Joseph Maria constitue donc un dossier à charge qu'il communique à Pierre Debizet.

Si Jacques Massié semble un responsable douteux, Jean-Joseph Maria ne présente pas un meilleur profil. Buvant sec, adepte des armes à feu, crapahutant en treillis, celui qui arbore un physique de baroudeur avec crâne rasé et imperméable en cuir raconte volontiers à de jeunes militants d'imaginaires exploits militaires en Indochine lors de soirées arrosées dans sa villa de Montolivet. Il incarne l'aile dure du mouvement, désireuse d'engager un rapport de force avec la gauche et probablement impliquée dans des attentats à la bombe jamais élucidés dans la région marseillaise – contre l'imprimerie anarchiste « Encre noire » en août 1980, qui fait un mort ; contre le

Centre d'échanges et de rencontres de la Sainte-Baume tenu par des dominicains progressistes en avril 1980; ou contre des foyers Sonacotra à La Cayolle et Bassens. L'inspecteur Massié disposait sans doute de renseignements gênants sur ces affaires. Tout comme il aurait pu révéler la participation de trois éléments du SAC, les postiers Poletti, Campana et Massoni, membres du futur commando d'Auriol, au hold-up du 19 janvier 1981 dans un bureau de poste de Marseille. Jacques Massié était aussi sans doute au fait des agissements clandestins de Francia, l'annexe corse barbouzarde du SAC, lancée en 1975 par Pierre Bertolini et engagée dans une lutte violente contre le FLNC. Yves Courtois, trésorier du SAC et proche de l'inspecteur, se vantait d'organiser des réseaux anti-indépendantistes sur l'île, ce qui explique peut-être sa disparition mystérieuse après mai 1981... Certains avaient vu l'ombre du SAC et de Francia dans l'étrange attentat organisé le 16 avril 1981 en pleine campagne présidentielle qui avait fait un mort à l'aéroport d'Ajaccio à l'occasion de la venue de Valéry Giscard d'Estaing. Jacques Massié aurait pu envisager de révéler les dessous politiques de cet attentat.

Le risque que Jacques Massié divulgue les secrets du SAC semble d'autant plus fort que l'intéressé passe pour avoir changé de camp, alors que Jean-Joseph Maria est resté fidèle à Jacques Chirac. Certains le voient passer du côté giscardien, d'autres lui prêtent des sympathies dans le camp socialiste. Cette atmosphère malsaine où chacun soupçonne l'autre de trahison et de malversation est exacerbée par le climat d'espionnite qui règne dans le SAC marseillais.

La mythomanie et la paranoïa constituent les seuls points communs unissant les clans Massié et Maria. L'inspecteur de police stagiaire se dit agent du SDECE et enregistre clandestinement les conversations des leaders politiques locaux. Dans les papiers de ce James Bond de commissariat figurent le résultat de ses filatures, des rapports sur des organisations terroristes arabes, les mouvements de navires transportant des armes à destination du Proche-Orient ou encore le plan de la poudrière de Sorgues dans le Vaucluse. En face, Jean-Joseph Maria se déclare correspondant des services secrets ou membre de la brigade des stupéfiants. Des énormités assenées avec tant d'assurance que les gendarmes locaux sont persuadés que l'intéressé et Lionel Collard, qu'ils voient régulièrement déambuler armés, sont effectivement des commissaires de police. Dans les mois qui précèdent le drame, les membres du SAC marseillais abandonnent donc le militantisme pour s'espionner mutuellement, s'intoxiquant tour à tour, se persuadant que l'autre connaît des secrets dangereux et qu'il faut agir avant qu'il ne soit trop tard.

Dans cette dynamique du soupçon, le clan Maria est le plus en pointe. Lors d'une réunion interne du mouvement le 1er mai 1981, Jean-Joseph Maria accuse Massié de « délation ». Quelques jours plus tard, profitant de son passage à l'aéroport de Marignane, « Kojak » déjeune avec Pierre Debizet, le secrétaire général du SAC, et revient à la charge contre le policier. Le patron du service d'ordre gaulliste aurait alors promis de régler cette affaire en juillet. Maria, par crainte d'une future confrontation ou parce qu'il avait interprété à sa convenance les propos sibyllins de Pierre Debizet – « le problème Massié doit être réglé » –, a commandité l'expédition, mais prétextant un abcès pulmonaire, il n'a pas pris part à l'expédition punitive, laissant Lionel Collard diriger le commando et faire basculer le règlement de comptes dans l'horreur.

Cette contextualisation de la tuerie d'Auriol ne doit pas négliger le dernier élément du temps court du crime : le climat d'extrême tension politique provoqué par l'alternance de mai 1981. Dans un service d'ordre gaulliste nourri depuis 1968 à la thématique de la « subversion gauchiste », où la peur du rouge est obsessionnelle, la perspective de l'arrivée au pouvoir d'un président socialiste et de ministres communistes constitue un cauchemar absolu. Après la défaite giscardienne, le SAC marseillais, notamment les éléments emmenés par Jean-Joseph Maria, est tenté par une « stratégie de la tension » à l'italienne, qui se serait accompagnée d'attentats et de violences militantes pour déstabiliser le nouveau pouvoir. Une orientation dessinée lors d'une réunion le 9 juin 1981 à Nans-les-Pins où Maria aurait annoncé l'avènement d'un « SAC de combat ».

Le crime d'Auriol constitue en ce sens l'aboutissement d'une culture de violence dans laquelle s'est installé le service d'ordre. Un conditionnement psychologique qui a fait basculer dans le drame des esprits faibles ou névrosés lorsque la situation politique s'est tendue. Au printemps 1974 déjà, lorsque François Mitterrand frôla l'Élysée, Pierre Debizet avait proclamé « la patrie en danger » dans *Action civique*, le bulletin du SAC, avant de sonner une nouvelle fois l'alerte en décembre 1979, annonçant que « de graves événements » allaient se produire et ordonnant à ses hommes de se préparer « à frapper en cas de casse ». Pour ces militants restés traumatisés par Mai 68, la France est au bord de l'abîme politique et le désastre de mai 1981 a concrétisé leurs craintes. Persuadés que la gauche préparait la bolchevisation de la France avec le soutien des pays de l'Est, une poignée de militants, se percevant comme une élite chargée d'une mission secrète, se tenait prête à s'opposer par tous les moyens à cette dérive.

C'est le croisement de cette mentalité antisubversive obsessionnelle, de ce climat paranoïaque et de ces tensions intestines qui a provoqué la tuerie d'Auriol. Jacques Massié a été assassiné parce que des militants se sont persuadés que ce responsable, déjà détesté pour ses escroqueries, allait livrer les secrets du SAC au nouveau pouvoir de gauche. Si le massacre de sa famille n'avait pas été prévu initialement et doit être considéré comme un dramatique dommage collatéral, personne au sein du commando n'est sorti de ce conditionnement malsain pour arrêter cette dynamique d'emballement. Pierre Debizet a sous-estimé la gravité de la situation du SAC marseillais, oubliant que les tensions entre responsables peuvent mal finir quand elles surviennent au sein d'un service d'ordre où des armes de guerre circulent et où des militants survoltés et mythomanes ont déjà franchi la ligne rouge de la violence et de l'illégalité.

Faut-il limiter Auriol au délire meurtrier de quelques individus ? Si l'on dissocie l'affaire de son cadre et de sa logique politique, la tuerie ne relève plus que de l'inconscience criminelle d'une bande d'illuminés. C'est à l'historien de rappeler que ces mêmes meurtriers étaient encore chargés quelques mois auparavant de la protection de personnalités de l'opposition. De noter que Jacques Massié se vantait de donner des cours de karaté aux commandos antigrèves. De souligner la présence d'un tiers de policiers parmi les 145 membres du SAC des Bouches-du-Rhône de 1981 : un mélange des genres qui permettait au service d'ordre de court-circuiter des enquêtes, d'accéder à des informations confidentielles et de bénéficier d'une certaine impunité. D'insister sur les manœuvres barbouzardes pour déstabiliser le mouvement indépendantiste corse *via* Francia.

Par sa rhétorique obsidionale et sa violence politique, le SAC a installé des militants dans un climat de guerre civile.

Bibliographie sélective

PANZANI Alex, *La Tuerie d'Auriol*, Paris, J'ai lu, 1993.

Chaque été, la presse exploite ce marronnier judiciaire en proposant des rétrospectives sur le meurtre collectif. Certains articles relèvent de façon plus originale la dimension politique de la tuerie, à l'image de l'enquête de Jacques Follorou pour *Le Monde* du 31 juillet 2006 (« La tuerie d'Auriol, massacre chez les barbouzards »). À noter l'article de *La Provence* du 13 août 2007 qui a organisé un bouleversant face-à-face – « La tuerie d'Auriol, vingt-six ans après, l'incroyable confrontation » – entre Marina Massié et Jean-Bruno Finochietti toujours profondément marqué par le drame et qui revient avec lucidité sur le conditionnement politico-psychologique qui l'a amené à tuer. Sans lui pardonner, Marina Massié lui a offert un exemplaire de l'ouvrage qu'elle a écrit avec Pascale Hurtado (*Tuerie d'Auriol, la vie d'une rescapée*, Nice, France-Europe Éditions, 2006).

17

Jacques Roseau, la dernière victime de l'Algérie française (Montpellier, 5 mars 1993)

par Olivier DARD

Le 5 mars 1993 en fin de journée, Jacques Roseau, 54 ans, porte-parole de la Confédération des rapatriés Recours-France, quitte la Maison des rapatriés à Montpellier. L'après-midi a été chargée car le lendemain doit s'ouvrir, dans cette même ville, une importante convention nationale des rapatriés. Elle n'aura pas lieu. En effet, vers 18 h 30, Jacques Roseau, alors qu'il est au volant de sa voiture dans le quartier du Mas-Drevon situé non loin de la Maison des rapatriés, se fait tirer dessus. Si Nicole Mariello, sa passagère qui est aussi son attachée de presse, n'est que très légèrement blessée – sous le choc, elle est conduite à l'hôpital –, lui succombe très rapidement.

Le choc de l'événement est profond et l'incompréhension domine, ce dont témoignent les contenus des journaux télévisés du jour. France 2 évoque le soir même l'assassinat de Roseau dans un sujet d'une minute consacré à son parcours. Le présentateur l'introduit dans ces termes : « Pour quelles raisons Jacques Roseau a-t-il été tué ? À cette question, personne ne peut aujourd'hui répondre et un rapide retour sur sa vie publique ne permet pas de trouver le moindre indice. » La rétrospective qui suit rappelle la précocité de l'engagement de Jacques Roseau à la tête des lycéens d'Alger. Elle souligne aussi qu'il a « participé à la prise du gouvernement fédéral [*sic*] » en mai 1958 et qu'« il se heurte très vite à l'intransigeance des durs de l'OAS » (rappelons que l'Organisation secrète n'a été créée qu'au début de 1961). Toujours approximatif, le reportage indique que « de retour en France, il fonde et il dirige le Recours, la principale organisation de rapatriés d'Afrique du Nord » (le Recours a été créé beaucoup plus tard, en 1976). Jacques Roseau devient alors « un personnage incontournable de la communauté pied-noir. » Le reportage rappelle ensuite sa proximité d'alors avec le Rassemblement pour la République (RPR) de Jacques Chirac, héritier du gaullisme que Roseau a combattu pendant la guerre d'Algérie, et ses amitiés avec des élus de gauche. Le reportage souligne aussi qu'en 1991 il avait été victime d'une agression et qu'il avait porté plainte pour tentative d'homicide. Il se conclut sur l'ambition prêtée à Jacques Roseau d'être « l'artisan de la réconciliation entre les pieds-noirs et les Algériens ».

Toujours sur la même chaîne, plus tard en soirée, deux minutes sont consacrées à ce drame et le téléspectateur en apprend davantage sur ses circonstances. Il est question à ce moment-là de « deux balles de gros calibre » et d'« un assassinat commis par des professionnels ». Le reportage évoque « deux tueurs qui ne lui ont laissé aucune chance », mentionne « plusieurs balles de 11,43 mm » et fait état d'un témoignage évoquant deux hommes à moto qui auraient tiré à plusieurs reprises. Le choc sur place est profond, comme l'illustrent les propos d'un rapatrié, très ému, venu sur les lieux du crime, qui parle d'un

« assassinat de mafia ». Du côté des autorités, le substitut du procureur de la République, interrogé, dit ne disposer à ce stade d'aucun élément, faute d'avoir encore pu interroger la passagère. Cela étant, un proche de Jacques Roseau, Roland Dessy, secrétaire général du Recours-France, affirme que « dernièrement », son ami « se sentait menacé », sans que Dessy sache « de quel côté arrivaient ces menaces ». Le reportage se conclut donc en indiquant qu'il appartient aux enquêteurs de « trouver les mobiles de ce crime » et « de savoir qui a pu commanditer un tel assassinat ».

Au soir de ce crime, qui a toutes les allures d'un règlement de comptes – notamment du fait de l'arme employée –, la consternation et l'incompréhension dominent. Toute la classe politique se mobilise, à commencer par les dirigeants du RPR : Jacques Chirac exprime son « émotion » et Alain Juppé fait part de sa consternation. Georges Marchais, ancien candidat à l'élection présidentielle de 1981 et secrétaire général du Parti communiste français, parle quant à lui de « crime abominable ». Dans ce concert d'indignations, une voix détonne cependant, celle de Jean-Marie Le Pen, ancien partisan actif de l'Algérie française où il a servi comme parachutiste et qu'il a fermement défendue dans les débats publics, en particulier à l'Assemblée nationale où il fut élu de 1956 à 1962. Interrogé sur la mort de Jacques Roseau, il ne mâche pas ses mots : « Je n'avais pas d'estime pour lui… Je ne sais pas qui a commis l'assassinat, mais c'est une provocation habituelle en période électorale liée aux événements en Algérie. » Et le patron du Front national d'ajouter : « C'est une vengeance de compatriotes pieds-noirs qui pensaient qu'il trahissait la cause des rapatriés. » Avant de conclure : « Roseau avait des relations politiques et commerciales avec l'Algérie. »

Ce scénario d'une « vengeance », personne alors n'y pense sérieusement. À ce moment, c'est surtout l'incompréhension qui domine.

Trois semaines plus tard, les choses ne semblent guère avoir avancé et l'hebdomadaire *L'Express* s'interroge dans son numéro du 1er avril en ces termes : « Roseau : enquête sur la mort d'un gêneur. » Le chapeau de l'article de Jacqueline Rémy est éloquent : « Truands, extrémistes ou illuminés : un mois après l'assassinat du leader du Recours, la police privilégie ces trois pistes. » Elle tente aussi de cerner la vie d'un homme « plus mystérieux qu'on ne l'imaginait ». Qui est donc cette victime à laquelle on en aurait tant voulu au point de l'assassiner ? se demande la journaliste, tandis qu'« unanimement, aujourd'hui », tous ceux qui ont connu le porte-parole du Recours-France « le décrivent comme un type gentil, généreux, gai, chaleureux ». Et Jacqueline Rémy de s'interroger : « Alors, pourquoi cet homme qui forçait la sympathie a-t-il pu mourir sous les balles d'un tueur ? Sans doute parce que Jacques Roseau avait une personnalité plus complexe que sa légende. » La chose est possible, mais il faut surtout comprendre que si Jacques Roseau est présenté et salué par les médias comme une figure représentative et consensuelle du milieu rapatrié, la réalité est bien différente. Assurément, l'homme et ses prises de position bénéficient de soutiens, mais il faut compter également avec des oppositions qui signifient chez certains une véritable aversion. « Toute vie est tissée d'ombre et de lumière », avait proclamé monseigneur Louis Boffet, l'évêque de Montpellier, lors de son oraison funèbre. Des mots qui, appliqués au défunt, n'étaient pas une simple formule de convenance.

Voyage au cœur du Recours et des associations pieds-noirs

L'histoire des oppositions suscitées par Jacques Roseau et celle de son action précèdent de longue date son assassinat et puisent leurs racines dans l'histoire chaotique des associations pieds-noirs qui ont suivi la fin de la guerre d'Algérie et ses propres engagements dans ces milieux. L'Algérie, cette terre où tout commence et où tout ramène, pour Jacques Roseau et les siens. Ses ancêtres sont des petits colons installés à Novi, à une centaine de kilomètres d'Alger. La famille y possédait une propriété d'une vingtaine d'hectares. Jacques Roseau est né le 5 août 1938 à Alger où son père, Henri, enseigne à l'Institut agronomique. Un père qui a joué dans la vie de Jacques un rôle capital : c'est d'ailleurs sur la base de notes qu'il avait rédigées que son fils a raconté l'histoire de sa famille dans deux ouvrages, *Le 13e convoi* et *Le 113e été*. Militant de l'Algérie française, Jacques Roseau est arrivé en métropole avec les siens en 1962. La famille s'investit d'emblée dans le monde associatif pied-noir. Car si Jacques s'est employé à se construire une situation professionnelle – il fut successivement visiteur médical pour un laboratoire pharmaceutique, patron de magasins de vêtements en région parisienne puis d'une société d'édition publicitaire, Alpha-Presse –, il n'a jamais délaissé la cause. Il prend ainsi en charge la présidence de l'Association des fils de rapatriés et de leurs amis (AFRA), une organisation qui doit faire face à une concurrente plus forte et plus représentative, le Front national des jeunes rapatriés (FNJR), qui est la branche jeune du Front national des rapatriés (FNR) patronné par le général Jouhaud. Le Recours, dont il a été le porte-parole très dynamique, n'a été lancé qu'à la fin de 1976 à la suite d'un vaste rassemblement organisé le 18 décembre au théâtre municipal d'Aix-en-Provence. Il s'agissait pour ses promoteurs, à commencer par le professeur Goinard, ancien doyen de la faculté de médecine d'Alger et membre du comité d'honneur du FNR, de réunir et de coordonner un tissu associatif profondément éclaté depuis 1962. Si Pierre Goinard est le coordonnateur du Recours, ses principaux animateurs, outre Roseau, sont à l'origine Claude Laquière, ancien président de la Fédération des maires en Algérie, et surtout Guy Forzy, agriculteur pied-noir réinstallé dans le Gers et président de l'Union des Comités de défense des agriculteurs rapatriés (UCDAR). Les initiales de RECOURS étaient sur ce point parlantes : « Rassemblement et coordination unitaire des rapatriés et spoliés. » Rapidement, il enregistre l'adhésion d'un nombre important d'associations nationales (une dizaine) et d'amicales situées en particulier dans le Var et les Pyrénées-Atlantiques. Confédération sur le papier, le Recours a dès le début fonctionné comme une association dirigée en délégations générales et locales. La chose est d'importance si on la rattache à ce qui fait son originalité première : sa relation au monde politique et au processus électoral. Au milieu des années 1970, les associations n'ont aucun relais politique et ne souhaitent guère en avoir. Le rejet du gaullisme et de ses héritiers reste vif, mais du côté des droites nationalistes, dont on rappellera le soutien notamment de Jean-Louis Tixier-Vignancour et de Jean-Marie Le Pen, les perspectives semblent inexistantes, puisque le jeune Front national n'a obtenu qu'un score dérisoire aux élections législatives de 1973 ou à la présidentielle de 1974. Encore faudrait-il d'ailleurs que cette mouvance politique puisse fédérer la communauté pied-noir, ce qui n'est pas le cas. Les centristes d'alors, qui ont rejoint la majorité giscardienne et qui conjuguent un anticommunisme affiché et un héritage antigaulliste, pourraient sembler les mieux à même de recueillir un « vote » pied-noir, mais le Recours n'entend nullement se lier les mains ni demeurer passif à l'horizon des élections municipales de 1977 où la gauche, organisée sur la base du « programme commun » signé entre communistes, socialistes et Mouvement des radicaux de gauche (MRG), est à l'offensive. Le Recours refuse de voir un obstacle dans une étiquette partisane tant lui paraît décisive la satisfaction de revendications catégorielles pour une association qui se pense d'abord comme un « lobby pied-noir » et qui entend faire du vote une arme. Le résultat se marque à Béziers ou encore à Montpellier où l'ancien maoïste Georges Frèche, passé au parti socialiste, remporte la mairie avec l'appui de l'association. Cette prise de position du Recours mécontente de nombreuses associations plus anciennes et très implantées dans la communauté pied-noir (FNR, Association nationale des Français d'Afrique du Nord et leurs amis – Anfanoma, créée avant 1962 –, Rassemblement national des Français d'Afrique du Nord – Ranfran, lancée en 1960) qui, en octobre 1980, ont marqué nettement leurs distances avec le Recours et lui ont dénié toute représentativité ; Goinard lui-même se retire. En regard cependant, Jacques Roseau a gagné des galons médiatiques et même si sa représentativité des pieds-noirs lui est contestée en interne, elle est au contraire mise en avant par les médias. Nous sommes alors à quelques mois de l'élection présidentielle de 1981. Si les associations traditionnelles espèrent toujours pourvoir s'appuyer sur le secrétaire d'État aux Rapatriés Jacques Dominati, Roseau et Forzy, après avoir consulté le général Salan, ont fait le choix d'entrer en contact avec des proches de François Mitterrand en vue de sonder ses intentions sur un certain nombre de revendications et d'appeler, le cas échéant, à voter pour le candidat socialiste. Guy Forzy s'est expliqué sur leurs positions à l'égard de Valéry Giscard d'Estaing : « Il s'était engagé à nous donner l'amnistie pendant son septennat. Il nous a déçus en nous expliquant que le contexte politique ne le permettait pas. En fait, s'il ne l'a pas fait, c'est à cause de Raymond Barre qui s'est violemment opposé à toute mesure en ce sens. Voilà pourquoi nous nous sommes retournés vers Ribs [avocat pied-noir de gauche] et Mitterrand. Peu importe finalement les couleurs politiques, notre objectif en fondant le Recours en 1976 était de créer un vrai lobby pied-noir. Sur l'amnistie, nous y sommes arrivés avec Mitterrand. » L'affaire a été conclue ainsi : 15 promesses aux pieds-noirs dont l'amnistie contre un appel à voter pour le candidat socialiste. Ce dernier s'est engagé le 4 avril 1981 en meeting à Avignon à « mettre un terme définitif aux problèmes des rapatriés, spécialement en ce qui concerne l'amnistie », et le Recours a ensuite appelé à voter « contre Valéry Giscard d'Estaing ». Dix-huit mois plus tard, le 23 novembre 1982, la loi d'amnistie a été votée et François Mitterrand, face aux réticences d'une partie de sa majorité, n'a pas hésité à recourir à l'article 49-3 pour faire adopter le texte.

Ce lien affiché avec le pouvoir socialiste, qui se traduit par une participation de Roseau et de Forzy à la commission nationale de concertation des rapatriés, mécontente fortement six des sept associations nationales déclarées représentatives par le décret du 19 avril 1971 qui se sont regroupées en comité de liaison et signent (à l'exception de l'UDCAR) une motion où elles se déclarent notamment « CONSCIENTES de représenter le plus grand nombre de rapatriés » et où, surtout, « elles ne sauraient admettre qu'un autre groupement dit “Le Recours” prétende à un monopole et abuse du titre de Confédération dont il se pare ». Claire et nette, cette motion n'a guère été reprise et commentée par les médias. Elle ne gêne nullement le Recours, qui s'apprête à opérer pour les législatives de 1986 un revirement d'importance en apportant son soutien au RPR de Jacques Chirac, lequel se double de liens plus personnels entre Roseau et le futur président de la République. En 1993, alors que les élections législatives se profilent, Jacques Roseau est plus que jamais engagé aux côtés du parti chiraquien. Il s'apprêtait d'ailleurs à annoncer le 6 mars 1993 son soutien et celui du Recours aux candidats de l'Union pour la France, à deux exceptions près : le socialiste Georges Frèche et le radical de gauche Jean-Michel Baylet. On est très loin des prises de position de 1977 ou de 1982, ce qui explique les réactions négatives des socialistes et les grincements de dents. Ainsi, le secrétaire d'État aux Rapatriés d'alors, Laurent Cathala, a pu mettre en cause en septembre 1992 « la représentativité réelle du mouvement de M. Roseau et sa capacité à s'exprimer au nom de toute la communauté ». Une « communauté » qui n'est d'ailleurs plus seulement la population visée par le Recours, qui s'est transformé en 1990 en « Recours-France » pour accueillir en son sein des « Français métropolitains ». Mais Roseau cristallise aussi des oppositions affichées chez des pieds-noirs dont une partie n'admet ni son ralliement au RPR, héritier d'un gaullisme honni, ni sa dénonciation constante du Front national. Tandis que certains le condamnent verbalement, d'autres entendent lui régler son compte physiquement. Ainsi, en 1991, deux ans avant de tomber sous les balles de ses assassins, il est retrouvé à Nice, roué de coups par un commando qui n'a pas été identifié.

L'exécution de 1993, si elle surprend les contemporains, n'est donc pas un acte né du néant.

La traque policière et ses résultats

Jacques Roseau a été enterré au cimetière de Palavas-les-Flots, comme son père et son frère. C'était à Palavas que la famille Roseau s'était installée au retour d'Algérie. Un mois plus tard, le temps est encore au recueillement et aux hommages puisqu'une messe solennelle doit être célébrée à son intention dans la chapelle Saint-Louis-des-Invalides. Mais l'enquête, elle, semble au point mort. Il faut dire que les indices sont minces. Le principal témoin, Nicole Mariello, n'a rien vu : elle cherchait quelque chose dans son sac à main pendant que Jacques Roseau effectuait une marche arrière et que ses assassins lui tiraient dessus. À leur disposition, les enquêteurs disposent des trois balles et des étuis retrouvés sur la scène du crime : ils proviennent d'un pistolet 11,43. Quant aux balles, il est établi qu'elles datent de la Seconde Guerre mondiale et correspondraient à des munitions utilisées alors par l'armée américaine. C'est mince.

Face à un assassinat qui les laisse perplexes, les enquêteurs n'excluent rien et décident d'orienter leurs investigations vers cinq pistes dites alors « les cinq F » : fou, femmes (Roseau est un séducteur patenté), Front islamique du salut (FIS), Front national et enfin fric. Les origines des revenus de Roseau font question, en lien avec ses activités de « consultant en relations publiques » pour le compte notamment du groupe Carrefour, de la Compagnie de bâtiment et de construction, filiale de la CGE, ou encore d'autres entreprises du bâtiment comme Fougerolle liée au groupe Bouygues. Sans oublier ses liens avec la monarchie marocaine.

Les pistes féminine et islamiste sont rapidement écartées. Il reste les trois autres. Un « fou » ? La chose n'est jamais impossible. L'argent ? Rien n'est exclu, à lire la presse du début avril 1993 et notamment *L'Express* dont la journaliste Jacqueline Rémy, déjà citée, a recueilli des témoignages instructifs sur Roseau et son rapport aux affaires, comme celui de François Massé, directeur général de Fougerolle : « Jacques était un ami personnel. Il mettait en relation des gens qu'il connaissait. Nous n'avons pas à raconter notre vie sur des choses qui sont légales et claires. » La journaliste, qui ne se contente pas de ces réponses, mentionne que Roseau avait souvent des « coups » et des « tuyaux » à proposer. Elle s'interroge donc en conséquence : « Est-il un jour tombé sur une affaire un peu trop chaude ? » Si un tel scénario n'est pas aberrant, c'est pourtant une autre piste qui va aboutir : celle d'anciens rapatriés qui ont décidé de régler son compte une fois pour toutes à un homme dont ils considéraient qu'il ne les représentait nullement et qu'ils accusaient d'avoir trahi leur cause.

Cette accusation n'a rien de nouveau, on l'a vu, mais elle est particulièrement répandue au sein d'une des associations pieds-noirs les plus anciennes et les plus radicales, l'Union syndicale de défense des intérêts des Français repliés d'Algérie (Usdifra). Elle a été créée en 1965 par Roger Piegts, le frère de Claude Piegts, fusillé le 7 juin 1962 pour sa participation, sous la conduite du lieutenant Roger Degueldre, au commando ayant assassiné le commissaire Gavoury à Alger le 31 mai 1961. Depuis 1967, elle est présidée par Eugène Ibagnès et s'est fait connaître au début des années 1970 par des actions spectaculaires comme l'occupation, à Fréjus le 2 octobre 1974, d'une exploitation dont le propriétaire, pied-noir, ne pouvait rembourser ses traites. En ce sens, Ibagnès et les siens sont les héritiers des Comités de défense paysanne d'Henry Dorgères des années 1930 ou des actions antifiscales des poujadistes des années 1950. Politiquement, Eugène Ibagnès est proche du Front national et de Jean-Marie Le Pen, qu'il a accueilli en 1991 dans sa propriété pour un « méchoui de la Défense » au cours duquel le chef du FN a pris la parole. À la même époque, le bouillonnant président de l'Usdifra ne mâche pas ses mots contre Jacques Roseau en proférant même à son encontre des menaces de mort. Du discours aux actes, il y a évidemment un pas et, lors du décès de Roseau, l'Usdifra dément toute implication dans son assassinat.

L'enquête des directions centrales de la police judiciaire et des renseignements généraux finit par s'orienter vers ces milieux de pieds-noirs radicaux. Le 6 avril 1993, une vingtaine de personnes, proches des droites nationalistes et de certaines organisations de rapatriés, dont l'Usdifra, sont simultanément interpellées dans le Var, l'Hérault et les Pyrénées-Orientales. Une opération coup de poing qui permet d'identifier les assassins de Roseau. Ils sont trois. Le premier, Gérald Huntz, un retraité de 60 ans, passe rapidement aux aveux et reconnaît être l'assassin de Roseau. Le pistolet 11,43 a d'ailleurs été retrouvé chez lui. Les deux autres, Jean-Claude Lozano et Marcel Navarro, sont réputés s'être chargés de la logistique et des repérages. Si on ajoute que les trois étaient membres de l'Usdifra, l'affaire semble entendue. Et ce d'autant plus qu'une partie de la presse mentionne l'appartenance de Huntz aux anciens commandos Delta et que ce dernier aurait pris soin de préciser aux enquêteurs qu'il avait tiré trois balles sur Roseau, « une pour chaque lettre du mot OAS ».

Et pourtant, les assassins sont loin de correspondre aux profils militants et activistes qui leur sont accolés, ainsi que vont le mettre en lumière l'instruction et le procès.

Les assassins, leurs mobiles et le sens d'un procès

En décembre 1996, lorsque s'ouvre le procès des assassins de Roseau, le contraste est saisissant entre la violence de l'acte, l'épaisse vitre blindée installée dans la salle de la cour d'assises de l'Hérault et les trois assassins présumés. À lire la presse, ils paraissent « égarés » et chacun peine à imaginer ces sexagénaires en tueurs implacables. Ils ne correspondent pas non plus au profil attendu par certains défenseurs de l'Algérie française qui auraient voulu voir en eux des militants politiques vengeant par leur acte la mémoire du combat de l'Algérie française prétendument souillée par Jacques Roseau. L'instruction a mis en effet en évidence des profils personnels et professionnels qui attestent sur ce dernier plan d'itinéraires chaotiques marqués du sceau d'un échec. Gérald Huntz, celui qui a avoué être le tireur avant de se rétracter, fut successivement télégraphiste militaire, conducteur de travaux, chômeur et enfin transporteur indépendant – une affaire qui s'est mal terminée puisque son entreprise a fait faillite. Ses deux comparses n'ont guère mieux réussi. Jean-Claude Lozano a enchaîné les professions : moniteur de sport dans l'armée, régisseur de domaine, ouvrier, maître-nageur, cadre dans une entreprise de conserverie au Venezuela. Devenu ensuite employé de sécurité, il n'a jamais réussi à créer sa propre entreprise. Quant au dernier membre du trio, Marcel Navarro, il fut gardien de la paix, employé de laiterie, chauffeur-livreur et enfin gérant d'une station-service qui a déposé le bilan.

Sur le plan politique, ces trois hommes ne sont pas non plus à la hauteur de ce que d'aucuns, Ibagnès en tête, attendraient d'eux. Le patron de l'Usdifra, dont ils sont membres et au sein de laquelle deux d'entre eux ont exercé des responsabilités – Huntz comme secrétaire départemental pour l'Hérault et Lozano comme secrétaire régional pour le Languedoc-Roussillon –, voudrait transformer le procès de l'assassinat de Roseau en procès politique. Il a fait appel pour cela à un ténor du barreau marseillais, Henri Juramy, chargé de la défense de Lozano. Mais rapidement, cependant, les choses s'engagent différemment. D'abord parce que, si ces hommes ont été marqués par la guerre d'Algérie – la mère de Navarro est morte des suites d'un attentat en 1957 – et ont pu avoir des liens avec l'OAS, ils n'ont jamais occupé de rang important dans l'organisation et Huntz n'a jamais fait partie des commandos Delta. Par ailleurs, le trio est incapable de proposer un récit cohérent de l'opération. À présent, Huntz proclame qu'il n'est pas le tireur, Lozano non plus, mais il pense que c'est Navarro. La présentation de leurs motivations est tout aussi confuse et ces hommes s'avèrent incapables de mettre en mots ce qui les a poussés à exécuter le porte-parole du Recours-France. Pourtant, des témoins soigneusement choisis ont été sollicités pour les épauler et expliquer à l'audience à quel point les prises de position comme les actions de Jacques Roseau étaient de nature à outrer des défenseurs sourcilleux de la mémoire du combat pour l'Algérie française. Las ! Cette mécanique bien huilée tourne rapidement court, car Lozano affirme ne pas connaître ces témoins réputés lui être favorables… La défense devient impossible pour Henri Juramy, qui finit par se retirer.

Alors que le procès touche à sa fin, les avocats des accusés sont sur la défensive. Le parquet, par la voix de l'avocat général Paul-Louis Auméras, refuse d'entrer dans les méandres des déclarations des mis en cause et considère les trois hommes comme des coauteurs, chacun ayant pris « une part active volontaire et directe dans l'acte criminel ». En conséquence, il réclame une peine identique pour chacun de vingt ans de prison. À l'heure des plaidoiries, seul l'un des deux avocats de Gérald Huntz, maître Jean-Robert Phung, du barreau de Montpellier, assume la responsabilité politique de l'assassinat de Jacques Roseau. Ses confrères en restent aux déclarations des mis en cause et l'avocate de Marcel Navarro se bat pour que son client ne soit pas considéré comme l'auteur des coups de feu qui, selon elle, ont été tirés par Huntz. Le dernier mot revient, comme il se doit, aux accusés. Ils affirment regretter leur geste. Huntz déclare ainsi : « J'ai vu un Roseau différent de celui que je croyais », tandis que Lozano fait part à la famille Roseau de sa « désolation pour ce qui est arrivé ». La cour se retire alors et rend son verdict quatre heures plus tard. Ce 18 décembre 1996, le jury a suivi les réquisitions de l'avocat général contre Gérald Huntz et Jean-Claude Lozano, qui sont condamnés à vingt ans de réclusion criminelle. Marcel Navarro n'écope que de quinze ans. Une différence de traitement qui pourrait s'expliquer pour la famille Roseau par les responsabilités exercées par les deux premiers à l'Usdifra et donc donner une certaine coloration politique au verdict. Un verdict accueilli dans le calme et apprécié par des parties civiles défendues par maître Gilbert Collard qui a vu dans cette décision « un rempart à la montée du fascisme ordinaire ». Il ne reste donc que le responsable de l'Usdifra, Émile Vella, pour dénoncer la décision rendue et estimer que les mis en cause, « marqués par les séquelles de la guerre d'Algérie », auraient dû être acquittés.

À considérer les faits, l'assassinat de Jacques Roseau a été une affaire élucidée, puisque les trois personnes mises en cause et condamnées ont bel et bien participé à l'opération commando qui a mis fin aux jours du porte-parole du Recours-France. Mais, ce point essentiel rappelé, ni l'instruction ni le procès n'ont permis de saisir qui était finalement le tireur ni surtout quelles étaient les motivations du trio. Un assassinat politique ? Assurément, pour une part, tant Jacques Roseau a pu cristalliser par sa personnalité et ses choix des sentiments négatifs et exacerbés dans une communauté pied-noir au sein de laquelle il était moins représentatif qu'il ne le proclamait lui-même et que ne le considéraient les grands médias et la classe politique, Front national exclu. Mais il y a sans doute chez ces trois hommes autre chose, qui renvoie au traumatisme qu'a laissé chez eux l'épisode algérien et à leur difficulté d'intégration : si nombre de pieds-noirs ont plutôt bien réussi économiquement, ce ne fut nullement leur cas. Il y aurait donc dans le face-à-face entre les assassins et leur victime – incarnation à leurs yeux d'un succès jugé illégitime – un tel contraste qu'il pourrait expliquer les raisons de leur geste ; plus encore, comme l'a souhaité Eugène Ibagnès, leur comparution aux assises permettrait de faire de cette affaire un exemple pour transformer le prétoire en lieu du grand procès de la « trahison » de l'Algérie française, plus de trois décennies après les grandes affaires de 1962-1963, des généraux putschistes à Bastien-Thiry. Ces intentions ont tourné court et cette affaire fut au fond celle d'hommes bien ordinaires, sans doute dépassés par leur acte comme par le rôle qu'ils étaient censés tenir pour la postérité. Quoi qu'il en soit, si le procès des assassins de Roseau n'a pas été celui des défenseurs intransigeants de la mémoire du combat de l'Algérie française contre un des leurs accusé de traîtrise, les balles qui l'ont mortellement frappé ont sans doute été les dernières des conflits douloureux et des convulsions nés de la fin de l'Algérie française et de l'OAS.

Bibliographie sélective

CALMEIN Maurice, *Les Associations pieds-noirs, 1962-1994*, Villefranche-de-Lauragais, SOS Outre-Mer, 1994.

COMTAT Emmanuelle, *Les Pieds-noirs et la politique quarante ans après le retour*, Paris, Presses de Sciences Po, 2009.

DARD Olivier, *Voyage au cœur de l'OAS*, Paris, Perrin, coll. « Tempus », 2011 [2005].

FAUX Emmanuel, LEGRAND Thomas, PEREZ Gilles, *La Main droite de Dieu. Enquête sur François Mitterrand et l'extrême droite*, Paris, Seuil, 1994.

JUBINEAU Émilien, *L'Énigme Roseau. La parole pied-noir assassinée*, Saint-Georges-d'Orques, éditions Causse, 1997.

ROSEAU Jacques, FAUQUE Jean, *Le 13e convoi. Chronique romanesque (1848-1871)*, Paris, Robert Laffont, 1987.

—, *Le 113e été. Chronique romanesque (1903-1962)*, Paris, Robert Laffont, 1991.

Notes

Introduction

1. Dominique Kalifa, *L'Encre et le Sang. Récits de crimes et société à la Belle Époque*, Paris, Fayard, 1995.

2. On lira à cet égard les livres récents de Jean-Louis Vincent (*Affaire Dominici. La contre-enquête*, Paris, Vendémiaire, 2016, et *Affaire Ranucci. Du doute à la vérité*, Paris, François Bourin, 2018) et de Michel Pierre (*L'Impossible Innocence. L'histoire de l'affaire Seznec*, Paris, Tallandier, 2019).

3. Alain Corbin, *Le Village des cannibales*, Paris, Aubier, 1990.

1. Gilles de Rais en procès

1. *La Chronique d'Enguerrand de Monstrelet*, éd. Louis Douët-d'Arcq, t. 5, Paris, Renouard, 1861, p. 425.

2. Plusieurs exemplaires des deux procès existent. L'original du procès ecclésiastique, en latin, est consultable aux archives départementales de Loire-Atlantique (E 189). Voir aussi Archives nationales (U 787) et Bibliothèque nationale de France (fr. 3876, 5772). Les procès, y compris les témoignages, sont traduits en français moderne par Georges Bataille, *Le Procès de Gilles de Rais*, Paris, Bibliothèque 10/18, 1965. Les citations des procès qui figurent dans ce chapitre sont extraites de cet ouvrage.

3. Cité par Philippe Contamine, *Guerre, État et Société à la fin du Moyen Âge. Études sur les armées des rois de France, 1337-1494*, Paris-La Haye, Mouton, 1972, p. 230, n. 35.

2. Le procès de Damiens (1757) : un procès unique en son genre

1. Louis-Sébastien Mercier, *Tableau de Paris*, Genève, Slatkine Reprints, 1979, t. IX, chap. DCCXII, « Cinq janvier 1757 », p. 144.

2. C'est la raison pour laquelle les archives du procès sont conservées aux Archives nationales, dans le fonds du Parlement, X2B/1362. Mais on en trouve des pièces éparses, par exemple les objets saisis lors de la procédure (AE/V/2 à AE/V/9) ou dans les séries AB, K (1020-1021), U; et à la Bibliothèque nationale de France, spécialement dans le fonds Joly de Fleury (celui du procureur général du Parlement) et aux Manuscrits français.

3. La sellette désigne un « petit siège de bois, sur lequel on fait asseoir les criminels quand ils subissent leur dernier interrogatoire devant les juges » (Ferrière, *Dictionnaire de droit et de pratique*, t. 2, 1769, p. 584). Cet interrogatoire n'intervient que si le procureur du roi a rendu des conclusions emportant une peine afflictive, c'est-à-dire qui porte atteinte à la personne de l'accusé.

4. Le père, l'épouse et la fille de Damiens sont condamnés à quitter le royaume à l'issue de la procédure. Ses frères, tout comme les précédents, sont condamnés à changer de nom, pour ne pas porter le patronyme parricide. Une nouvelle fois, le modèle du procès de Ravaillac prévaut, ce qui révolte une partie du public français et européen, les membres de sa famille n'étant en aucun cas liés au geste de Robert-François Damiens.

5. L'interrogatoire derrière un barreau, contrairement à la sellette, intervient en dernière instance, quand les conclusions du procureur du roi n'impliquent pas de peine afflictive contre les accusés. C'est ici le cas des membres de la famille de Damiens.

3. L'affreuse aventure de Calas : crime ou suicide ? Antoine Louis mène l'enquête médico-légale

1. Jean Bodin, *Les Six Livres de la République* [1576], éd. Gérard Mairet, Paris, Le Livre de Poche, 1993, X, p. 167.

2. Claude Gauvard *et al.* (éd.), *La Vengeance en Europe : XIIe-XVIIIe siècle*, Paris, Publications de la Sorbonne, 2015.

3. Pascal Bastien, *L'Exécution publique à Paris au XVIIIe siècle. Une histoire des rituels judiciaires*, Seyssel, Champ Vallon, 2006; Richard J. Evans, *Rituals of Retribution. Capital Punishment in Germany 1600-1987*, Oxford, OUP, 1996; Michel Foucault, *Surveiller et punir. Naissance de la prison*, Paris, Gallimard, 1975 (p. 7-72); Paul Friedland, *Seeing Justice Done. The Age of Spectacular Capital Punishment in France*, Oxford, OUP, 2014; Guido Panico, *Il carnefice e la piazza. Crudeltà di Stato e violenza popolare a*

Napoli in età moderna, Naples, ESI, 1985 ; Peter Spirenburg, *The Spectacle of Suffering. Executions and the Evolution of Repression: from a preindustrial metropolis to the European experience*, Cambridge, CUP, 1984.

4. http://www.justice.gouv.fr/histoire-et-patrimoine-10050/proces-historiques-10411/laffaire-calas-22774.html (consulté le 24 juin 2019).

5. Janine Garrisson, *L'Affaire Calas. Miroir des passions françaises*, Paris, Fayard, 2004.

6. Jean Claude de La Ville, *Continuation des causes célèbres et intéressantes avec les jugements qui les ont décidées*, IV, Amsterdam, 1770, Michel Rey, p. 2.

7. Maurice Silie, *Un des promoteurs de la médecine légale française. Antoine Louis (1723-1792). Sa vie et son œuvre*, Lyon, 1924 ; Paul Romane Musculus, « La famille de Jean Calas », *Annales du Midi*, 74, 1962, p. 404-409.

8. Jean Claude de La Ville, *Continuation des causes célèbres*, *op. cit.*, p. 19-20.

9. *Ibid.*, p. 67-68.

10. *Ibid.*, p. 86.

11. Lettre du juge ecclésiastique sommant les fidèles à révéler au juge séculier ce qu'ils savent par ouï-dire : voir Éric Wenzel, *Le Monitoire à fin de révélations : normes juridiques, débats doctrinaux et pratiques judiciaires dans le diocèse d'Autun (1670-1790)*, Villeneuve-d'Ascq, Presses du Septentrion, 1999.

12. Jean Claude de La Ville, *Continuation des causes célèbres*, *op. cit.*, p. 219-220.

13. *Ibid.*, p. 298.

14. *Ibid.*, p. 298-299.

15. *Ibid.*, p. 426-434 ; *loc. cit.* p. 432.

16. Michel Porret, *Beccaria. Le droit de punir*, Paris, Michalon, 2003.

17. *Voltaire et les droits de l'homme. Textes sur la justice et la tolérance*, édités par Raymond Trousson, Bruxelles, Espace de libertés, 1994, p. 35-49.

18. Pierre Sue, « Discours historique sur la vie et les ouvrages du citoyen Louis », dans *Séance publique de l'Académie de chirurgie, 11 avril 1793,* l'an 2e de la République française, Paris, Croullebois, 1793, p. 10-15.

19. J.-L. Bourgeon, « La peur d'être enterré vivant au XVIIIe siècle : mythe ou réalité », *RHMC,* 30, 1983/1, p. 139-153.

20. Publié par Daniel Arasse, *La Guillotine et l'imaginaire de la Terreur*, Paris, Flammarion, 1987, p. 208-210.

21. Alessandro Pastore, *Il Medico in tribunale. Le perizia medica nella procedura penale d'antico regime (secoli XVI-XVIII)*, Bellinzona, Casagrande, 1998 ; Michel Porret, *Les Corps meurtris. Investigations judiciaires et expertises médico-légales au XVIIIe siècle* (avec Fabrice Brandli), Rennes, PUR, 2014.

22. *Mémoire sur une question anatomique relative à la jurisprudence, dans lequel on établit les principes pour distinguer à l'inspection d'un corps*

trouvé pendu le signe du suicide d'avec ceux de l'assassinat, Paris, chez P. G. Cavelier, rue Saint-Jacques, 1763, p. 3.

23. *Ibid.*, p. 15-16.

24. *Ibid.*, p. 7, 10, 11.

25. *Ibid.*, p. 32-33.

26. *Ibid.,* p. 31-32.

27. « Sur un Mémoire de M. Louis, chirurgien consultant des armées du Roi, concernant une question anatomique, relative à la Jurisprudence », *Journal de médecine, chirurgie, pharmacie, etc.,* juillet et octobre 1763, XIX, respectivement p. 223-239, 301-315.

28. « Réponse aux Observations insérées dans le *Journal de médecine* [...] contre Son Mémoire [...] », *Journal de médecine, chirurgie, pharmacie, etc.,* novembre 1763, XIX, p. 442-452.

29. *Ibid.*, p. 6.

30. *« Discours historique sur la vie et les ouvrages du citoyen Louis »*, *op. cit.*, p. 49.

31. *Essai médico-légal sur l'empoisonnement et les moyens que l'on doit employer pour le constater*, Paris, Levrault frères, an XI (1803), p. 10-11.

32. *Médecine légale de Paul-Augustin Mahon*, Rouen, 3 vol., 1801, III, « Suspension », p. 38.

33. *Étude médico-légale sur la pendaison, la strangulation et la suffocation*, Paris, Maloine, 1870, p. 26, 71-72.

34. *Précis de médecine judiciaire*, Paris, Masson, 1878, p. 17.

35. Legrand du Saulle, *Traité de médecine légale et de Jurisprudence médicale et toxicologie*, 2e éd., Paris, Delahaye, 1886, p. XI.

4. La Beauce à feu et à sang ? Les « chauffeurs » d'Orgères, autopsie d'un mythe

1. Les 21 condamnés furent François Ringette dit le Rouge d'Auneau, Jacques Richard dit le Borgne-du-Mans, Jacques Bouvier dit Le Gros-Normand, Jacques Percheron dit Beauce-Le-Blouse, Marie-Thérèse Lange, François-Théodore Pelletier, Thomas Roncin dit Le Grand-Dragon, Victor Esnard, Vincent Chaillou dit Vincent-Le-Tonnelier, Madeleine Beruet dite La Grande-Marie, Jean-Bernard Robin dit Jean-Le-Canonnier, Gilles-Nicolas Lechesne dit Duchesne ou Tambour, Jacques Allais dit Jacques d'Étampes, André Monnet dit Le Berrichon, Aignan Boistard, Nicolas Cloche dit La Cloche, François Rottier dit Sans-Orteaux, Jean Auger dit Le Chat-Gauthier, Jean Jolly dit Berrichon-Belhomme, Élisabeth Tondu, Gervais-Pierre Morel dit Le-Normand-de-Rambouillet. Deux accusés se suicidèrent : Pierre-Louis Pilliat, dit Le Petit-Pierre-d'Arpajon, et François Cipaire, dit Sans-Pouce.

2. Les archives du procès de la bande d'Orgères sont conservées aux archives départementales d'Eure-et-Loir : elles contiennent les pièces imprimées du procès (*Pièces de la procédure criminelle tenue contre les accusés de la bande d'Orgères*, Chartres, chez Durant et Labalte, 1800), mais surtout les liasses originales du procès en cours de reclassement, L 422-459. On trouve aussi des précisions dans le fonds des justices de paix (4 U). Le fonds de la préfecture (4 M) contient des documents sur les justices de paix (archives en partie non encore classées, 4 M NC). Il existe aussi de nombreux documents dans le fonds patrimonial de la médiathèque de Chartres.

3. Le terme de « chauffeurs » renvoyait aussi à des sévices pratiqués par d'autres bandes en France à la même époque. Dans le Nord, celle de François-Marie Salambier (guillotiné à Bruges le 6 novembre 1798) terrorise la Lys, l'Escaut et le Nord, tandis que celle du capitaine Moneuse (guillotiné à Douai le 18 juin 1798) s'étend davantage sur le Pas-de-Calais, le Nord et le Hainaut.

5. Les « sauvages » du Palais-Royal : une affaire de mœurs en 1791

1. Robert Isherwood, *Farce and Fantasy: Popular Entertainment in 18th-Century Paris*, Oxford, OUP, 1986.

2. Érica-Marie Benabou, *La Prostitution et la police des mœurs à Paris au XVIIIe siècle*, Paris, Perrin, 1987 ; Clyde Plumauzille, *Prostitution et Révolution : les femmes publiques dans la cité républicaine (1789-1804)*, Ceyzérieu, Champ Vallon, 2016.

3. Vincent Denis, « Les commissaires de police parisiens de 1789 à 1815 », dans Dominique Kalifa et Pierre Karila-Cohen (dir.), *Le Commissaire de police au XIXe siècle*, Paris, Publications de la Sorbonne, 2007, p. 27-40.

4. Francis Freundlich, *Le Monde du jeu à Paris, 1715-1800*, Paris, Albin Michel, 1995.

5. Procès-verbal du 11 avril 1791, APP AA 94, archives historiques de la préfecture de police.

6. *Ibid.*

7. Daniel Roche, *Le Peuple de Paris*, Paris, Aubier, 1981.

8. Susan P. Conner, « Politics, prostitution and the pox in Revolutionary Paris, 1789-1799 », *Journal of Social History*, vol. 22, n° 4, été 1989, p. 713-734 ; Dominique Godineau, *Citoyennes tricoteuses*, Paris, Perrin, 2004 ; Clyde Plumauzille, *op. cit.*

9. Maurice Lever, *Théâtre et Lumières : les spectacles de Paris au XVIIIe siècle*, Paris, Fayard, 2001 ; Stéphanie Massé, *Les Saturnales des Lumières : théâtre érotique clandestin dans la France du XVIIIe siècle*, thèse lettres, université de Trois-Rivières, 2008.

10. Document reproduit dans Robert Isherwood, *op. cit.*, p. 233.

11. Jean-Luc Chappey, *Sauvagerie et civilisation : une histoire politique de Victor de l'Aveyron*, Paris, Fayard, 2016. Voir aussi Julia Douthwaite, *The Wild Girl, Natural Man and the Monster: Dangerous Experiments in the Age of Enlightenment*, Chicago, University of Chicago Press, 2002 ; Silvia Sebastiani, « La caravane des animaux. Circulation des "orangs-outangs" et des savoirs, reconfiguration des frontières de l'humain », *Diasporas*, 29, 2017, p. 53-70.

12. Procès-verbal du 21 décembre 1790, APP AA 94, archives historiques de la préfecture de police.

13. Jocelyne Moreau-Zanelli, *Gallipolis : histoire d'un mirage américain au XVIIIe siècle*, Paris, L'Harmattan, 2000.

14. Louis Antoine de Bougainville, *Voyage autour du monde*, Paris, PUPS, 2001 (1771).

15. François Vidocq, *Mémoires*, Paris, Tenon, 1827, t. I, p. 20.

16. Richard Cobb, « Un spectacle forain au Palais-Égalité », *Annales historiques de la Révolution française*, 36e année, n° 176 (avril-juin 1964), p. 219-222.

17. Lynn Hunt, « Pornography and the French Revolution », dans Lynn Hunt (dir.), *The Invention of Pornography. Obscenity and the Origins of Modernity, 1500-1800*, New York, Zone Books, 1996, p. 301-339.

18. Susan P. Conner, art. cit. ; Clyde Plumauzille, *op. cit.*

19. Lynn Hunt, *op. cit.*

20. Clyde Plumauzille, *op. cit.*

21. Susan Conner, art. cit. ; Clyde Plumauzille, *op. cit.*

22. Antoinette Wills, *Crime and Punishment in Revolutionary Paris*, Westport, Connecticut, Greenwood Press, 1981.

6. L'affaire Dautun : crimes et rumeurs sous la première Restauration (novembre 1814)

1. Au moins dans la presse britannique (qui bénéficie d'un régime plus libéral). Seule la presse parisienne a été étudiée.

2. *Causes criminelles célèbres du XIXe siècle rédigées par une société d'avocats*, Paris, Henri Langlois fils, 1828, t. 1, p. 377-420 ; A. Fouquier, *Causes célèbres de tous les peuples*, vol. 3, Paris, Lebrun, 1860, p. 1-11.

3. La police de la première Restauration a été épurée, notamment les commissaires de police à Paris, mais sans doute pas le personnel de base, dont les auteurs des bulletins.

4. Mes remerciements à Anne Carol, Natalie Petiteau et Isabelle Tarisca.

5. Les minutes et les bulletins policiers sont conservés aux Archives nationales (AN) dans la sous-série F7 Police générale, qui contient les versements du ministère de l'Intérieur depuis la Révolution dont le nom a pu changer au cours de l'histoire (Direction générale de la police du royaume pour la période étudiée) : F7 3733, 10 novembre 1814, fol. 9 et 10 et 12 novembre 1814, fol. 9 (pour les minutes) et F7 3784, 10 novembre 1814, n° 23 et 12 novembre 1814, n° 17 (pour les bulletins proprement dits dont les informations sont présentées dans une écriture soignée sous la forme d'un tableau avec un numéro par information). Quant aux registres de la Morgue, ils sont conservés aux archives de la préfecture de police. Celui où figure le corps de Dautun est de juin 1810-juin 1815, n° 1212 et 1213.

6. Les officiers de santé sont des médecins de seconde catégorie, dont le diplôme est moins prestigieux que celui des docteurs en médecine ou en chirurgie, apparus avec la loi du 10 mars 1803.

7. Article 81 du Code civil, articles 43 et 44 du Code d'instruction criminelle.

8. Marc (communiqués par M.), « Rapports de médecine légale dans deux accusations de fratricide », *Annales d'hygiène publique et de médecine légale*, t. I, 1re série, 1829, p. 465-476. La seconde partie de l'autopsie, le 21, porte sur l'ouverture du tronc.

9. Il sera établi par la suite que la mort remonte au 8 novembre.

10. On distingue bien ce détail physique sur un portrait de profil de la victime (Bibliothèque nationale de France).

11. La Morgue était installée à cette époque dans l'une des geôles du Grand Châtelet, rive droite.

12. Par l'ancienne domestique de la tante des frères Dautun. Nous n'avons pas exploité une troisième rumeur plus tardive, limitée et énigmatique, présente dans le bulletin du 9 décembre (n° 5), selon laquelle le corps serait celui du « fameux Mina », qui est sans doute ce général espagnol qui avait combattu les troupes de Napoléon durant la guerre d'Espagne et vivait en France à l'époque, rumeur à laquelle le bulletin ne croit pas.

13. *Gazette de France*, 13 novembre 1814 ; *Journal de Paris*, 14 novembre 1814 ; *Gazette de France*, 16 novembre 1814.

14. Par exemple, *Le Journal des débats*, 12 novembre 1814.

15. *Gazette de France*, 13 novembre 1814.

16. AN, F7 3784, 17 novembre 1814, n° 2.

17. *Le Journal des débats*, 24 février 1815.

18. *Journal de Paris*, 26 février 1815, et *Causes criminelles…*, *op. cit.*, t. I, p. 409. Un autre journal fait allusion à une rumeur différente, citant de nouveau Girouard interrogé par le juge : « J'ai dit, comme tout le monde alors, que l'homme assassiné étoit vraisemblablement un garde-du corps [*sic*] » (*Le Journal des débats*, 25 février 1815). Renvoie-t-elle à la rumeur de l'Anglais, à celle du rescapé de la campagne de Russie ou à autre chose ?

19. Léo Lespès, *Histoires à faire peur*, Paris, Au comptoir des Imprimeurs unis, 1846, t. I, p. 204-206.

20. Peut-être faudrait-il rapprocher de cette rumeur celle concernant le général Mina. Serait-ce aussi un ennemi mort que certains ont souhaité voir ?

21. Victor Hugo, *Les Misérables*, *Œuvres complètes. Roman II*, Paris, Robert Laffont, 1985 [1862], p. 373.

22. L'historien ne peut pas ne pas se poser la question de la réalité de cette rumeur, puisqu'elle n'est corroborée par aucune autre source. Elle renverrait alors au seul imaginaire du policier qui l'a produite.

23. Le nombre des disparus n'est pas connu et celui des morts varie selon les auteurs. On estime qu'au moins 300 000 soldats de la Grande Armée (Français et étrangers compris) partis pour la Russie ne sont pas revenus, parce que considérés comme morts.

24. L'un et l'autre auraient fait la campagne d'Espagne, mais rien n'est dit sur celle de Russie.

25. *Le Journal des débats*, 26 février 1815.

26. A. Fouquier, *Causes célèbres de tous les peuples*, *op. cit.*, p. 3.

27. Victor Hugo, *Les Misérables*, *op. cit.*, p. 94.

7. Le braconnier assassin : l'affaire Montcharmont (1850-1851)

1. Jeanne-Marie Gauthey est née le 31 mars 1845 à Saint-Prix. Ses frères aînés, Jean-Marie (dit Mary) et Jean (dit Pinard, du nom de jeune fille de sa mère) sont nés le 12 avril 1842 et le 2 mai 1839.

2. Sauf mention contraire, toutes les archives proviennent du dossier de procédure (AD Saône-et-Loire, 2U 277).

3. La référence reste l'article de Marcel Vigreux (« Le braconnier et le gendarme : l'affaire Montcharmont », *L'Histoire*, septembre 1988, p. 56-61), que l'on complétera avec l'ouvrage d'Eugène Choucary, *Le Braconnier du Morvan*, Autun, 1930, qui a recueilli les témoignages directs de survivants.

4. Armand Fouquier, *Causes célèbres de tous les peuples*, Paris, Lebrun, 1858, p. 13-16.

5. Marcel Vigreux, *Paysans et notables du Morvan au* XIXe *siècle*, Château-Chinon, Académie du Morvan, 1987, p. 334.

6. Par sa proximité, le juge de paix connaît tous les notables du canton. Selon les témoignages recueillis par Eugène Choucary, son implication personnelle est si forte qu'elle expliquerait la précocité de sa mise à la retraite.

7. Fabien Gaveau, *L'Ordre aux champs. Histoire des gardes champêtres en France de la Révolution française à la Troisième République*, thèse de doctorat, Dijon, 2005.

8. Arnaud-Dominique Houte, *Le Métier de gendarme au XIXe siècle*, Rennes, PUR, 2010.

9. Marcel Vigreux, « Comportements révolutionnaires en Morvan central au milieu du XIXe siècle. Structures foncières, sociales et mentales. Souvenirs de l'Ancien Régime et de la Révolution », *Annales historiques de la Révolution française*, 1988, n° 274, p. 438.

10. André Dupin, *Le Morvan*, Paris, Plon, 1853, p. 25-27.

11. Armand Fouquier, *op. cit.*, 1858, p. 13.

12. *Le Journal des débats*, 14 novembre 1850. Sur le surcroît de rébellions dont sont victimes les gendarmes de la IIe République, voir Aurélien Lignereux, *La France rébellionnaire. Les résistances à la gendarmerie, 1800-1859*, Rennes, PUR, 2008.

13. Rapport du sous-préfet d'Autun, 11 novembre 1850. Cité par Pierre Lévêque, *La Bourgogne de la monarchie de Juillet au Second Empire*, thèse de doctorat, université Paris-IV, 1977, p. 1171.

14. Selon l'expression qu'invente Auguste Romieu dans un pamphlet antirépublicain très répandu : *Le Spectre rouge de 1852*, Paris, Ledoyen, 1851.

15. SHD, F1/39, rapports du général Castellane, commandant des 5e et 6e divisions militaires, au ministre de la Guerre, 9 et 12 novembre 1850.

16. *Le Journal des débats*, 22 novembre 1850.

17. AD Saône-et-Loire, M117, affiche placardée le 27 novembre 1850.

18. Selon un témoignage oral recueilli par Eugène Choucary, *op. cit.*, p. 102.

19. SHD, F1/40, rapport du préfet de Saône-et-Loire au ministre de la Guerre, 6 décembre 1850.

20. *Courrier de Saône-et-Loire*, 5 février 1851.

21. *Courrier de Saône-et-Loire*, 10 mai 1851.

22. Victor Hugo, « Pour Charles Hugo. La peine de mort », *Actes et paroles I. Avant l'exil*, Paris, 1875.

23. Anne Carol, *Au pied de l'échafaud. Une histoire sensible de l'exécution*, Paris, Belin, 2017.

24. Clémence Aluze, *Les Assassinats dans la Saône-et-Loire rurale (1871-1914)*, mémoire de master 1, Sorbonne-Université, 2019.

25. Parmi une production foisonnante, citons *L'Affaire Montcharmont*, documentaire de Mireille Hannon, France 3 Bourgogne, et *Autour de l'affaire Montcharmont*, spectacle de la compagnie L'Estaminet Rouge.

8. Retour sur le crime de Hautefaye (Dordogne, 16 août 1870)

1. Jean Romuald de Moneys d'Ordières de son état civil, né le 9 juillet 1839 à Connezac, fils du comte Amédée de Moneys d'Ordières et de Madelaine Louise de Conan.

2. Archives départementales de la Dordogne (ADD), PRE 417-44, vendredi 19 août 1870.

3. Alain Corbin, *Le Village des « cannibales »*, Paris, Aubier, 1990. Des romans s'appuient sur cette affaire : Violaine Massenet, *Les Mangeurs de cendres*, Paris, L'Archipel, 2008, et Jean Teulé, *Mangez-le si vous voulez*, Paris, Julliard, 2009.

4. Décret publié au *Journal officiel* du 5 septembre 1870.

5. ADD, PRE 417-44, 23 décembre 1870.

6. Eugène Le Roy, *Jacquou le Croquant*, Paris, Calmann-Lévy, 1900.

7. Alcide Dusolier, *Ce que j'ai vu du 7 août 1870 au 1er février 1871*, Paris, E. Leroux, 1874, p. 18.

8. *Le Figaro*, mardi 2 novembre 1926. Le journaliste Simon Arbellot, qui deviendra directeur de la presse au ministère de l'Information sous Vichy, est proche de l'Action française et de la Cagoule. Il vante le livre de Patrick de Ruffray, *L'Affaire d'Hautefaye, légende, histoire*, Angoulême, Imprimerie industrielle et commerciale, 1926.

9. Georges Marbeck, *Hautefaye : l'année terrible*, Paris, Robert Laffont, 1982, et Alain Corbin, *Le Village…*, *op. cit.*

10. ADD, PRE 417-12, *L'Écho de la Dordogne*, mercredi 14 décembre 1870.

11. *Ibid.*, mardi 20 décembre 1870.

12. *Ibid.*, mercredi 14 décembre 1870.

13. *Ibid.*, samedi 17 décembre 1870.

14. *Ibid.*, vendredi 16 décembre 1870.

15. *Ibid.*, mardi 20 décembre 1870.

16. *Ibid.*, jeudi 15 décembre 1870. Étienne Campo est né le 4 avril 1849 à Teyjat (arrondissement de Nontron) dans une famille de cultivateurs. Son frère Jean Campo, né le 20 juin 1850, est condamné à mort dans la même affaire.

17. Louis Antoine Léouzon-Leduc, *Mémoires du comte Horace de Viel-Castel sur le règne de Napoléon III*, t. I, Paris, 1883, p. 73.

18. Albert de Calvimont, *Veillées vendéennes : dédiées à Henri de France*, Paris, G.-A. Dentu, 1833, avec un long hommage à la dynastie des Bourbons et à son héritier Henri de Bourbon.

19. Sur les développements de la guerre de 1870-1871, François Roth, *La Guerre de 1870*, Paris, Fayard, 1990, rééd. Hachette, coll. « Pluriel », 1993.

20. ADD, PRE 417-12, *L'Écho de la Dordogne*, vendredi 16 décembre 1870.

21. Archives départementales de la Charente, 1 PER 1-34.

22. ADD, PRE 417-12, *L'Écho de la Dordogne*, 8 et 9 août 1870 et 15-16-17 août 1870.

23. *Ibid.*, mardi 20 décembre 1870.

24. *Ibid.*, vendredi 16 décembre 1870.

25. *Ibid.*, jeudi 15 décembre 1870.

26. *Journal de l'agriculture. Année 1870. Tome troisième*, p. 535.

27. *Journal d'agriculture pratique. 34e année. Tome second*, p. 1066.

28. ADD, 5 E 32-12, acte de décès daté du 23 juin 1854.

29. ADD, 6 M 89, recensement de Beaussac de 1866. Le précédent recensement, de 1861 (6 M 77), mentionne uniquement « idiot ».

30. *Annales de la Société d'agriculture, sciences et arts de la Dordogne*, Périgueux, Imprimerie Dupont et Cie, 1863, p. 743.

31. Archives nationales, F10-3 902, activité du syndicat de la Nizonne. J'ai consulté ce dossier en avril 2009 pour une autre recherche. Le carton a laissé apparaître une liasse entourée d'un papier kraft ceint d'une cordelette sagement nouée. La fine couche de poussière noircie qui recouvrait la boîte témoignait de la longue léthargie dans laquelle l'ensemble avait été maintenu depuis son conditionnement par les services des Archives. Le contenu, dédié aux travaux d'aménagement de petits cours d'eau du nord de la Dordogne, a révélé de manière inattendue plusieurs lettres d'Alain de Moneys et les enjeux de son activité à la tête du syndicat de la Nizonne.

32. Corinne Marache, *Les Métamorphoses du rural. L'exemple de la Double en Périgord (1830-1939)*, Paris, Éditions du CTHS, 2006, note la pression des notables sur les autorités pour obtenir un soutien afin de transformer une région insalubre dans les années 1840.

33. *Annales de la Société d'agriculture, sciences et arts de la Dordogne*, Périgueux, Imprimerie Dupont et Cie, 1870, p. 360-361.

9. Joseph Vacher, un « Jack l'éventreur français » ? (1893-1898)

1. Émile Fourquet, *Vacher, le plus grand criminel des temps modernes, par son juge d'instruction*, Besançon, Jacques et Demontrond, 1931. Réédité en 2007 par l'éditeur Lucien Souny (coll. « Sortis de l'oubli ») avec une préface de Michel Galabru. Alexandre Lacassagne*, Vacher l'éventreur et les crimes sadiques*, Lyon-Paris, Storck/Masson, 1899. Pierre Bouchardon, *Vacher l'éventreur*, Paris, Albin Michel, 1939.

2. Aux archives départementales de l'Ain : 2U 300 L'affaire Vacher (1885-1898). Dossier de procédure. (L'ensemble des pièces a été numérisé

et mis en ligne sur le site des archives) et 200 J 477 Affaire Joseph Vacher (1897-1930). Lettres et presse. Aux archives départementales du Rhône : 2U1 199 Affaire Vacher. Dossier des pièces du parquet général de Lyon.

3. Philippe Artières et Dominique Kalifa, *Vidal, le tueur de femmes. Une biographie sociale*, Lagrasse, éditions Verdier, 2017 (2001).

4. Procès-verbal d'interrogatoire du 15 octobre 1897, archives départementales de l'Ain, 2U-300 (pièce 609).

10. L'affaire Durand : un crime judiciaire, une histoire havraise (1910)

1. Jean Legoy, *Un siècle citoyen. Histoire de la section havraise de la Ligue des droits de l'homme, 1898-1998*, Le Havre, Ligue des droits de l'homme, 1998, p. 44.

2. Paris, Les Éditions de l'Atelier, 2014, p. 174-175.

3. Francis de Pressensé, un juriste [Léon Blum] et Émile Pouget, *Les Lois scélérates*, Paris, Éditions de la Revue blanche, 1899.

4. Albert Camus, *Œuvres complètes*, vol. III, Paris, Gallimard, « Bibliothèque de la Pléiade », 2008, p. 316-317.

5. Alors que le caractère novice du jeune avocat sera souvent mis en avant, et que Durand lui-même déplore son manque de combativité dans une lettre du 27 novembre, le correspondant de *L'Humanité* insiste alors sur le fait que « Me Cotty [*sic*] est très éloquent ».

6. Sur la police au Havre à la veille de la Grande Guerre, Christian Chevandier, *Policiers dans la ville. Une histoire des gardiens de la paix*, Paris, Gallimard, 2012, notamment les 2e et 3e parties.

7. Jean-Pierre Castelain, *Manières de vivre, manières de boire. Alcool et sociabilité sur le port*, Paris, Imago, 1989.

8. John Barzman, *Dockers, métallos, ménagères. Mouvements sociaux et cultures militantes au Havre, 1912-1923*, Publication des universités de Rouen et du Havre, 1997.

11. L'énigme des servantes aux mains sanglantes. L'affaire des sœurs Papin (Le Mans, 1933)

1. Maurice Garçon, *Histoire de la justice sous la IIIe République*, Paris, Fayard, coll. « Les grandes études contemporaines », 1957, t. 3, p. 78.

2. André Salmon, *Souvenirs sans fin – troisième époque (1920-1940)*, Paris, Gallimard, 1961, p. 399.

3. *Ibid.*, p. 300.

4. Voir en particulier Gérard Gourmel, *L'Ombre double. Dits et non-dits de l'affaire Papin*, Le Mans, Éditions Cénomane, 2000, et Frédéric Chauvaud, *L'Effroyable Crime des sœurs Papin*, Paris, Larousse, 2010.

5. Médiathèque Louis-Aragon du Mans, dossier du greffier, Ms. 665.

6. Archives départementales de la Sarthe, dossier d'instruction, 1U 1929.

7. Louis Martin Chauffier, *Vu*, 4 octobre 1933.

8. Médiathèque Louis-Aragon du Mans, dossier du greffier, Ms. 665. Archives départementales de la Sarthe, dossier d'instruction, 1U 1929.

9. Joseph Grasset, *Demi-fous et demi-responsables*, Paris, Félix Alcan, 1907.

10. André Lorulot, *Crime et société*, Paris, Librairie Stock, 1923, p. 81-101.

11. Sur la cour d'assises, voir par exemple Denis Salas (dir.), *La Cour d'assises. Actualité d'un héritage démocratique*, Paris, La Documentation française, 2016.

12. Jérôme et Jean Tharaud, *Paris-Soir*, 29 septembre 1933.

13. Bérard des Glajeux, *Les Passions criminelles*, Paris, E. Plon, Nourrit et Cie, 1893, p. 152.

14. Géo London, *Les Grands Procès de l'année 1933*, Paris, Les Éditions de France, 1934, p. 195.

15. *Ibid.*, p. 199.

16. Archives départementales de la Sarthe, 1 U, 1929.

17. Paulette Houdyer, *Le Diable dans la peau*, Paris, Julliard, 1966.

18. Jean-Pierre Denis, *Les Blessures assassines*, 2000.

19. *L'Ouest-Éclair*, 4 février 1933.

20. Rapport d'expertises, Ms. 665.

21. Jérôme et Jean Tharaud, *Paris-Soir*, 29 septembre 1933.

22. Louis Martin-Chauffier, *Vu*, 4 octobre 1933.

12. L'attentat de l'Étoile : la Cagoule entre en scène (11 septembre 1937)

1. Sur l'origine de ce groupe d'autodéfense et les liens entre Michelin et l'OSARN, voir Éric Panthou, « De l'opposition aux grèves au financement de la Cagoule : Michelin et le groupe d'autodéfense à Clermont-Ferrand, 1936-1937 », *Quaderni del Circolo Rosselli*, n° 2-3, 2017, p. 204-226.

2. Les fonds d'archives utilisés sont essentiellement ceux des archives municipales de Lyon (fonds Xavier Vallat); des archives départementales du Puy-de-Dôme; des Archives nationales à Pierrefitte (cour d'assises de la Seine, affaire du CSAR, 334 AP 74, BB 18/3061, F7 14815); des archives départementales de la Seine (fonds Perotin, procès de la Cagoule); des archives départementales de la Corrèze (fonds Aujol); les archives de la préfecture de police.

3. Un informateur très fiable sur l'attentat déclare que l'auteur était un dénommé Gabriel, « travaillant dans les huiles », ce qui était le cas de Jeantet chez Antar (AN 19920648 art. 1-5 : Dossier principe affaire du CSAR, 1127. Le commissaire Pourcher au chef de la 2e section de l'inspection générale des services de police criminelle, le 29 octobre 1937).

4. Louis Ducloux, *Du chantage à la trahison. Crimes de plume et crimes de sang*, Paris, Gallimard, 1955, p. 221.

5. Frédéric Freigneaux, *Histoire d'un mouvement terroriste de l'entre-deux-guerres. La Cagoule*, mémoire de maîtrise, université Toulouse 2, 1991, p. 261.

6. Henry Charbonneau, « Les secrets de la Cagoule », *Enquête sur l'Histoire*, n° 6, printemps 1993, p. 59-63.

7. Pierre Lazareff, *Dernière Édition*, New York, Brentano's, 1941, p. 411.

8. Angelo Tasca affirme quant à lui que les dirigeants patronaux avaient été avertis que l'immeuble allait sauter et c'est la raison pour laquelle la réunion du comité fixée ce soir-là avait été annulée. Denis Peschanski (dir.), *Vichy 1940-1944. Quaderni e documenti inediti di Angelo Tasca*, Paris, CNRS Éditions, 1986, p. 609.

9. Annie Lacroix-Riz, *Le Choix de la défaite. Les élites françaises dans les années 1930*, Paris, Armand Colin, 2e éd., 2010.

10. Philippe Bourdrel, *La Cagoule : histoire d'une société secrète du Front populaire à la Ve République*, Paris, Albin Michel, 4e éd., 1992, p. 123.

11. Sur cette tentative de putsch et son échec, voir Frédéric Monier, *Le Complot dans la République : stratégies du secret, de Boulanger à la Cagoule*, Paris, La Découverte, 1998, p. 302.

12. Nous renvoyons à la page Wikipédia sur François Méténier que nous avons rédigée. Cf. également les notices sur les GP et le CIE dans J.-M. Berlière, *Polices des temps noirs. France 1939-1945*, Paris, Perrin, 2018.

13. Pierre Bernard, « La *Cagoule* clermontoise. III : Un terroriste terrorisé : Locuty », *L'Action* sociale, Organe de l'Union des cercles d'études syndicalistes, n° 46, 18 décembre 1948.

14. AN, 2001/04 MI 2-6, article 6, 341571. Cité par Luc Van Dongen, *Un purgatoire très discret : la transition "helvétique" d'anciens nazis, fascistes et collaborateurs après 1945,* Paris, Perrin, 2008, n. 269, chap. 1.

15. D'après le rapport du procureur général de la cour d'appel chargée de la demande de grâce de Locuty du 11 septembre 1970. AN, 2001/64 MI 2, A1700948. Merci à Luc Van Dongen de m'avoir communiqué cette information.

16. « Une extraordinaire collection de cactus », *L'Impartial*, 12 août 1983.

17. Notice biographique de Pierre Locuty, dans Francine Barth *et al.*, *250 ans de sciences naturelles dans le Jura*, p. 25 (en ligne).

13. Le tueur en série et les commissaires : l'affaire Weidmann (1937)

1. Ce document se trouve aux Archives nationales, fonds « Moscou », n° 19940493/97, dossier « Police d'État de Seine-et-Oise ». Nous avons respecté la graphie originale ; les passages en italique sont des ajouts manuscrits au courrier dactylographié. Le document comporte diverses apostilles sans rapport avec le fond.

2. Sur les circonstances de l'exécution, voir Roger Colombani, *L'Affaire Weidmann : la sanglante dérive d'un dandy allemand au temps du Front populaire*, Paris, Albin Michel, 1989, p. 304-318 ; pour une analyse approfondie de la place de l'affaire Weidmann dans la question de la publicité des exécutions capitales, on se reportera à Emmanuel Taïeb, *La Guillotine au secret. Les exécutions publiques en France, 1870-1939*, Paris, Belin, 2011, *passim* et Nicolas Picard, *Le Châtiment suprême. L'application de la peine de mort en France (1906-1981)*, Paris, Institut universitaire Varenne, 2018, p. 467.

3. Les collections numérisées de *Détective* et de son concurrent *Police Magazine* sont accessibles sur le site Criminocorpus.org. Nous y avons dénombré 9 unes de *Détective* consacrées à Weidmann (3 consécutives en 1937, lors du déclenchement de l'affaire, et 5 consécutives lors du procès en 1939), contre une seule pour *Police Magazine*. Pour une analyse du traitement de l'affaire par *Détective*, voir Nicolas Bianchi, « Les mains du tueur Weidmann », *Criminocorpus* (en ligne), *Détective*, histoire, imaginaire, médiapoétique d'un hebdomadaire de fait divers (1928-1940), Communications, mis en ligne le 18 décembre 2018, consulté le 22 décembre 2018. URL : http://journals.openedition.org.inshs.bib.cnrs.fr/criminocorpus/5370

4. Voir à ce sujet Philip Watts, « Saint Weidmann ». *L'Esprit créateur* 35, n° 1 (1995), p. 11-19. https://doi.org/10.1353/esp.1995.0030 ; David H. Walker, « Literature, history and factidiversiality », *Journal of European Studies* 25 (1995), p. 35-50 ; Christine Marcandier, « Genet et l'Éros détective : Pilorge, Weidmann », *Criminocorpus* (en ligne), *Détective*, histoire, imaginaire, médiapoétique d'un hebdomadaire de fait divers (1928-1940), Communications, mis en ligne le 18 décembre 2018, consulté le 2 mai 2019. URL : http://journals.openedition.org.inshs.bib.cnrs.fr/criminocorpus/5321. Bernanos, touché par les photos de Weidmann parues dans *Paris-Soir* le 14 décembre 1937, adressa à son avocate Renée Jardin une lettre qui s'achevait par la phrase suivante : « Je voudrais qu'il fût capable de comprendre que des religieux, dans leur solitude, font mieux que de le plaindre, prennent fraternellement désormais une part de son épouvantable fardeau » (Renée Jardin-Birnie, *Le Cahier rouge d'Eugène Weidmann*, Paris, Gallimard, « NRF », 1968, p. 11). L'affaire n'a pas impressionné que des intellectuels : on trouve au dossier d'assises et dans les papiers préfectoraux bon nombre de courriers,

anonymes ou non, et jusqu'à la lettre composée de caractères découpés dans des journaux, dénonçant de pseudos-complices de Weidmann, ou émanant de pseudos-témoins et dont les assertions ont été systématiquement vérifiées par les services de PJ; figurent aussi au dossier des appels à la clémence ou, au contraire, à la sévérité (AD Yvelines 2U905 et 4M2 163).

5. AD Yvelines 2U905 et 4M2 163. Les documents relatifs à l'affaire Weidmann sont dispersés entre plusieurs dossiers d'archives conservés aux AD des Yvelines : 2U 905 pour le dossier d'assises; 1373W3 et 1373W4 pour l'enquête policière; 4M2 163 pour le dossier du préfet.

6. Le catalogue général de la BnF ne contient qu'une dizaine de références sous « Weidmann, Eugen », dont nous avons consulté la plupart.

7. Les archives de l'affaire sont conservées aux AD des Yvelines dans trois séries distinctes : les archives des services de l'État, pour l'enquête de police judiciaire (cartons 1373W3 et 1373W4), celles de l'administration préfectorale pour certains documents (carton 4M2 163) et celles de la Justice pour le dossier d'assises (carton 2U905). Nous avons dépouillé l'ensemble.

8. Weidmann fut défendu par maître Robert Planty, bâtonnier de Versailles, qui s'était désigné d'office et s'était adjoint maîtres Jean Raoult et Renée Jardin (devenue à la suite de son mariage Renée Jardin-Birnie). Cette dernière a publié des écrits de prison de Weidmann *(op. cit.)*.

9. Roger Colombani, *op. cit.*, ne précise pas clairement les dates des événements (par exemple dans le dossier Jean de Koven), ou bien se trompe : il date l'assassinat de Couffy du 8 septembre alors que tous les documents judiciaires le fixent au 7 (cour d'appel de Paris, arrêt de renvoi n° 29.2057 du 25 octobre 1938, fol. 3, parquet de Versailles, réquisitoire définitif, p. 25, AD Yvelines 2U905). Toutefois, il existe également des contradictions dans le dossier d'assises : le tableau p. 241 date l'assassinat de Frommer du 20 novembre, alors que l'arrêt de renvoi le date du 22 *(ibid.)*. La synthèse la plus détaillée du dossier se trouve dans ce qui semble être un projet de réquisitoire définitif, partiellement manuscrit (parquet de Versailles, réquisitoire définitif, p. 11, AD Yvelines 2U905).

10. Ainsi, le quotidien *L'Intransigeant* du 11 décembre 1937, sous la signature de Merry Bromberger, fait-il de Weidmann (appelé indifférement « Wiedemann », « Wiedmann » ou par son vrai nom) l'homme de main d'un gang à l'américaine dirigé par Million, son complice dans la réalité. Le 10 décembre, *Le Populaire* parle également de « Wiedmann ».

11. Marcel Sicot, *Servitude et grandeur policière. Quarante ans à la Sûreté*, Paris, Les Productions de Paris, 1959; Jules Belin, *Trente ans de Sûreté nationale,* Paris, Bibliothèque France-Soir, 1950. Beaucoup des protagonistes de l'affaire connaîtront des destinées contrastées durant la guerre et l'Occupation : voir à ce sujet J.-M. Berlière, *Policiers français sous l'Occupation*, Paris, Perrin, « Tempus », 2009 (1re éd. 2001), et *Polices des temps noirs. France 1939-1945*, Paris, Perrin, 2018; Renée Jardin-Birnie, *op. cit.*

12. Le juge d'instruction n'a pas retenu une tentative d'enlèvement sur la personne d'un touriste américain, Michael Stein, le 14 juillet 1937 ; celui-ci parvint à s'échapper du véhicule où l'avaient attiré Weidmann et Million et rentra aux États-Unis sans déposer plainte et, semble-t-il, sans qu'on parvienne à le localiser par la suite (AD Yvelines, 1373W4). Les faits sont exposés dans une lettre de Renée Jardin au procureur de la République (lettre non datée, mais annexée à un courrier du procureur en date du 15 mars 1939, ces faits ayant été évoqués au cours du procès, AD Yvelines 2U905). Un ami de Fritz Frommer, Willy Dörter, réfugié antinazi comme lui, attiré par Weidmann à sa villa « La Voulzy » (La Celle-Saint-Cloud) sous un faux prétexte, semble n'avoir dû la vie sauve qu'au fait d'avoir été accompagné par un ami plus méfiant que lui (Roger Colombani, *op. cit.*, p. 172). De son propre aveu ou par des témoignages, on peut supposer que plusieurs autres personnes ont échappé à un sort funeste, soit en raison de circonstances adverses, soit parce qu'elles s'étaient méfiées de lui (*ibid.*, p. 130 et 202 ; parquet de Versailles, réquisitoire définitif, p. 11, AD Yvelines 2U905).

13. Voir le rapport du commissaire Delgay (sous-chef de la 1re BM), 18 septembre 1937, et les procès-verbaux du commissaire Chenevier, 9, 10 et 12 septembre 1937 (AD Yvelines 1373W4). Cet insuccès explique sans doute que ce dernier n'y fasse allusion dans aucun de ses deux livres de mémoires (*De la Combe aux fées à Lurs. Souvenirs et révélations*, Paris, Flammarion, 1962, et *La Grande Maison*, Paris, Presses de la Cité, 1976). À partir de 1937, l'appellation « Inspection générale » a officiellement remplacé celle de « Contrôle général », qui est cependant restée en usage (Albert Englinger, *L'Organisation de la police administrative. Les villes à police d'État*, thèse pour le doctorat d'État [sciences politiques et économiques], université de Strasbourg, 1939, p. 57).

14. Commissariat de Saint-Cloud, note de l'inspecteur de permanence à la 1re BM, 28 novembre 1937 (AD Yvelines 1373W3).

15. Cette saisine résulte d'une commission rogatoire du juge d'instruction de Versailles Jean-Georges Berry, datée du 29 novembre 1937 : voir le compte rendu d'enquête n° 7020 de Prinborgne, en date du 13 décembre 1937 (AD Yvelines 1373W3).

16. Marcel Sicot, *op. cit.*, p. 178 ; AD Yvelines, 1373W3 : note n° 5728/37 du commissaire Englinger, 1er décembre 1937 ; procès-verbal d'audition de Mme J. Muller, 3 décembre 1937.

17. Weidmann usait de multiples pseudonymes à l'égard de ses victimes. Sauerbrey était le nom d'un escroc connu en Allemagne, qui, tout comme Weidmann, avait été un codétenu de Frommer. La question de savoir pourquoi ce dernier semble les avoir confondus reste obscure.

18. Jules Belin, *op. cit.*, p. 277 ; Roger Colombani, *op. cit.*, p. 110 et suiv.

19. Roger Colombani, *op. cit.*, p. 127. Le commissaire principal André Roches succéda au commissaire Marcel Guillaume (un des policiers qui servirent de modèle à Simenon pour le personnage de Maigret) à la tête de la brigade spéciale de la direction PJ au quai des Orfèvres (février 1937) ; voir http://www.sfhp.fr/index.php ?post/2011/04/01/Notice-biographique-Andr %C3 %A9-Roches

20. Jules Belin, *op. cit.*, p. 276. Entré à la préfecture de police de Paris comme secrétaire de commissariat, il rejoint comme inspecteur la 1re BMR de PJ (Sûreté nationale) dès sa création en 1912 ; en 1934, lors de la réorganisation de la Sûreté générale, qui devient alors la Sûreté nationale, il est nommé au Contrôle général des recherches judiciaires, qui chapeaute l'ensemble des BM, à la tête de la section chargée des crimes les plus graves (homicides, cambriolages, stupéfiants et terrorisme). « As de la PJ », il prit part à nombre d'affaires célèbres et captura notamment Landru (J.-M. Berlière, *Policiers français sous l'Occupation, op. cit.*, p. 105-109). Pour une description élogieuse de son service, voir *Détective*, n° 502 (9 juin 1938, p. 2-3) et n° 503 (16 juin 1938, p. 10).

21. Jules Belin, *op. cit.*, p. 282.

22. *Le Temps*, 10 décembre 1937 (paru le 9), p. 8 ; *Le Populaire*, 10 décembre 1937, p. 2 ; *L'Intransigeant*, 11 décembre 1937, p. 5. Ces quotidiens sont consultables en ligne sur le site www.retronews.fr

23. Le procès-verbal de la logeuse de Frommer, établi par l'inspecteur Bourquin de la 1re BM, porte cette date, mais cela n'exclut pas que l'information ait pu être communiquée oralement plus tôt, ce que suggère le récit de Sicot.

24. Jules Belin, *op. cit.*, note n° 5, 3 décembre 1937 (AD Yvelines 1373W3). L'article du *Temps*, rédigé le 9 décembre, dit que Belin avait obtenu ces informations cruciales quatre jours auparavant ; *L'Intransigeant* évoque les « premiers jours de décembre » et parle d'une perte de « plus de dix jours » entre la disparition de Frommer et la rencontre Weber-Belin. Au reste, celui-ci serait encore plus fautif s'il avait effectivement conservé par-devers lui durant trois ou quatre jours des renseignements de nature à permettre l'arrestation d'un assassin en série.

25. Marcel Sicot, *op. cit.*, p. 179.

26. *Ibid.*, p. 194 ; ce dernier affirme être intervenu en faveur de Poignant qui avait été son collaborateur dans ses précédentes affectations. Le commissaire Roches fut également honoré de la Légion d'honneur, mais pour son rôle dans l'affaire de la Cagoule, tout comme Mondanel et d'autres.

27. *Détective*, n° 478, 23 décembre 1937, p. 10 et n° 486, 17 février 1938, p. 13.

28. Ces citations se trouvent respectivement dans Jules Belin, *op. cit.*, p. 281-282. Il ne manque pas l'occasion de souligner que Prinborgne fut son secrétaire.

29. Dominique Monjardet, *Notes inédites sur les choses policières, 1999-2006*, Paris, La Découverte, 2008, p. 19.

30. Marcel Sicot, *op. cit.*, p. 156. Sicot était l'un des dirigeants du Syndicat des commissaires de police qui militait activement en faveur de l'étatisation des polices communales.

31. *Ibid.*, p. 160.

32. Pour un éloge de « l'impeccable police » de Seine-et-Oise, « un corps admirable », et un hommage rendu à la Sûreté pour avoir « dépisté le monstre de "La Voulzy" » après « une enquête dont *Détective* a célébré l'ingéniosité », voir *Détective*, n° 546, 13 avril 1939, p. 1-3.

33. Albert Englinger, *op. cit.*, p. 56 (il s'agit bien du commissaire strasbourgeois, auteur d'une thèse de doctorat d'État en sciences politiques et économiques sur l'organisation de la police administrative et de la police d'État). Sur l'histoire mythifiée des BM, J.-M. Berlière, « Les "Brigades du Tigre" : la seule police qu'une démocratie puisse avouer ? Retour sur un mythe », dans Marc-Olivier Baruch et Vincent Duclert (dir.), *Serviteurs de l'État. Une histoire politique de l'administration française (1875-1945)*, Paris, La Découverte, 2000, p. 311-321.

34. Marcel Sicot, *op. cit.*, p. 220.

35. *Ibid.*, p. 194-195.

36. Danielle Thiéry, Alain Tourre, *Police judiciaire. 100 ans avec la Crim' de Versailles*, Paris, Jacob-Duvernet, 2012, p. 79-93 ; Danielle Thiéry est ancienne commissaire de police ; Alain Tourre a dirigé le SRPJ de Versailles ; l'ouvrage est préfacé par le directeur central de la PJ de l'époque, Christian Lothion.

14. L'assassinat de Marx Dormoy : questions autour d'un attentat politique (Montélimar, juillet 1941)

1. Cf. André Touret, *Marx Dormoy (1888-1941) : maire de Montluçon, ministre du Front populaire*, Saint-Just-près-Brioude, Éditions Créer, 1998, et Vincent Giraudier, *Les Bastilles de Vichy*, Paris, Tallandier, 2009.

2. *Les Coulisses de Vichy par un témoin*, Paris, Librairie des sciences et des arts, 1945.

3. Pour l'assassinat de Georges Mandel, voir J.-M. Berlière et F. Le Goarant, *Liaisons dangereuses*, Paris, Perrin, 2013.

4. Les sources sont essentiellement celles conservées par les Archives nationales (Direction des affaires criminelles et des grâces, série A, BB/18/3353 4205 A 41 ; ministère de la Justice, Service de recherches des crimes de guerre BB/30/1888, Haute Cour de justice 3W/277 à 309) ; les archives de Paris (le procès de la Cagoule) ; les archives départementales du

Rhône et des Bouches-du-Rhône (enquêtes judiciaires effectuées par les 10e et 9e brigades régionales mobiles de police judiciaire). L'auteur tient à remercier pour leur aide précieuse Stéphane Oussin, Bruno Galland et Jean-Luc Rosoux.

5. Sur les brigades régionales mobiles de police judiciaire, voir J.-M. Berlière et R. Lévy, *Histoire des polices en France*, Paris, Nouveau Monde Éditions, 2013, p. 121 *sq.*

6. A. Touret, *op. cit.*, p. 222.

7. La mère de Marbach dira de son fils : « C'était un patriote ardent ne désirant que la grandeur de la France. Il s'imaginait toujours que l'obstacle à cette grandeur était dû à l'activité des juifs pour lesquels il avait un sentiment de haine très accentué » (procès-verbal du 30 septembre 1941).

8. Sur le CIE et les GP, polices supplétives fondées par le colonel Groussard et matrices de toutes les officines policières « latérales » ou « parallèles » de Vichy, voir J.-M. Berlière, *Polices des temps noirs. France 1939-1945*, Paris, Perrin, 2018.

9. Cette « loyauté » est toute relative : elle lui permet de taire nombre de détails et de protéger des complices dont il ne dit rien.

10. Charles Chenevier, *De la Combe aux fées à Lurs. Souvenirs et révélations*, Paris, Flammarion, 1962, p. 76-82.

11. *Ibid.*

12. Sur ce SR, qui prolonge celui du CIE, voir J.-M. Berlière, *Polices des temps noirs*, *op. cit.*, p. 228-230.

13. « Nous n'avons pas reçu d'argent ni d'ordre de qui que ce soit [...] je répète que je n'ai pas de chef. »

14. Qui s'explique peut-être par le dialogue rapporté par une codétenue d'Anne Mourraille (déposition du 17 juin 1942). L'échange a lieu entre Marchi – dans la cour de promenade de la prison – et Anne Mourraille à la fenêtre de sa cellule : « Marchi : il est absolument nécessaire que ni toi ni Moynier avouent me reconnaître... Plus tard tu recevras ta récompense [ils évoquent des sommes entre 70 000 et 120 000 francs], ne t'inquiète pas pour le restaurant, je m'occuperai de tes besoins. »

15. C'est en ce sens que conclut le procureur général près la cour d'appel de Grenoble dans une lettre au garde des Sceaux du 27 février 1945 : « En l'état de l'information, on ne peut affirmer avec certitude que le crime ait son origine dans les milieux gouvernementaux de l'époque. »

16. Lettre du 7 février 1942.

17. Un rapport du procureur général à Grenoble du 4 juin 1942 évoque les spectaculaires accès de fureur de Moynier.

18. Lettre à Laval, 26 mai 1942.

19. *Histoire secrète*, Paris, Plon, 1962, p. 158-167.

20. Merci à Éric Lefèvre pour ces précisions.

21. Pucheu – il n'était pas le seul – était persuadé que l'ordre d'assassiner Dormoy émanait de Doriot (voir Barthélémy, *Du communisme au fascisme*, Paris, Albin Michel, 1978, p. 260).

22. « J'ai été à Montélimar amenée en voiture avec Yves [...] nous avons pu parler très longuement seuls [...] à mon sujet nous avons établi exactement nos réponses ainsi que les détails de la reconstitution. » (Extrait d'une lettre d'Anne Mourraille à sa mère, sortie « clandestinement » de prison, mais interceptée par le contrôle postal.)

23. Ayant définitivement tourné « voyou », il devait être abattu, le 2 octobre 1954, à Maisons-Laffitte par un de ses compatriotes.

24. Cf. J.-M. Berlière, *Polices des temps noirs*, *op. cit.*, p. 695-699.

25. Interrogatoire du SS *Hauptsturmführer* Roland Nosek, qui précise : « Elle aimait surtout gagner de l'argent. » (Olivier Pigoreau, *Un espion nazi à Paris*, Histoire et collections, 2014, p. 240-241.)

Notices biographiques des auteurs

François Audigier est professeur d'histoire contemporaine à l'université de Lorraine, site de Metz, et membre du Centre de recherches universitaires lorrain d'histoire (CRULH). Il dirige l'ANR Vioramil (Violences et radicalités militantes en France). Ses travaux portent sur l'histoire du gaullisme, l'histoire des violences militantes et des services d'ordre en France. Il a notamment publié *Les Prétoriens du Général. Gaullisme et violence politique de 1947 à 1959* (Rennes, PUR, 2018), et *Histoire des services d'ordre en France du* XIX*e siècle à nos jours* (Paris, Riveneuve, 2017).

Jean-Pierre Bat est archiviste-paléographe, chercheur associé à l'Institut des mondes africains (CNRS) et à l'École nationale des chartes (Centre Jean-Mabillon). Ses travaux portent sur la Françafrique et l'histoire de l'Afrique contemporaine. Il a notamment publié *Le Syndrome Foccart* (Paris, Gallimard, coll. « Folio », 2012), *La Fabrique des barbouzes* (Paris, Nouveau Monde Éditions, 2015), *Françafrique. Opérations secrètes et affaires d'État* (Paris, Tallandier, coll. « Texto », 2018) et *Les Réseaux Foccart* (Paris, Nouveau Monde Éditions, 2018).

Jean-Marc Berlière est professeur émérite d'histoire contemporaine et membre du CESDIP (CNRS). Il a écrit plusieurs documentaires pour la télévision, dont la série *Les Crimes de la Belle Époque* (Doriane Films). Ses dernières publications : *Polices des temps noirs. France 1939-1945* (Paris, Perrin, 2018), préface de Patrick Modiano; *Ainsi finissent les salauds. Exécutions, séquestrations dans Paris libéré* (avec Franck Liaigre; Paris, Tallandier, 2018); *Camarade, la lutte continue! De la Résistance à l'espionnage communiste* (avec Franck Liaigre; Paris, Robert Laffont, 2015); *Liquider les traîtres. La face cachée du PCF 1941-1943* (avec Franck Liaigre; Paris, Robert Laffont, coll. « Documento », 2015).

Bruno Bertherat est maître de conférences en histoire contemporaine à l'université d'Avignon et membre du Centre Norbert-Elias. Il travaille sur l'histoire de l'identification, de la médecine légale et du crime, du cadavre et des pratiques funéraires. Il a récemment dirigé *Les Sources du funéraire en France à l'époque contemporaine* (Éditions universitaires d'Avignon, 2015), et publié « La tombe de Jeanne (1877-). Histoire et archéologie », *Revue d'histoire du XIXe siècle*, n° 58, 2019/1, p. 21-40.

Frédéric Chauvaud est professeur d'histoire contemporaine et directeur de la MSHS de Poitiers (USR). Il a récemment publié *L'Affaire Pranzini. Aventurier, don Juan… et tueur de femmes?* (Chêne-Bourg, Georg Éditeur, 2018) et codirigé, avec Laurent Bihl, *De la pleureuse à la veuve joyeuse* (Paris, Éditions de la Sorbonne, 2018). Il a publié, en collaboration, *On tue une femme. Histoire et actualité du féminicide* (Paris, Hermann, 2019) ainsi que *Les Êtres contrefaits* (Rennes, PUR, 2019). Il prépare, avec Michel Porret, la publication de *Bulles sanglantes. Crime et bandes dessinées* (Chêne-Bourg, Georg Éditeur, 2020), et, avec Lydie Bodiou et Marie-José Grihom, *La Violence en famille* (Paris, Hermann, 2020).

Christian Chevandier est professeur émérite des universités en histoire contemporaine. Derniers ouvrages parus : *Policiers dans la ville. Une histoire des gardiens de la paix* (Paris, Gallimard, 2012) ; *Été 44. L'insurrection des policiers parisiens* (Paris, Vendémiaire, 2014) ; *La Guerre du travail, de la crise à la croissance* (Paris, Belin, 2017) ; *Le Travail en France. Des « Trente Glorieuses » à la présidence Macron* (Paris, Belin, 2018).

Olivier Dard est professeur d'histoire contemporaine à la Sorbonne-Université, membre de l'UMR SIRICE et directeur du laboratoire d'excellence Écrire une histoire nouvelle de l'Europe (EHNE). Ses travaux ont porté sur l'histoire des élites et sur celle des droites radicales en France et en Europe, en particulier l'Action française et l'OAS. Auteur de *Voyage au cœur de l'OAS* (Paris, Perrin, coll. « Tempus », 2011), il a récemment publié *Charles Maurras, le nationaliste intégral* (Paris, Ekho/Dunod, 2019) et coordonné avec Christophe Boutin et Frédéric Rouvillois *Le Dictionnaire du conservatisme* (Paris, Cerf, 2017).

Vincent Denis est maître de conférences en histoire moderne à l'université Paris-I-Panthéon-Sorbonne et chercheur à l'Institut d'histoire moderne et contemporaine (Paris). Ses travaux portent sur l'histoire de l'identification des personnes et la police en France aux XVIIIe et XIXe siècles. Il a notamment publié *Une histoire de l'identité. France, 1715-1815* (Ceyzérieu, Champ Vallon, 2008), et *Histoire de l'identification des personnes du Moyen Âge à nos jours* (Paris, La Découverte, coll. « Repères », 2010, en collaboration avec Ilsen About). Il termine un ouvrage sur les policiers à Paris pendant la Révolution française.

David Feutry est archiviste-paléographe, professeur agrégé au lycée Édouard-Branly de Dreux, membre du Centre Jean-Mabillon (PSL-École des chartes). Il est spécialiste de l'histoire

de la justice. Il travaille sur les conflictualités rencontrées par la monarchie française à l'époque moderne, tant religieuses que politiques. Ses derniers ouvrages : *Un magistrat entre service du roi et stratégies familiales, Guillaume-François Joly de Fleury (1675-1756)* (Paris, École des chartes, coll. « Mémoires et documents de l'École des chartes », 2011) ; *Plumes de fer et robes de papier. Logiques institutionnelles et pratiques politiques du parlement de Paris au XVIIIe siècle* (Fondation Varenne, 2014) ; *Les Rebelles de la foi. Les protestants en France, XVIe-XXIe siècle* (Paris, Belin, 2017).

Claude GAUVARD est professeure émérite d'histoire du Moyen Âge à l'université Paris-I-Panthéon-Sorbonne, membre senior honoraire de l'Institut universitaire de France et rattachée au Laboratoire de médiévistique occidentale de Paris. Correspondante de la Medieval Academy of America, elle appartient en France à plusieurs associations scientifiques. Spécialiste de la criminalité et de la justice au Moyen Âge, elle vient de publier *Condamner à mort au Moyen Âge. Pratiques de la peine capitale en France, XIIIe-XVe siècle* (Paris, PUF, 2018, Prix de l'AIBL), ainsi que *Notre-Dame de Paris, cathédrale médiévale*, nouv. éd., sous le titre *Notre-Dame de Paris, cathédrale éternelle* (Paris, Hachette, 2019).

Fabien GAVEAU est professeur d'histoire en classes préparatoires aux grandes écoles (lycée Carnot, Dijon), chercheur associé à ARTEHIS (CNRS, UMR 6298), membre du comité d'*Études rurales* et de *Histoire et sociétés rurales*. Ses travaux portent sur la ruralité au XIXe siècle, en particulier l'exercice de la police rurale par les gardes champêtres (thèse, Dijon, 2005), et la relation des sociétés à leur territoire. Ses dernières recherches concernent la viticulture en Corse dans la longue durée. Publication à venir : *Propriété et cadastre dans les campagnes françaises de 1789 aux années 1950. Histoire d'une tension légale* (MSHE Ledoux, Presses universitaires de Franche-Comté).

Arnaud-Dominique Houte est professeur d'histoire contemporaine à la Sorbonne-Université, membre du Centre d'histoire du XIXe siècle. Il a notamment publié *Le Métier de gendarme au XIXe siècle* (Rennes, PUR, 2010) ; *Le Triomphe de la République, 1871-1914* (Paris, Seuil, 2014) ; il a codirigé, avec Frédéric Chauvaud, *Au voleur ! Images et représentations du vol dans la France contemporaine* (Paris, Publications de la Sorbonne, 2014).

René Lévy, sociologue, directeur de recherches au CESDIP (CNRS), est un spécialiste des questions policières. Il a notamment publié, avec Jean-Marc Berlière, *Histoire des polices en France depuis l'Ancien Régime à nos jours* (Paris, Nouveau Monde Éditions, 2e éd., 2013) ; « La police française à la lumière de la théorie de la justice procédurale », *Déviance et Société*, 2016, 2, p. 139-164 ; « Un monde à part caractérisé par l'absence de toute moralité : la police sanitaire sur le canal du Loing (1894) », dans Anne Conchon, Laurence Montel et Céline Regnard (dir.), *Policer les mobilités en Europe et aux États-Unis du XVIIIe siècle à nos jours* (Paris, Publications de la Sorbonne, 2018, p. 156-174). Il dirige également la revue internationale *Crime, Histoire & Sociétés/Crime, History & Societies* (Droz).

Éric Panthou, bibliothécaire à l'université Clermont-Auvergne, est chercheur associé au Centre d'histoire « Espaces et Cultures », université Clermont-Auvergne. Prix Maitron 1994 pour son mémoire de maîtrise *L'Année 1936 dans le Puy-de-Dôme*, il est l'auteur de plusieurs études sur l'histoire sociale du Puy-de-Dôme et d'un ouvrage paru en 2013, *Les Plantations Michelin au Viêtnam : une histoire sociale (1924-1939)* (Vertaizon, La Galipote). Il est coordinateur au niveau des quatre départements de l'Auvergne du *Dictionnaire des fusillés, 1940-1945*. Dernière publication : « De l'opposition aux grèves au financement de la Cagoule : Michelin et le groupe d'autodéfense à Clermont-Ferrand, 1936-1937 », *Quaderni del Circolo Rosselli*, n° 2-3, 2017, p. 204-226.

Michel Porret est professeur d'histoire moderne à l'université de Genève, coordinateur de l'équipe Damoclès (https://unige.ch/lettres/istge/damocles/), président des Rencontres internationales de Genève (http://www.rencontres-int-geneve.ch/), rédacteur de *Beccaria. Revue d'histoire du droit de punir*. Il vient de publier, avec B. Baczko et F. Rosset, *Dictionnaire critique de l'utopie au temps des Lumières* (Chêne-Bourg, Georg Éditeur, 2016) ; *L'Ombre du diable, Michée Chauderon, dernière sorcière exécutée à Genève* (Chêne-Bourg, Georg Éditeur, 2019, 2e éd.) ; *Sur la ligne de mire. Le présent crénelé* (Chêne-Bourg, Georg Éditeur, 2019) ; *Le Sang des lilas. Une mère mélancolique égorge ses quatre enfants à Genève en 1885* (Chêne-Bourg, Georg Éditeur, 2019).

Marc Renneville est chercheur au CNRS. Il dirige le Centre pour les humanités numériques et l'histoire de la justice (Clamor) qui gère la plate-forme Criminocorpus et son musée numérique. Spécialiste de l'histoire de la justice et des sciences humaines, il est notamment l'auteur de *Le Langage des crânes. Une histoire de la phrénologie* (Paris, Empêcheurs de penser en rond, 2000), et *Crime et folie. Deux siècles d'enquêtes médicales et judiciaires* (Paris, Fayard, 2003). Il a récemment publié deux ouvrages sur l'affaire Vacher : *Vacher l'éventreur. Archives d'un tueur en série* (Grenoble, J. Millon, 2019) et *Le Chant des crimes. Les complaintes de l'affaire Vacher*, Auxis, Gaelis Éditions, 2020.

Nicolas Vidoni est maître de conférences en histoire moderne à l'université Paul-Valéry-Montpellier-III. Membre du Laboratoire CRISES (EA 4424), il travaille sur l'histoire des polices par l'analyse de leur action d'un point de vue socio-spatial et politique. Ce travail est complété par une histoire du politique qui aborde la constitution de la vie politique en ville à partir des notions de citadinité et d'implication dans la vie et les usages des « communs ». Sa dernière publication : *La Police des Lumières* (Paris, Perrin, 2018).

Pour en savoir plus
sur les Éditions Perrin
vous pouvez consulter notre site Internet

www.editions-perrin.fr

lisez!

et nous suivre sur les réseaux sociaux

Editions Perrin

@EditionsPerrin

@editionsperrin

MIXTE
Papier issu de sources responsables
FSC® C003309

L'éditeur de cet ouvrage s'engage
dans une démarche de certification FSC®
qui contribue à la préservation des forêts
pour les générations futures.

Achevé d'imprimer en octobre 2020
par Normandie Roto Impression s.a.s.
61250 Lonrai
N° d'impression : 2003268

Imprimé en France